W0087712

Eva Maria Bachinger

KIND AUF BESTELLUNG

Ein Plädoyer
für klare Grenzen

Deuticke

Für die nächste Generation:
Noa, Giulia, Sara, Anna, David und Louise

1 2 3 4 5   19 18 17 16 15

ISBN 978-3-552-06296-2
Alle Rechte vorbehalten
© Deuticke im Paul Zsolnay Verlag Wien 2015
Satz: Eva Kaltenbrunner-Dorfinger, Wien
Druck und Bindung: GGP Media GmbH, Pößneck
Printed in Germany

MIX
Papier aus verantwor-
tungsvollen Quellen
FSC
www.fsc.org   FSC® C014496

VON DEN KINDERN

Eure Kinder sind nicht eure Kinder.
Sie sind die Söhne und Töchter der
Sehnsucht des Lebens nach sich selbst.
Sie kommen durch euch, aber nicht von euch.
Und wenn sie auch mit euch sind, so
sind sie dennoch nicht euer Besitz.

Khalil Gibran

INHALT

VORWORT

Es ist wunderbar, Kinder aufwachsen zu sehen, sie über die Jahre begleiten zu dürfen. Zu sehen, wie sie lernen, sich entwickeln, zu erleben, was aus ihnen wird. Sie fordern und können anstrengend sein, sie können innigste Freude bereiten und unbändige Lebenslust verströmen.

Kinder sind nicht selbstverständlich. Doch man will sich nicht mehr nur auf Glück oder Fügung verlassen. In einer Konsumgesellschaft, in der alles planbar erscheint, muss auch alles machbar sein. Zunehmend scheint es um einen Wunderkinderwunsch und Kinderhabenwunsch zu gehen, weniger um gute Hoffnung und freudige Erwartung. Wir sind eine Nehmergesellschaft: Wie im Selbstbedienungsladen holen wir uns, was wir wollen. Schließlich gilt: Wer will und genug Geld hat, der kann auch, unbegrenzt. Umso schwerer fällt es, reale Begrenzungen zu akzeptieren, etwa die Tatsache, dass jährlich nur rund ein Viertel der Paare nach aller Mühsal einer künstlichen Befruchtung ein Kind in die Arme schließen kann.

Cui bono? – das ist die entscheidende Frage. Österreich hat seit Jahresbeginn 2015 ein neues Fortpflanzungsmedizingesetz – mit weitreichenden Änderungen. Im Gegensatz zu Deutschland ist nun die Eizellspende erlaubt. Die Fremdsamenspende ist auch für lesbische Paare möglich, und die Präimplantationsdiagnostik (PID) ist liberaler geregelt als in Deutschland. Doch kaum war das Gesetz beschlossen, drängten Mediziner auf weitere Öffnungen. Es geht hier nicht nur um Freiheitsrechte und Hilfe für Betroffene – wie stets hervorgehoben wird –, es ist auch ein florierendes Geschäft. Ethik und Moral sind dabei aus dem Weg zu räumen: Man soll doch bitte »nicht so moralisieren«, und »das soll jeder selbst entscheiden können«. Die Realität sei zu akzeptieren, heißt es. Doch auch die angeblich Pragmatischen haben keine wertfreie Haltung. Mit dem Verweis auf die Realität erspart man sich lediglich eine mühsame ethische Debatte.

Vielfach ist zu hören, es gebe ein »Recht auf ein Kind«. Im Namen

der »reproduktiven Freiheit« des Einzelnen beruft man sich auf die
Menschenrechte, doch die Rechte für Kinder werden oft bedenkenlos
angezweifelt, die Rechte von Leihmüttern schlichtweg übergangen.
Die kommerzielle Leihmutterschaft widerspricht der Kinderkonven-
tion und der Menschenwürde. Im Kontext des »baby business« wird
nach Geschlecht und Behinderung selektiert, das Selbstbestimmungs-
recht der Frau wird mit Füßen getreten. Experten sprechen auch von
Menschenhandel.

Bisher galten Freiheitsrechte als Abwehrrechte, nun breitet sich die
Auslegung aus, das Recht auf künstliche Fortpflanzung sei ein An-
spruchsrecht. Doch das ist eine politische Interpretation, die man
nicht gutheißen muss, denn so wird Fortpflanzungsmedizin zur
Wunschmedizin. Grundrechte sind zu respektieren und das Diskriminierungsverbot einzuhalten, doch der Kinderwunsch steht als Konsumhaltung zu stark im Vordergrund. Bei aller Empathie für die Sehnsucht: Es gibt kein Recht auf ein Kind, auch nicht auf ein gesundes
Kind, weder auf einen Buben noch auf ein Mädchen. Kinder hingegen
haben ein relatives Recht auf beide Eltern und ein Recht auf Kenntnis ihrer Herkunft. Sie haben ein Recht, nicht gegen Geld gehandelt zu werden, und ein Recht auf Schutz vor und nach der Geburt.

Menschen, die kinderlos bleiben, sind entweder »egoistische Kar-
rieremenschen«, »amoralisch« oder werden ob ihres Mangels bemitleidet, besonders trifft das Frauen. Ohne eigene Kinder verpasse man
Existenzielles. Die Norm ist die Elternschaft mit genetisch eigenen
Kindern, auch in den »modernen« Familien. Hier wird einem Biologismus gehuldigt, den man sonst für vernachlässigbar hält. Ein kinderloses Leben bedeutet keineswegs ein Leben ohne Kinder. Man
muss nicht immer alles selbst haben, um Anteil nehmen zu können.
Im Wissen um verwaiste, benachteiligte Kinder befremdet dieser unbedingte Wille nach eigenen Kindern. Verzicht ist jedoch negativ besetzt. Auch den Lauf des Lebens anzunehmen, einzusehen, dass sich
Wesentliches unserer Kontrolle entzieht, wird als altmodisch belächelt. Vorgaben werden nicht mehr akzeptiert, sondern müssen mithilfe von Technik und Medizin geändert werden. Wenn man sich dem

»Schicksal fügt«, wird einem flugs die Dornenkrone aufgesetzt. Fatalistisch verharre man in Leid und Unglück. Ein Schicksal annehmen kann in diesem Denken nur eine Opferhaltung sein. Es ist aber nicht nötig, in dieser zugewiesenen Opferrolle zu verweilen, man kann sich dem zuwenden, was ist, und aufhören zu bedauern, was nicht ist. Doch so banal es ist, so wenig wird es akzeptiert: Nicht alles ist möglich, nicht jeder Wunsch ist erfüllbar.

Wir meinen frei zu sein, aber mit dem Kontrollwahn und der Konsumhaltung unterliegen wir äußeren Zwängen und sind alles andere als souverän. Eine feindselige Haltung gegenüber dem Körper hat sich breitgemacht: Alter, Krankheit, Behinderung, Unfruchtbarkeit – alle diese Zumutungen müssen weg. Doch die permanente narzisstische Kränkung, die Vergänglichkeit und die Hinfälligkeit, werden wir nicht loswerden. Unveränderlich ist auch, dass menschliches Leben aus einer Ei- und einer Samenzelle entsteht. Sie gehören zu Menschen aus Fleisch und Blut. Das muss nicht zentrale Bedeutung haben. Aber es hat Bedeutung. Der Tod ist die finale Grenze, die verschiebbar, aber nicht aufhebbar ist. Dass wir das wie verrückt versuchen, ist die Grundlage für die herrschende Machbarkeitsideologie.

Es ist zu wenig, aus Prinzip gegen neue Technologien zu sein. Insofern geht es in erster Linie nicht darum, ob Methoden rigoros verboten oder freizügig erlaubt werden, das wahre Problem ist der Diskurs darüber. In der politischen Mitte ist derzeit Beschönigen und Verharmlosen en vogue. Kritiker werden diffamiert und in ein Eck gestellt. Halbwahrheiten werden auch von Experten verbreitet: dass die Eizellspende oder Leihmutterschaft auch *nur* »altruistisch« möglich sei; dass es bei der Präimplantationsdiagnostik *nur* um die Auslese von nicht-lebensfähigen Embryonen und *nur* um Leidvermeidung gehe. Auch wenn es derzeit bloße Utopie ist: Die Kommerzialisierung von Eizellspenden und der Leihmutterschaft ist nur mit einem internationalen Verbot ansatzweise vermeidbar. Angesichts des globalisierten Marktes ist das Gerede vom hehren Altruismus schlichtweg Unsinn, ebenso die Beschwörung, die PID bleibe nur »in engen Grenzen« erlaubt.

Zu klären ist, wohin die Reise gehen soll. Welches Menschenbild
wird forciert? Worauf haben wir ein Recht, und wo gibt es Grenzen?
Steht Gleichstellung über allem und zu welchem Preis? Im Zweifel
für die mühsam errungene Freiheit des Einzelnen, aber wo endet
diese Freiheit? Nur weil bestimmte Methoden erlaubt sind, müssen
sie nicht ethisch legitim sein. Grundfragen sind letztlich nicht allein
mit Gerichtsurteilen und Studien zu lösen. Wir sind aber denkfaul
geworden. Hauptsache, man ist auf der richtigen Seite, sprich: bei der
Mehrheit, beim Mainstream. Atemberaubend schnell bilden sich viele
eine Meinung, ohne einer Sache auf den Grund zu gehen, Ansichten
werden in sozialen Foren hingerotzt. Grautöne passen nicht in die
schwarzen und weißen Schubladen.

Dabei könnten wir uns an die große Philosophin Hannah Arendt
halten: »Ich habe großes Vertrauen in Lessings ›Selbst denken‹, für
das meiner Meinung nach keine Ideologie, keine öffentliche Meinung und keine Überzeugung ein Ersatz sein kann.« Denken bedeutet eben nicht, Standpunkte einfach zu übernehmen, sie wahllos zu
konsumieren. Es ist unerlässlich, fundierte Informationen zu haben,
die mit bestem Wissen und Gewissen ausgewählt, eingeordnet und
kommentiert werden. Mein Leitsatz war stets: »Moralische Empö-
rung verhindert Erkenntnis« – ganz im Sinne von Bertolt Brecht, der
dem analytischen Zugang vor dem rein moralischen den Vorzug gegeben hat. Das ist sehr schwierig bei dem Thema, aber es wichtig, stets
eine Balance zwischen Freiheit und ihren Grenzen zu finden. Das Abwägen und Widersprechen sind kulturelle Errungenschaften und ein
unverbrüchlicher Schatz der Aufklärung. Es kann keinen Weg zurück
zu absoluten, moralischen Instanzen geben. Das gegenwärtige Drama
besteht aber darin, dass wir mit diesem freien Geist nicht umgehen
können. Er paart sich mit Konsumdenken und Eigennutz. Wesentlich
wäre, sich zu einer ethischen Haltung zu bekennen, aus menschlicher
Reife heraus zu spüren, wann Grenzen erreicht sind. Voraussetzung
dafür ist aber nicht nur Aktion, sondern auch Besinnung.

Ich versuche klare Grenzen zu ziehen – in einem gesellschaftspolitisch heiß umkämpften Terrain. Manche Grenzen sind unumstöß-

lich, einige müssen auch verschiebbar sein, aber die Gründe dafür müssen wohl überlegt und verantwortungsvoll sein. Viele Grenzen werden heute jedoch aus ökonomischen und egoistischen Gründen aufgehoben. Ich möchte in unserer hyperzivilisierten, hyperventilierenden und egozentrischen »Ersten Welt« zum Innehalten und zum Nachdenken auffordern. Mit ein bisschen weniger »Wir-sind-ja-so-politisch-korrekt-und-deshalb-ist-doch-alles-gut«-Getue wäre schon viel erreicht.

Beim Thema Reproduktionsmedizin eine skeptische bis ablehnende Haltung einzunehmen, ist derzeit nicht opportun. Es ist ein Drahtseilakt, sich nicht von Lobbygruppen leiten zu lassen und den Fragen wirklich auf den Grund zu gehen. Mein Anliegen ist, einen Weg durch komplexes Gelände zu gehen und einen deutlichen Einspruch zu gängigen Darstellungen zu deponieren. Es ist eine Gratwanderung, aber sie schreckt mich nicht.

KINDERWUNSCH
UND WIRKLICHKEIT

Sei was du bist
Gib was du hast
Rose Ausländer

Gewollte Kinderlosigkeit ist in unseren Breiten kein Grund mehr, dass man gesellschaftlich geächtet wird. Doch besonders Frauen haben mit Unverständnis zu kämpfen und stehen unter Rechtfertigungsdruck. Sie müssen eine Antwort auf die wiederkehrende Fragen geben: »Warum hast du keine Kinder?«

Ungewollt kinderlos zu sein, das kann und darf schon gar nicht sein: Denn wenn man will, dann kann man auch, so die Überzeugung vieler angesichts der Fortpflanzungsmedizin. Besonders Frauen schultern jahrelange Belastungen, investieren Unmengen an Geld, um den Makel zu beseitigen.

Es gibt zahllose Bücher über ungewollte Kinderlosigkeit, über die Wege zum Kind, über die inflationäre Debatte der Vereinbarkeitsfrage und unendlich viele Bücher über die allerbeste Kinderaufzucht, doch eine öde Wüste breitet sich aus bei Büchern und Artikeln über jene Menschen, die gerne Kinder gehabt hätten, aber deren Leben andere Wege ging, denen die Medizin nicht helfen konnte. Das ist ein Tabu, auch deshalb, weil sie sich nicht für die Werbung von Medizin und Forschung eignen. Es ist ein Problem, dass diese Frauen und Männer unsichtbar bleiben, weil all jenen, die in der erfolglosen Endlosschleife in der Klinik hängen, schlichtweg die Vorbilder fehlen, jene, die sich vom Kinderwunsch verabschiedet haben und ein gutes Leben führen. »Ungestillte Sehnsucht« von Millay Hyatt oder »Ich bin eine Frau ohne Kinder« von Susanne Zehetbauer sind rühmliche Ausnahmen. Der Titel ist ein Bürsten gegen den Strich: Eine Frau ist eine Frau, eben ohne Kinder. Dass das klargestellt werden muss, ist traurig genug.

Autorin Claudia Fuchs schreibt in der *Berliner Zeitung*: »Ich bin inzwischen ungemein verletzlich, sensibel und dünnhäutig, wenn es um das Thema geht. Vielleicht, weil ich mich nach all den Behandlungen der vergangenen Jahre verändert habe; vermutlich aber vor allem, weil ich nicht das werden kann, was die Evolution jeder Frau zugedacht hat: Mutter.« Doch »die Evolution« hat nicht jeder Frau zugedacht, Mutter zu werden. Sie hat auch einigen zugedacht, unfruchtbar zu sein. Doch das darf nicht sein: »Das ist wie ein Lottosechser, nein, wie 20 Lottosechser. Dass das uns passiert ist und nicht anderen, sondern uns. Ein Kind kannst du nicht ersetzen, durch gar nichts«, ist sich eine Frau sicher, die nach mehreren Versuchen endlich schwanger geworden ist. Da es offenbar nichts Schöneres gibt, als einem Kind das Leben zu schenken, und man sich damit von Unglücksraben, die ohne »Lottosechser« auskommen müssen, abgrenzen kann, wird die Erfüllung des Kinderwunsches fraglos jeder Unterstützung würdig betrachtet.

Die Reproduktionsmedizin hat ihr tabuisiertes Terrain verlassen und sich in der öffentlichen Debatte zur einzig propagierten Methode gegen Kinderlosigkeit gemausert. Dabei wird der Kinderwunsch legitimiert als Ruf der Natur, den man nicht überhören könne. Muttersein ist offenbar das Nonplusultra, doch damit wird ein kinderloses Dasein entwertet: Eine Frau wird erst dann eine richtige Frau, wenn sie Mutter ist. Kinder tragen überhaupt zur Menschwerdung bei: »Mich gegen Kinder zu entscheiden, nur weil ich in der Politik eine Spitzenfunktion ausübe, wäre mir vollkommen verrückt vorgekommen. Für mich gehört das zum Menschsein dazu«, so Grünen-Chefin Eva Glawischnig. Die Publizistin Christiane Grefe fragt zu Recht: »Ist Kinderkriegen jetzt zur einzig möglichen Form geworden, gesellschaftlich nützlich zu sein?«

Es gibt heute viele Optionen für eine Frau: Sie kann Mutter werden, kinderlos bleiben, beruflich reüssieren oder auch nicht. Dennoch werden diese Wege höchst unterschiedlich bewertet. Mutterschaft wird überbewertet, natürlich in Kombination mit einem erfolgreichen Berufsleben. Nur einen Konzern zu führen, Ministerin zu sein oder hochgelobte Künstlerin – das reicht nicht, auch nicht, nur Mutter zu sein. Leider sehen sich Frauen auch selbst oft so. Es ist also ein reales Gefühl, gesellschaftlich verstärkt. Hannelore Elsner, die mit 40 Mutter wurde, sagt: »Und wenn ich kein Kind gekriegt hätte, hätte ich kein Kind gekriegt. Ich habe immer gesagt, es ist eine Gnade für kinderlose Frauen, dass sie nicht wissen, was sie versäumt haben.« Mütter wissen aber auch nicht, was sie versäumen. Das mag sich seltsam anhören, aber in der ungewollten Kinderlosigkeit liegen Potenziale, die vielleicht nicht auf den ersten Blick ersichtlich sind. Nicht nur Kinder fordern uns heraus, an den Kern unseres Wesens zu kommen, sondern auch das Fehlen von Kindern. Wenn Weiblichkeit so massiv mit Gebären, Schwangerschaft und Kindern verbunden wird, ist die ältere Frau nach der Menopause ebenso »defizitär«. Auch Mütter müssen sich später von der Fruchtbarkeit und vom Kinderkriegen verabschieden. Kinderlosigkeit aus welchen Gründen auch immer als Defizit anzusehen, ist eine biblische Denkweise. »Schaffe mir Kinder, wo nicht, so sterbe ich!«, schrie Rahel ihre Schmach und Verzweiflung im Alten Testament hinaus. In der Medizin ist eine »Nullipara« eine Frau, die (noch) keine Kinder geboren hat. Der Begriff verweist auf eine Leere, auf ein Nichts. Dort, wo ein Kind sein sollte, ist eine Null.

Über die allgemeine Verklärung kann man nur staunen: Frauen, die mit medizinischer Hilfe endlich ihre »Wunschkinder« in den Armen halten, sprechen von »der schönsten Sache im Leben«, vom »absoluten Glück«, die Petrischalen, in denen die Eizelle befruchtet wird, sind plötzlich »wunderschön«. Das hat damit zu tun, dass Ambivalenzen der Elternschaft ignoriert werden, wenn sich der Kindersegen nicht selbstverständlich einstellt: Frustration, Entfremdung, Schuldgefühle, Erschöpfung. Ganz normale Vorbehalte gegen ein Kind und das eigene Wohl werden weggeschoben. Kinder sind nicht immer das größte Glück auf Erden. Sie müssen das auch nicht sein, dieser Anspruch ist eine Überforderung nicht nur der lieben Kleinen, sondern auch der Eltern. Dass Kinder auch anstrengend sind, weiß jeder, der mit einem Tobsuchtsanfall eines Dreijährigen im überfüllten Zugabteil zu kämpfen hat oder mit einer 14-Jährigen, die bei jedem unbedachten Wort sensibel reagiert. Kinder können einen »bis aufs Blut« reizen, wie es eine dreifache Mutter formuliert.

Die hochgehaltene Familienidylle führt dann zu zwar ironischen, aber auch überzogenen Büchern wie »Kinderkacke. Das ehrliche Elternbuch«, wo die Eltern wegen zwei Kindern am Rande des Nervenzusammenbruchs agieren. Wenn laut Soziologen die größte Befürchtung die Einschränkung der persönlichen Freiheit ist, dann ist der vorübergehende Verzicht darauf umso schlimmer. Eine Geburt sei wie Stalingrad, das Leben mit einem Baby der »reine Frondienst«, schreiben die Autoren. Eltern seien »Bedürfnisbefriedigungsautomaten«, eine Mutter ein »dauerstillender, kontaktarmer und humorloser Zombie«. Und mit dem »aufregenden Sex« sei es für einige Zeit vorbei. So amüsant die Lektüre auch hin und wieder ist, fragt man sich doch, was für idyllische Vorstellungen herumgeistern! Ehrlicher ist da schon, wenn ein dreifacher Familienvater im Wirtshaus mit Blick auf den Nebentisch, an dem ein Baby unermüdlich schreit, sagt: »Ich bin ja so froh, dass das vorbei ist«. Seine Frau schmunzelt und nickt.

Der Kinderwunsch wird intensiver, je weniger er erfüllbar erscheint. Daraus kann sich eine veritable Lebenskrise entwickeln. Ein Kind zu haben kann sinnstiftend und für das eigene Leben bedeutungsvoll sein, sich fortpflanzen zu können ist ein elementares, psychosoziales Grundbedürfnis. Kinderlosigkeit könne insofern eine bedrohliche Erfahrung sein, meint die Therapeutin Gisela Zeller-Steinbrich. Doch zwangsläufig müsse das nicht sein: »Tiefgreifender Verzicht und Veränderungen in der Lebensperspektive sind Gegebenheiten, die in der Regel gemeistert werden können und oft mit persönlichem Gewinn gemeistert werden.« Dieser Verzicht sei ebenso wenig »identitätszerstörend« wie eine andere Einschränkung.

Unfruchtbarkeit ist auch eine Kränkung des Selbstwertgefühls. Doris Müller, die nach einer Krebsbehandlung eine Eizellspende im Ausland in Anspruch genommen hat (sie betreibt den Blog eizellspende. me), spricht gar vom »Suchtfaktor Kind« und meint: »Niemand, der es nicht selbst erlebt hat, weiß, wie schmerzvoll und endgültig das Wissen ist, keine eigenen Kinder bekommen zu können. Die Schwangerschaft war eine Erlösung. Als ich nicht schwanger werden konnte, fühlte ich mich als Frau unzulänglich, wie ein Mängelexemplar.« Ist unsere Sicht auf kinderlose Frauen tatsächlich so gnadenlos, ist die Sicht auf sich selbst so verachtend? Im Umkehrschluss ist ein Leben mit Kindern also nie mangelhaft, alles ist rund und ganz? Es kommt wohl darauf an, was man vom Leben erwartet, aber letztlich bleiben in jedem Leben Defizite. Niemand kann sich alle Wünsche erfüllen, immer bleibt ein Teil ungelebt. Vielleicht gibt es ein paar Glückliche, die bis ins hohe Alter gesund und munter bleiben und tatsächlich mehrere Leben in einem unterbringen. Aber ist so das Leben – möglichst viel darin unterzubringen?

»Der Kinderwunsch ist eine mächtige Triebfeder. Wenn auf diesen intensiven Wunsch die Angebote von gewinnorientierten Fortpflanzungsmedizinern treffen, kann das zu einer brisanten Mischung führen«, sagt der Kinderrechtsexperte Helmut Sax. Die Journalistin Susanne Fischer ist mit 43 Jahren zum ersten Mal Mutter geworden und hat ein Buch darüber geschrieben. Im Klappentext heißt es: »Eine der großen Fragen des Lebens: Wann ist der richtige Zeitpunkt für ein Kind?« Abgesehen davon, dass diese Frage erst seit einigen Jahrzehnten gestellt wird, ist es etwas vermessen, sie zu den großen Fragen des Lebens zu erklären. Kinder zu haben im Allgemeinen ist eine große Frage. Sie meint auch, sie habe die Welt gesehen, nun mit über 40 habe sie nicht mehr das Gefühl, etwas zu verpassen wie jüngere Mütter. Mutterschaft als unbedingte, universale Lebenserfahrung, die jede gemacht haben sollte, die uns alle eint – nur so schöpft die Frau alle ihre Möglichkeiten aus und macht die »allergrößte Erfahrung« im Leben. Das mag alles zutreffen, doch ich stelle mir die Frage, wieso quälen sich Menschen mit dem Gefühl, »etwas zu verpassen«? Man wird in seinem mehr oder weniger langen Leben sogar sehr viel verpassen, auch viele »allergrößte« Erfahrungen. Es ist besser, das zu akzeptieren, als zu glauben, man könne alles in diesen Windhauch von Leben pressen. Vor allem ist das eine Anspruchshaltung, die uns verwöhnte Wohlhabende der reichen Länder auszeichnet. Was verpassen denn all die Millionen Armen auf unserer Erde?

Susanne Fischer erzählt von einer Frau, die jahrelang mit einem Mann zusammen war und sich mit 38 getrennt hatte, weil er keine Kinder wollte. »Obwohl ich ihn noch geliebt habe. Aber was nützt mir das, wenn er sich weigert, dieses mir so wichtige Thema jetzt mit mir anzugehen?« Ja, was nützt einem schon die Liebe? Dann wurde sie schwanger, doch die Schwangerschaft endete frühzeitig, es folgten Jahre in Kliniken, bis sie mit 44 einsehen musste, dass es mit ihrem Kinderwunsch nichts mehr werden würde: »Eine grauenhafte Erkenntnis!« Keine Kinder zu haben ist eine große Tragödie. Die Reproduktionsmedizin präsentiert sich angesichts dieses Drucks als heilende und ideologiefreie Disziplin. Die Mediziner betonen, doch nur unglücklichen Paaren zu helfen. Das tun sie auch, doch die Unfruchtbarkeit können sie nur umgehen, nicht heilen. Die Branche hat zudem nicht nur auf Bedarf reagiert, sondern den Kinderwunsch mit hervorgebracht und ihn verstärkt. Ohne sie wäre der Wunsch nach leiblichen Kindern von unfruchtbaren Menschen, homosexuellen Paaren oder alleinstehenden Menschen zwar ein Wunsch, aber einer, der nicht zu erfüllen ist, zumindest nicht technisch. Die so hilfsbereite Reproduktionsmedizin kann nicht allen helfen, verdient aber mit jedem Fall viel Geld.

Indem immer mehr Methoden legalisiert werden, indem Rechte für alle eingefordert werden, entsteht auch ein Imperativ. Eine Frau erscheint dumm, schicksalsergeben, wenn sie nicht alle Chancen nutzt. Sie hat nun den Druck, etwas tun zu müssen, wo sie häufig nichts tun kann, außer loslassen. Keine hat mehr eine Ausrede für ihre Trauer wegen ungewollter Kinderlosigkeit. So scheint es auch schwieriger zu sein, zu einer Entsagung zu stehen. Schmerz und Trauer sind doch so einfach vermeidbar, wozu Trübsal blasen, wenn es Präimplantationsdiagnostik, Eizellspende und Leihmütter gibt? Kinderlosigkeit wird so zur Zumutung und zum Krankheitssymptom, das behandelt werden muss. Wer verdient daran, dass sich dieses Konzept so erfolgreich durchgesetzt hat? Wer profitiert politisch? Diese Fragen werden viel zu wenig gestellt, weil alle nur die Kinderlosigkeit bedauern. Es kommt aber darauf an, wie der Kinderwunsch gesellschaftlich bewertet wird, denn er ist meistens nicht einfach abwesend oder anwesend, sondern ambivalent.

Weil in unserem Leben so viel geplant, abgesichert, kontrolliert wird, verkommt die Fortpflanzung neben dem unausweichlichen Tod zur einzigen existenziellen Erfahrung. Der Glaube an die technische Machbarkeit hat sich tief eingegraben und hält sich hartnäckig. Eine Grenzziehung ist unter diesen Umständen schwierig, sowohl für die Einzelnen, aber auch zunehmend für den Gesetzgeber. Die Kliniken heben die Schwangerschaftsraten hervor, weniger breitgetreten wird, dass viele Patienten kinderlos bleiben: Laut dem IVF-Jahresbericht 2014 des Gesundheitsministeriums betrug die Baby-Take-Home-Rate im Jahr 2013 nur 28 Prozent. In absoluten Zahlen: 2013 wurden 6927 Zyklen durchgeführt, daraus ergaben sich 2338 Schwangerschaften, am Ende kamen 1998 Kinder zur Welt.

Die Mehrheit der Paare hat also nur viel Geld, Schmerzen, Nerven und Zeit investiert. Eine berauschende Erfolgsbilanz ist das nicht für eine Technik, die bereits mehr als 30 Jahre angewandt wird. Kritiker weisen unermüdlich darauf hin, werden aber kaum gehört. Die ART-Branche (Assisted Reproductive Technologies) mit ihren Erfolgsmeldungen ist da medial wesentlich erfolgreicher. Doch die Reproduktionsmedizin und – mit ihr eng verbunden – die Genetik sind nicht nur von Ärzten getragen, die verantwortungsbewusst und human handeln, sondern weisen alle Merkmale eines wachsenden Marktes auf. Kinder werden dabei verzweckt, und der Zweck heiligt alle Mittel. Auch wenn es darum geht, liberale Gesetze durchzusetzen.

Kinderkriegen ist nicht mehr selbstverständlich, heißt es bedauernd angesichts der vielen ART-Patienten. Zunehmende Unfruchtbarkeit sei ein Befund, doch es hat sich auch deshalb so entwickelt, weil wir Kinder nicht mehr selbstverständlich annehmen. Verhütungsmittel und Schwangerschaftsabbruch haben bei allen unbestreitbaren Vorteilen auch dazu geführt, dass der Kinderwunsch spät, oft zu spät, umgesetzt wird und dass Kinder völlig planbar erscheinen. Und es hat paradoxerweise dazu geführt, dass das Kind, das zuerst auf keinen Fall kommen darf, dann, wenn es kommen darf, im absoluten Mittelpunkt steht. Die Familiengründung wird nicht nur deshalb verschoben, weil die Vereinbarkeit mit dem Beruf so schwierig ist, sondern weil Kinder auch Kontrollverlust, Hingabe, Verzicht bedeuten, weil sich durch sie der Körper der Frauen verändert, den sie mühevoll schlank und rank gehalten haben. Kinder sind ein Zeichen für das eigene Altern, dafür, dass eine neue Generation nachrückt. Lauter Dinge, die nicht auf große Begeisterung stoßen. Die älteren Paare, die dann doch noch Kinder haben wollen, stellen zunehmend die Hauptklientel der Kliniken, die nicht mehr Fertilitätskliniken heißen, sondern sich »Kinderwunschkliniken« nennen. Es ist also nicht nur klassische Unfruchtbarkeit, die hinter dieser Entwicklung steht, sondern das Alter und die normal abnehmende Fruchtbarkeit. Das ist keine Krankheit, sondern der Lauf der Dinge, der mithilfe der Medizin ausgehebelt werden soll.

ICH WILL. ICH KANN

Der Siegeszug der Technologie ist begleitet von liberalen Gesetzen und von Machbarkeitsdenken. Während die frühere Disziplinargesellschaft bestimmt gewesen sei von Verbot und Zwang, dem »Nicht-Dürfen«, schreibt der Philosoph Byung-Chul Han, entledige sich die heutige Leistungsgesellschaft der Verbote. Nun gelte das »entgrenzte Können«. Doch die Freiheit des Könnens erzeuge mehr Zwänge, denn das Soll hat eine Grenze, das Kann dagegen keine, schreibt Han. »Glaube an dich selbst, alles ist möglich, du kannst sein und werden, was du willst«, sind die Mantras dieser neuen Religion. Die Experten sind die neuen Gurus, Ratgeberbücher die neuen heiligen Schriften. Nicht nur die Religionen halten Heilsversprechen bereit, auch die säkulare Biomedizin. »Sie ist voll von Glaubensbekenntnissen, Verheißungen, verehrten Autoritäten und Ritualen«, notiert die Ethikerin Angelika Walser. Wir sind es gewohnt, dass unsere Wünsche erfüllt werden. So soll es auch beim Kinderkriegen sein. Durch diesen beständigen Fluss an Erfüllung werden wir immer effizientere Konsumenten in allen Lebensbereichen. Dabei stehen die ökonomischen und egoistischen Interessen im Vordergrund, nicht Verantwortung und Grenzen.

Claudia Fuchs schreibt, sie könne sich mit ihrer Kinderlosigkeit nicht abfinden, ihre Geschichte habe kein »Happy End«. Aber sie sei ja auch noch nicht zu Ende, beeilt sie sich anzufügen. Ein Happy End wäre wohl ein Kind. Wenn über Kinderlosigkeit gesprochen wird, dann über die freiwillige und die vorübergehende, den leidvollen Zustand des Lebens ohne Kinder, bis durch die Medizin alles gut wird. Wenn jedoch Paare die Erfahrung machen, dass es bei ihnen nicht »klappt«, ist das Gefühl des Versagens umso größer. Viele meinen, Fortpflanzung sei nur eine Frage von mehr Anstrengung, mehr Geld und mehr Zeit – ganz so wie man andere Projekte verfolgt. Alles nur eine Frage des Willens. Wie heißt es so schön in unserer Gesellschaft der Macher: Wenn man etwas wirklich will und an sich glaubt, dann erreicht man es. Also hat man eben nicht ausreichend gewollt und geglaubt. Doch dabei übersehen wir die Macht gesellschaftlicher Bedingungen, denn man kann nicht allen Situationen nur mit festem Willen entfliehen. So ist es auch nicht mehr nötig, solidarisch zu sein. Das Brutale an diesem Denken ist, dass auf jene, die »verloren« haben, auch noch mitleidig hinuntergeschaut wird: Selber schuld, da hätte man sich eben noch mehr anstrengen, da hätte man doch alle Chancen nutzen müssen. Kinderlosigkeit ist so zu einem persönlichen Versagen geworden.

Die Wunscherfüllung, die die Reproduktionsmedizin verspricht, ändert unser Denken. Kinder zu bekommen wird zur Obsession, zu einem tollkühnen Unterfangen, zu einer einzig großartigen Aufgabe. Die Überfrachtung ist maßlos. Tauchen Trauer und Wehmut auf, hält das weder das betroffene Paar aus noch sein Umfeld. Quälend suchen viele die Schuld bei sich selbst, beim Körper, bei »falschen« Entscheidungen, anstatt anzunehmen, dass bei aller Machbarkeit Grenzen existieren. Wenn Kinder zu haben eine Option ist, ein Ziel, das mit starkem Willen zu erreichen ist, verstellt dies den Blick darauf, dass

reale Entscheidungsmöglichkeiten beschnitten sind. Eltern hätten die
Wahlfreiheit, Kinder zu Hause zu betreuen, Angehörige hätten die
Wahl, alte Menschen zu pflegen oder eben zu arbeiten, die Kinder in
die Krabbelstube, die Alten ins Heim. Ein schönes Märchen, erzählt
von jenen, die predigen, wie teuer uns der Sozialstaat kommt und dass
wir uns das alles nicht mehr leisten können – während Unsummen für
anderes ausgegeben werden, wie Rettung von Banken, Waffen, Hono-
rare für Lobbyisten.

EGOISTISCHER KINDERWUNSCH

Kinderlose seien egoistisch, hedonistisch, gefährden die sozialen Sys-
teme, heißt es. Die Geburtenraten in den Industrienationen sind für
viele alarmierend niedrig, Kinderlosigkeit sei ein »Massenphänomen
in den Großstädten«. Die Zukunft erscheint düster. Vielleicht glauben viele, dass nicht Tierarten verschwinden, sondern die Menschheit vor dem Aussterben steht. Der Arzt Jan-Steffen Krüssel bekrittelt:
»Wir prangern die Veralterung der Gesellschaft an, dabei könnten wir
10 000 Babys mehr auf die Welt bringen« – wenn die Gesetze liberaler
wären, wenn es mehr finanzielle Stütze gäbe. Eine TV-Moderatorin
fragt, ob wir »lieber aussterben« wollen, als lesbischen Paaren auch
ein Kind zu gewähren. Diese Frage stellt sich überhaupt nicht, wenn
man nur einen Blick über den Gartenzaun wagt. Um die Geburtenrate müssen wir uns keine so großen Sorgen machen: Weltweit liegt
sie bei 2,5 Kindern pro Frau. Pro Tag werden 210 000 Babys geboren.
Wachstum ist zwar unser Fetisch, in sämtlichen Bereichen. So soll
auch die Bevölkerung stetig wachsen, aber natürlich nur in Europa
und nicht in Afrika! Keinem Land kann die Geburtenrate gleichgültig
sein. Doch die Befürchtungen sind völlig überzogen. Laut Eurostat
leben in der EU mehr als 500 Millionen Menschen. Die Bevölkerung
ist seit 1960 durch Geburten und Zuwanderung um 100 Millionen
gestiegen. 2013 wurden mehr als fünf Millionen Kinder geboren. Aussagen wie jene der Autorin Susanne Fischer, dass wir in einer »an Kin-

dern immer ärmeren Welt« leben, sind eurozentrisch. Nur weil die Geburtenraten in vielen EU-Staaten sinken oder stagnieren, ist die Welt nicht arm an Kindern. Der Demograf Wolfgang Lutz geht davon aus, dass bis 2100 neun Milliarden Menschen auf der Erde leben werden. Die UNO zeichnet ein dramatischeres Bild und spricht von elf Milliarden.

Wenn ich in Gesprächen anmerke, Kinder haben zu wollen könne auch egoistisch sein, erlebe ich oft Reaktionen wie jene von Grünenpolitiker Marco Schreuder: »Bitte, was ist daran egoistisch, wenn man ein Kind in die Welt setzen will, wenn man Zeit, Geld und Liebe investiert? Ich finde dieses Argument unerträglich. Auch die Aussage, man wolle ›ein Kind um jeden Preis‹, das macht mich wütend.« Auch wenn es ihn wütend macht: Bewusste oder unbewusste Motive – eine Schwangerschaft und Geburt erleben, sich ganz als Frau sehen, die Weitergabe der eigenen Gene, das Kind als Beziehungskitt –, die beim Kinderwunsch mitschwingen können, sind nicht völlig selbstlos. Eltern können sich wichtig fühlen, erleben bedingungslose Liebe. Die Frage nach dem Sinn ist schneller beantwortet als bei Kinderlosen. Ohne diese Belohnung, auch durch Glücks- und Bindungshormone, die den Körper fluten, würden die Strapazen von Schwangerschaft, Geburt und Kinderaufzucht oft wohl nicht auf sich genommen werden. Selbstverständlich ist ein Kinderwunsch nicht uneigennützig, kein Kind wird aus reiner Barmherzigkeit gewünscht. Am ehesten trifft das noch auf Adoptiv- oder Pflegeeltern zu. Doch oft redet man vom Kinderwunsch und meint den Wunsch, Vater oder Mutter zu werden. Die Gründe sind völlig legitim, doch offenbar ist es nötig, den Egoismus dabei zu kaschieren und idyllische Motive vorzuschieben. Besonders empfindlich reagieren derzeit Homosexuelle, weil ihr Kinderwunsch von vielen nicht akzeptiert wird. Ihnen wird gerne unterstellt, sie frönen nur der Selbstverwirklichung. Das ist nun mal auch ein Motiv heutzutage, ganz egal, ob hetero- oder homosexuell. Der egozentrische Aspekt beim Kinderwunsch ist nicht so leicht zur Seite zu schieben. Das merkt man auch, wenn man auf die vielen Kinder hinweist, die zu kurz kommen, um die sich niemand kümmert.

Doch das zu sagen ist verpönt, der Wunsch nach dem genetisch eigenen Kind ist sakrosankt.

Wenn sich freiwillig Kinderlose aus der Deckung trauen, kassieren sie nicht selten wüste Beschimpfungen. Die Moderatorin Sarah Kuttner hat sich erdreistet, im Fernsehen zu bekennen: »Ich will keine Kinder.« Nach einer Schrecksekunde fragte der Musiker Aki Bosse: »Aber warum denn?« Kuttner: »Ich find' Kinder irgendwie doof. Mich interessieren die nicht. Ich müsste anfangen, früh aufzustehen für ein Kind. Möcht' ich nicht machen.« Sie würden Kinder nicht berühren, »dann sollte ich wohl auch keins machen, oder?« Der Shitstorm ließ nicht lange auf sich warten. Sie sei egoistisch und kreise nur um sich selbst. In einem offenen Brief schrieb eine »Frau Mutter« beleidigt, sie hätte erst jetzt Zeit gefunden, ihr zu schreiben, weil sie aufstehen und sich um ihre Kinder kümmern müsse. In einem Artikel fragte eine Autorin ernsthaft, was Kuttner wohl mit »doof« gemeint habe und ob sie wirklich nichts mit Kindern anfangen könne? Offenbar nicht vorstellbar für sie. Die Aussage von Kuttner war flapsig, aber ehrlich und akzeptabel. Dass nur Kinderlose dem Egoismus huldigen, keinesfalls aber Eltern, ist ja bereits ein Ladenhüter in der Argumentation, dass man aber keinesfalls sagen darf, Kinder nicht zu mögen, ist bemerkenswert. Insgeheim werden gewollt Kinderlose wohl auch beneidet, wie die Aggressivität, die ihnen entgegenschlägt, verrät. Es geht bei dieser Entscheidung aber auch nicht nur darum, wie Autorin Sarah Diehl meint, ob ich mit oder ohne Kinder glücklicher bin und eher meine Ziele verfolgen kann. So als gäbe es nur rationale Entscheidungen, keine unbewussten Motive. Zudem dreht sich auch hier alles um das eigene Ego, ob *ich* glücklicher bin, ob *ich* besser oder schlechter meine Ziele verfolgen kann. Es soll die Illusion aufrechterhalten werden, dass wir alles selbst bestimmen, sowohl die Elternrolle als auch die Kinderlosigkeit. Frauen wird vorgegaukelt, dass sie die freie Wahl hätten, keine Kinder zu bekommen, doch in Wirklichkeit reagieren viele schroff. Claudia Fuchs fackelt nicht lange herum: »Kinderwollen ist blanker Egoismus, ich bin da nicht anders. Ich will ein Kind, weil ich es will – und nicht, damit es Deutschland besser geht.« Wenn

Kinder dann da sind, bedeuten sie ohnehin nicht nur die Erfüllung, sondern auch Verzicht. Egoismus ist dann erst mal abgesagt.

Auf Websites tauschen sich »Kinderwunschpatienten« über Follikelpunktion, Hormone, Kliniken und Eizellspenden aus, und darüber, wie unerträglich es sei, andere glücklich mit ihren Kindern zu sehen. Wenn Kinderlose in der Phase voller Schmerz und Sehnsucht stecken, kann das scheinbar ungetrübte Familienglück wirklich zum Davonlaufen sein. Wie die Bilder wirken, zeigt ein Satz von Autorin Fuchs: »Das Unglück sehe ich nie, ich sehe nur das Glück. Und das haben immer die anderen.« Nur sein Unglück zu sehen heißt auch, nicht trauern und loslassen zu können. Vielleicht sollte sie mal länger bei den Familien bleiben, den Schmerz aushalten. Zum Trost: Er wird gewiss nachlassen, wenn man länger miterlebt, wie viel Mühe, Nerven und Zeit Kinder auch kosten. Zu empfehlen sind besonders kinderreiche Familien, da geht es immer rund, es herrschen Unruhe und Geschrei. Das ist nicht immer lustig, auch wenn die Kulleraugen und Pausbacken der Kinder noch so süß sind.

Familien nehmen viel Raum ein. Sie kommen in ihren Familienkutschen daher und als Kinderlose rückt man schnell an den Rand, ohne dass es irgendwer merkt, weil alle vollauf mit ihrem herumwuselnden Nachwuchs beschäftigt sind und nur noch ein Thema haben: ihre Kinder. Familien bedeuten Macht, Anerkennung und Rückhalt. Da ist es kein Wunder, dass Kinderlose Familien oft meiden, weil sie im Vergleich dazu so »klein und wenig« sind. Es kann vernichtend sein, allein und kinderlos zu sein, besonders bei Familientreffen. Doch die Kluft zwischen den Welten der Kinderlosen und der Familien ist auch ein Grund für die Verklärung. Erwachsene haben lange fast nichts mit Kindern zu tun. Dann fehlt banales Wissen über Kinder, der selbstverständliche Umgang mit ihnen. Folglich ist es besser, möglichst viel Zeit mit Kindern zu verbringen: Auch Kinderlose schulen sich im Umgang mit ihnen und erhalten ein realistischeres Bild vom Alltagsleben mit ihnen. Nicht zielführend ist es, Familien und Kinderlose gegeneinander auszuspielen. Familien müssen offener werden, nicht abgeschlossen bleiben in ihrem kleinen, ach so heilen

Kreis, Kinderlose müssen, wenn ungewollt, ihre Trauer zulassen und sich mit Familien konfrontieren. Mit ihrer Energie und Zeit können sie kostbare Wegbegleiter werden. Auch Eltern können Kinder nur begleiten und müssen sie wieder gehen lassen. Vielleicht dürfen sie später noch Mentor oder Vertrauter sein, doch es kann auch anders kommen.

Doch zumeist werden Klischees wiedergegeben: hier die lebendige, chaotische, fröhliche Familie, dort die einsamen, durchgestylten, blitzblanken Wohnungen von bedauernswerten Kinderlosen. Der Schauspieler und vierfache Vater Gerhard Kasal beschreibt es: »Ich finde es großartig, mit einer so großen Familie zu wohnen. Es ist immer was los. Ich kenne Wohnungen von Menschen ohne Kinder, da hat man mitunter das Gefühl, dass man schon vor Betreten des Gartens die Schuhe ausziehen muss.« Kinderlose nur frei, unabhängig und verantwortungslos, Eltern erdrückt von Verantwortung, versunken im Chaos? Kuschelweiche Idylle hier, Duft von Freiheit und Abenteuer, aber auch Einsamkeit dort? Das sind Bilder, die mit der Realität nur am Rand etwas zu tun haben. Viele meinen, wenn sie Kinder haben, schützt sie das vor Einsamkeit im Alter. Ganz so muss die Rechnung nicht aufgehen, wie eine Altenpflegerin erzählt: »Freunde kommen eigentlich öfter als die eigenen Kinder. Manche bringen nur ein Geschenk, hallo Papa, und weg sind sie.«

Wir sind alle dafür verantwortlich, dass Kinder gut aufwachsen. Auch wenn es völlig absurd ist, dass eine Mutter mit einem Baby allein dasteht, es ist der Normalzustand. Eltern stoßen an ihre physischen und psychischen Grenzen, weil sie so viel vereinbaren müssen, Kinderlose hätten Raum und Zeit, um zu unterstützen und für die Kinder da zu sein; sie können eine Bereicherung sein mit einer anderen Rolle und einem anderen Lebensstil. Die kinderlose Tante ist keine Erfindung der Moderne, vielmehr ist die enge, exklusive Beziehung zwischen Kind und Eltern erst in der Neuzeit entstanden. Eltern berichten, dass es für sie bereichernd ist, Kontakt zu Kinderlosen zu haben. Dann geht es nicht nur um die Kinder, sondern auch um anderes. Umgekehrt bereichern offene Familien das Leben von Kinderlosen und diese können intensive Beziehungen zu Kindern aufbauen. Kinderlose können sich ebenfalls Gedanken über Kinder und Familie machen, schließlich gehört man ebenso zu einer Familie. Die Perspektive ist eine andere, wenn man von etwas selbst nicht betroffen ist, und diese Außensicht kann hilfreich sein.

EINE FRAGE FÜR FRAUEN: WARUM HABEN SIE KEINE KINDER?

Kinderlose Frauen müssen sich rechtfertigen, sowohl wenn die Kinderlosigkeit gewollt ist, aber zunehmend auch, wenn sie ungewollt ist. Man muss nicht bei seinem unfruchtbaren Ehemann bleiben, wenn es im Netz vor vermeintlichen Traummännern oder Samenspendern nur so wimmelt. Man muss nicht traurig sein, sondern kann eine Eizellspende in Anspruch nehmen. Viele ungewollt Kinderlose finden erst nach jahrelangen inneren Kämpfen zu neuem Selbstbewusstsein – oder auch nicht. Mit dem Thema offen umzugehen ist schwierig. Auch deshalb, weil es ein privates Thema ist, nicht alles muss ans grelle Licht der Öffentlichkeit. Doch kinderlose Frauen werden stets gefragt: »Wieso haben Sie keine Kinder?« »Bereuen Sie es, dass Sie keine Kinder haben?« Die Antwort fällt meistens defensiv aus. Die Autorin Larissa Boehning schreibt in der *FAZ* von der Kinderlosigkeit als »Komfortzone« im Vergleich zum Elterndasein. »Es ist diese Angst, die uns gut ausgebildeten, selbständigen Frauen zu einer Flucht heraus aus unserer Weiblichkeit animiert. Uns zu Rationalisierungen bringt: Wir reden uns das Kinderkriegen mit allen Mitteln selbst aus. Das hat auch mit fehlenden Rollenvorbildern zu tun. In Deutschland bringen wir keine mächtig-schöne Christine Lagarde hervor, wir haben Frau Merkel. Unsere erste Frau ist ein Neutrum. Kinderlos. Frau Merkel regiert mit größtmöglicher Anzugneutralität und minimalinvasiver Fraulichkeit. Das ist, was ein starkes weibliches Role Model in Deutschland ist. Und was – verrückterweise – Mutti genannt wird. Die Mutti ist in Deutschland eigentlich ein Mann.«

Ein starkes Stück. Dieses diskriminierende Urteil kommt von einer Frau, einer Mutter, die kinderlos mit nicht-weiblich und nicht-mütterlich gleichsetzt. Als ob sich Mütterlichkeit nur durch ein eigenes Kind zeigen könnte. Fruchtbarkeit und Schaffenskraft lediglich dadurch erfüllt zu sehen ist ein äußerst enges Bild. Es soll auch vorkommen, dass Mütter aus ihrer Weiblichkeit flüchten, indem sie auf die Seite der Verführerin, der Unabhängigen vergessen. Doch nur Kinderlosigkeit ist ein Scheitern an der Weiblichkeit. Als Gegenbeispiel nennt die Autorin die aparte Christine Lagarde, geschiedene Mutter zweier erwachsener Söhne. Von ihr hört man, dass sie zwar charmant sei, aber auch knallhart. Also auch »ein Mann«? Merkel ist seit Jahrzehnten skandalfrei verheiratet. Vielleicht konnte sie sich trotz Spitzenkarriere mehr um ihre Beziehung kümmern als Lagarde? Boehning schreibt, dass Kinderlosigkeit heute auch Stress bedeute: »Dann wird die Angst vor dem Verlust meines selbstbestimmten Lebens mit einem Mal kleiner als die Angst davor, dass mir eine der existentiellsten Erfahrungen – die Erfahrung, einem Kind ein Leben zu schenken – hätte verborgen bleiben können.« Dem ist nur noch hinzuzufügen: Auch Kinderlosigkeit ist eine existenzielle Erfahrung, die Eltern verborgen bleibt. Aber genug der Polemik. Das gegenseitige Ausspielen von Eltern und Kinderlosen führt nämlich zu rein gar nichts. Der eine Lebensstil ist nicht besser als der andere, beide haben ihre Berechtigung und Vorteile. Doch Kinderlosigkeit gilt als Abweichung von der Norm, und alles, was von der Norm abweicht, erfährt Missbilligung. »Wenn man keine Kinder hat, obwohl man welche hätte bekommen können, ist man besser ein Mann als eine Frau, besser allein als in einer Beziehung, und man zeigt als Frau besser nicht zu deutlich, dass man ein erfülltes Leben führt«, schreibt die Soziologin Pascale Donati treffend. Insofern ist die Frage berechtigt, ob man nicht eher von Kinderpflicht als von Kinderwunsch sprechen soll.

Eine Mutter, die lange ungewollt kinderlos war und sich damit abgefunden hatte, bis sie unerwartet schwanger wurde, weiß noch genau, wie unangenehm die Fragerei war. »Ich wusste nicht, was ich sagen soll. Man muss sich da immer so festlegen, Mutter oder kinderlos.

Wenn man keine Kinder will, ist man quasi eine Kinderhasserin, oder man wird bemitleidet, obwohl es für mich in Ordnung war. Es ist auch eine sehr private Frage.« Die Fragen hören jetzt aber auch nicht auf: »Nun werde ich gefragt, ob ich noch ein zweites Kind will. Aber ich werde das wieder so handhaben wie zuvor: schauen, was passiert. Die Freude ist umso größer, wenn man etwas nicht erzwingen muss, sondern nehmen kann, was kommt.« Die Fragerei betrifft alle Frauen: Bei einem auffälligen Befund nach einem pränatalen Test: »Wollen Sie dieses Kind wirklich?« Eine Mutter von mehreren Kindern: »Warum willst du noch ein Kind?« Bei jungen Frauen: »Willst du wirklich jetzt schon ein Kind?« Bei älteren Frauen: »Wieso wollen Sie jetzt noch ein Kind?« Irgendwie kann man es niemanden recht machen. Die Frauen, die Familie und Beruf zu vereinbaren versuchen, müssen sich auch erklären. Doch diese Gruppe repräsentiert das Ideal. Kinder zu haben oder nicht ist für eine Frau aufgrund Schwangerschaft, Geburt und der nach wie vor hauptsächlich auf ihr lastenden Kinderbetreuung eine wesentlichere Frage als für einen Mann. Trotzdem: Warum werden nicht auch kinderlose Männer gefragt, ob sie es bereuen, einsam, ärmer um eine wichtige Erfahrung geblieben zu sein? Und nie werden Eltern gefragt: »Haben Sie es je bedauert, dass Sie Kinder haben?«

Der Blick auf kinderlose Frauen ist: Opfer der Umstände, ihres fehlenden Willens, ein Beweis für die mangelnde Vereinbarkeit von Familie und Beruf oder selbst so entschieden. Nicht mehr vorstellbar ist, dass sich Kinderlosigkeit durch verpasste Gelegenheiten, durch das Spiel des Lebens ergeben kann, unbeabsichtigt, zufällig. Doch Mütterlichkeit kann auch ganz anders gelebt werden als nur durch eigene Kinder. Die Journalistin Barbara Toth hält im *Falter* über die beiden Ministerinnen Gabriele Heinisch-Hosek und Sophie Karmasin fest: »Heinisch-Hosek ist, wie viele Frauen ihrer Generation, die ihre Kraft ganz auf den sozialen Aufstieg fokussierten, kinderlos geblieben. Karmasin, nur sechs Jahre jünger, hatte bereits das Privileg, beides haben zu können: die Karriere und die Kinder. Auch, weil sie sich die verschiedensten Formen von Kinderbetreuung leisten konnte: ein Au-pair, eine Art Leihoma, den normalen Kindergarten.« Verschwie-

gen wird, dass sich Heinisch-Hosek um ein schwerbehindertes Kind
gekümmert hat. So kann man auch für ein Kind da sein, wohl auch
intensiv und prägend. Als Kinderlose konnte sich Heinisch-Hosek der
Aufgabe mit all ihrer Energie widmen. Neben ihrer Arbeit als Parla-
mentarierin verbrachte sie mit ihrem Mann viel Zeit auf der Pflege-
station, am Wochenende nahm sie den Kleinen mit Atemgerät zu sich
nach Hause. Drei Jahre lang, dann starb das Kind. Doch das zählt
nicht, es zählt so wenig, dass sie einfach »nur« Karriere gemacht hat
und kinderlos geblieben ist. »Man muss an das Unmögliche glauben,
damit manches möglich wird«, sagt Heinisch-Hosek. »Aber auch
ohne alles erreicht zu haben, kann man auf ein erfülltes Leben zurück-
blicken«, ergänzt sie weise.

Es ist ein Drama, vor allem für Frauen. Denn sie tragen die Last
der Behandlung, sie tragen die Last des Stigmas, »es nicht geschafft zu
haben«. Es ist eine tiefe Trauer und ein großer Schmerz. Anders als andere menschliche Begehren lässt sich dieser elementare Wunsch nach
einem Kind nicht einfach abstellen. Es ist ja doch kein Konsumgut,
auch wenn es auf vielen Websites so angepriesen wird. Die Sehnsucht
kommt immer wieder zum Vorschein, besonders dann, wenn man sie
zu verdrängen versucht. Da reicht der Anblick eines kleinen Kindes,
lachende Eltern, eine Frau, die stolz ihren Schwangerschaftsbauch
zeigt, Feste wie Weihnachten. Übertrieben erscheint mir jedoch, die
Trauer mit der Trauer beim Verlust eines Nahestehenden gleichzusetzen, wie immer wieder zu lesen ist. Wenn man sehr darunter leidet,
ist es heilsam, aktiv zu werden und sich auf die Suche nach Lösun-
gen zu begeben. Wenn nun aber Versuche mehrmals scheitern und
es zu rastlosen Auswüchsen kommt, ist zu fragen, ob es das wirklich
wert ist. So viel Zeit, so viel Schmerz, so viel Geld zu verpulvern für
ein genetisch eigenes Kind. Viele versuchen es immer weiter, finden
sich im Flugzeug nach Russland wieder, engagieren eine Leihmutter,
haben nichts mehr gegen Eizellspenden: die Unfähigkeit, dieses eine
mögliche Kind loszulassen. Sich einer ungewollten Kinderlosigkeit zu
stellen ist ein hartes Los, härter wohl, als sich in die Maschinerie der
Fortpflanzungsmedizin zu begeben. Kinderlosigkeit begleitet einen

ebenso ein Leben lang wie die Freude und Sorge um Kinder. Doch es lohnt sich, dem Schmerz nicht auszuweichen und endlich zu trauern. Sieht man nicht nur den Weg zur Kinderwunschklinik, sondern sucht nach Alternativen, lässt Widersprüche, Ängste und Sehnsüchte zu, kann daraus ein enormes Entwicklungspotenzial entstehen. Kinder sind nie eine Lösung von Sinnfragen, sondern vor allem eine Aufgabe, die Sinn geben *kann*.

Die »Aschefrau« aus Eva Menasses Roman »Quasikristalle«, die innerlich verglüht, die abstumpft, sodass sie trotz Fehlversuchen immer weitermacht, ist ein hoffnungsloses, tristes Bild für jene, die meinen, Kinderlosigkeit sei das ärgste Schicksal auf Erden. Das Bild, das hier gezeichnet wird, ist das einer fahlen, vertrockneten, verbitterten, verhärmten, kalten, unglücklichen Frau. Eine Horrorvorstellung, die es unter allen Umständen zu vermeiden gilt. Die Möglichkeit, dass Frauen die unerfüllte Sehnsucht nach Kindern kreativ nutzen und in andere Bahnen lenken könnten, wird selten gezeigt. Statt Rückzug ist dann wieder Mut und Weltzugewandtheit möglich. Wie kann aus einem gefühlten Mangel, einer Leerstelle Fülle werden – auch diese Gedanken könnten sich Kinderlose machen. Widersprüche auszuhalten, sich weniger Illusionen hinzugeben, führt zu Trauer, doch auch zur Ausdifferenzierung der Identität, zu neuer Lebensfreude. Das Glühen muss nicht zur Asche werden, wenn die Fähigkeit zur Trauer und zum Loslassen besteht. Die »verdammte Opferrolle«, wie eine Kinderlose sagt, sollte endlich abgelegt werden.

DAS SCHICKSAL UND DER
»NATÜRLICHE« KINDERWUNSCH

Heute darf im Leben nichts fehlen. Wenn sich Kinder nicht von selbst ergeben – weil sich kein Partner findet, weil man in einer homosexuellen Beziehung lebt, weil man unfruchtbar oder zu alt ist –, versuchen viele der »Natur eben auf die Sprünge« zu helfen. So wie Älterwerden ist Kinderlosigkeit nicht mehr Schicksal und der Lauf der

Dinge, sondern ein Ärgernis. »Jede lebenserhaltende Maßnahme im Krankenhaus ist doch wider die Natur. Wenn es also die Möglichkeit gibt, habe ich auch das Recht, das zu nutzen«, meint eine Frau. Dass eine Methode gegen Kinderlosigkeit mit »lebenserhaltenden Maßnahmen« gleichgesetzt wird, entlarvt, dass es eine Frage von Leben und Tod zu sein scheint. Kinderlos zu sein bedeutet den sozialen Tod. Um die 35 würden die »Panikjahre« beginnen. In dem dringenden Wunsch, auf keinen Fall kinderlos zu bleiben, wird der darin liegende negative Aspekt überbetont und erst dadurch zum großen Problem gemacht.

Kinderlosigkeit anzunehmen sei fatalistische Schicksalsergebenheit – als ob das ein passives, geduldiges und unterwürfiges Verhalten wäre. Sich Gegebenheiten zu fügen heißt nicht, die Hände in den Schoß zu legen, sondern auf ganz eigene Weise sein Leben zu meistern. Demut scheint ein antiquierter, verschmähter Begriff zu sein, sie wird auch kaum noch gelebt. Doch Demut bedeutet zu akzeptieren, dass es Grenzen gibt, dass etwas größer und gewaltiger ist als ich. Man kann das Schicksal anklagen, sich selbst bemitleiden, oder dem Schicksal die Stirn bieten. Das ist ein Prozess, der Sinn stiften kann, doch niemandem fällt das einfach so in den Schoß. Insofern heißt Demut nicht, fatalistisch und unterwürfig alles hinzunehmen, sondern mit Mut und Tapferkeit ein gutes Leben zu führen. Aber Kinderlosigkeit wird diffamiert als sich »seinem Schicksal ergeben«. Jene, die Leihmütter, Eizellspenderinnen und Samenspender engagieren, sind die Aktiven, Tatkräftigen und Selbstbestimmten. Niemand dürfe von ihnen verlangen, dass sie sich ihrem Schicksal stellen müssen, heißt es. Gesetze, die sie einschränken, werden vehement angeklagt. Aber sind sie nicht auch oft die Getriebenen, alles andere als souverän und autonom? Es sei eine »Selbstermächtigung« der Frauen, wenn sie nicht mehr mit »dem Makel des unerfüllten Kinderwunsches« leben müssten, hört man. Die Frage ist: Wieso kann man nicht mehr mit einem Makel leben? Und wie sehr orientiert man sich bei der Definition von »Makel« an Normen? In Wahrheit stehen Individuen, die souverän und nach ethischen Prinzipien handeln und eben nicht getrieben von

Wunscherfüllung sind, unter enormem Anpassungsdruck. Weil alles zu einer Frage der eigenen Entscheidung geworden sei, gebe es nur noch das »Machsal«, schreibt der Philosoph Odo Marquart. Wir können das Schicksal vielleicht umlenken, aber abschaffen können wir es nicht. Indem wir das versuchen, schwächen wir nur unsere Fähigkeit, mit dem Unvermeidlichen zu leben und es zu bewältigen. Marquart zufolge holt uns das Schicksal am Ende ohnehin wieder ein, da die Folgen unseres Tuns nicht immer beherrschbar sind.

Eva Menasse echauffierte sich 2010 im *Spiegel* über »selbstgefällige Moralapostel« und darüber, dass Menschen, die nicht betroffen sind, »nicht die geringste Ahnung haben«, was das sperrige Wort »Reproduktionsmedizin« in Wahrheit bedeute. »Frauen tun sich das an, Frauen tun sich das immer wieder an, wie freiwillige Laborratten, nicht weil sie pervers sind, sondern weil ihre Natur ihnen sagt, dass sie ein Kind wollen. Ein Kind, kein Designerbaby, und nicht weil sie Gott spielen, sondern nur Mutter sein wollen.« Ein paar Absätze später beschwert sie sich: »In Österreich hat mir ein hochrangiger Politiker der Grünen einmal gesagt, man solle Kinderlosigkeit als Schicksal annehmen. Natürlich war es ein Mann, natürlich ein Katholik, und natürlich hat er selbst Kinder. Und gewiss würde er einen Blinddarmdurchbruch oder eine verengte Herzarterie nicht als Schicksal annehmen, sondern zum Arzt gehen.« Sie hat recht, dass viele keine Ahnung haben, wie mühselig der Weg zum Kind sein kann. Aber das ist nicht nur begründet in moralinsaurer Urteilslust, sondern auch darin, welche Bilder vermittelt werden: nette Ärzte im weißen Kittel, süße Babys und selige Eltern. Was es tatsächlich bedeutet, ist nichts für die Öffentlichkeit. Es ist verständlich, dass der Großteil der Paare nicht darüber sprechen will, doch Experten könnten zumindest ungeschönt darüber berichten.

»… weil ihre Natur ihnen sagt, dass sie ein Kind wollen.« Welche Natur? Und nur die weibliche sagt das? Hier die Natur wiederzufinden, erstaunt mich, aber Menasse wiederholt lediglich eine Annahme, die in diesem Kontext häufig zu hören ist. Die Biologie wird beim Kinderwunsch stark strapaziert. Der Instinkt führe Frauen dazu, dass sie unbedingt Mutter werden wollen, wir hätten nun mal einen Fortpflanzungstrieb, der Kinderwunsch sei genetisch veranlagt, da könne man nicht anders. Allerdings ist auch Unfruchtbarkeit »natürlich«, es soll sogar Frauen geben, die keine Uhr ticken hören. Widersprüchlich ist zudem, dass der Kinderwunsch, weil »natürlich«, als sakrosankt angesehen wird, hingegen natürliche Grenzen bei der Fortpflanzung keine Rolle spielen dürfen. Gerade Wünsche sind selbstverständlich auch kulturell geprägt. Indem vom Instinkt gesprochen wird, sät man Zweifel bei Frauen, die sich bewusst gegen Kinder entschieden haben oder ungewollt kinderlos sind. So ist es fast unmöglich, diesen Wunsch loszulassen – schließlich fordert die Natur es ein! Doch selbstbestimmtes Handeln ist davon gekennzeichnet, dass ich mich dem Diktat der Natur bis zu einem gewissen Ausmaß entziehen kann. Man muss auch kein Mann, Familienvater, Katholik und Grünenpolitiker sein, um ungewollte Kinderlosigkeit als Schicksal zu betrachten, das man annehmen lernen könnte. Als Herausforderung, als Aufgabe, nicht immer nur als Unglück, als aufhebbaren, unzumutbaren Zustand, als Krankheit. Kann man das wenigstens ein bisschen auch dem Schicksal aufladen, kommt man langfristig besser damit zurecht.

Das »Menschenmögliche« für ein Kind zu tun, wie Menasse schreibt, ist sehr viel – für ein Kind, das dadurch große Bedeutung bekommt. Würde die Mutterschaft von ihrem Podest heruntergeholt, hätte Kinderlosigkeit nicht mehr diesen Makel, dann wäre es für viele leichter, damit zu leben. Die Überhöhung findet sich auch bei Autorin Birgit Kelle: »Animalisch, instinktiv. Kinder zu bekommen, ist nicht rational. Es ist eine Leidenschaft, eine Sehnsucht, ein Trieb, den wir oft kaum beschreiben können. Wir wollen Kinder. Wer einmal die Verzweiflung und die Trauer von Paaren miterlebt hat, die erfolglos versuchen, Kinder zu bekommen, weiß, dass Rationalität hier keine Rolle spielt.« Ich unterschreibe die Bedeutung, die Kinder haben, ich unterschreibe die Trauer, die kinderlose Paare erleiden, doch ich unterschreibe nicht, dass hier Rationalität keine Rolle spiele. Der Kinderwunsch ist ein starker, kulturell geprägter Wunsch, ein Trieb ist er nicht. Die Umsetzung ist oft sehr rational. Das mit einem dringenden Trieb zu entschuldigen, ist mir viel zu einfach. Dass der Kinderwunsch nur »natürlich« sei, dass ein »Mutterinstinkt« existiere, ist außerdem ein Klassiker der patriarchalen Ideologie. Die Frauenbewegung hat den »natürlichen Kinderwunsch« noch als »Kinderpflicht« gesehen, doch dieser Ansatz ist in der Mottenkiste verschwunden. Die Ideologie von der umfassenden Selbstbestimmung geht hier eigenartigerweise Hand in Hand mit der »Pflicht zu Nachwuchs«, um den Bevölkerungsbestand zu erhalten. Kinder zu bekommen ist wohl die moralisch einwandfreieste Art der Selbstverwirklichung und steigert dazu die Geburtenrate – was für eine praktische Kombination für Ideologen. Simone de Beauvoir hat es spitz formuliert: »Die Behauptung, ein Kind sei das höchste Ziel einer Frau, taugt allenfalls zum Werbeslogan.« Es ist Propaganda, die helfen soll, strenge Gesetze auszuhebeln und die pronatalistische Politik zu forcieren. Sie führt dazu, dass teure Adoptionen oder etwa auch Verhütungen aus eigener Tasche zu bezahlen sind, aber die Kosten für ART großteils vom Staat übernommen werden.

Was sagen Naturwissenschaftler zur These vom Kinderwunsch als Trieb und Genanlage? Der Humangenetiker Hans-Christoph Duba antwortet: »Ich würde das verneinen, weil es eher in den Genen liegt, wenn man sich nicht fortpflanzen kann. Der Wunsch nach Fortpflanzung hat sicher viele Gründe, und ich glaube, dass die wenigsten davon genetisch bedingt sind.« In der Biologie wird ein Fortpflanzungstrieb bestritten. »Das ist reguläres biologisches Wissen«, betont Evolutionspsychologe Dietrich Klusmann. »Ein Kinderwunsch basiert auf dem Fürsorgemotiv, das auf Ausübung drängt.« Er sei kulturell überformt, könne herunter- oder hochgespielt werden und hänge auch von der kulturellen Bewertung anderer Motive wie Unabhängigkeit ab. »Diese Bewertung war in den letzten Jahrzehnten hoch und erschöpft sich vielleicht, sodass das Fürsorgemotiv, wenn es mit dem Selbstverwirklichungsmotiv verbunden wird, eine Renaissance erlebt.« Dass sexuelle Betätigung zu Fortpflanzung führen kann, wissen nur wir Menschen. »Das Ziel, die eigenen Gene weiterzugeben, ist nicht konkret genug, als dass sich dafür in der Evolutionsgeschichte ein spezielles Motiv hätte entwickeln können.«

Wie sehr der Kinderwunsch von sozialen Umständen abhängig ist, zeigt sich darin, dass sich Frauen gegen Kinder entscheiden, weil sie sich auf den Beruf konzentrieren wollen oder müssen, dass sich aber auch Frauen für Kinder entscheiden, weil sie an der Supermarktkasse nicht die Erfüllung finden. Experten kennen auch den »übersteigerten« und den »pathologischen Kinderwunsch«. Ein gesunder Kinderwunsch äußert sich darin, dass man sich auch damit anfreunden kann, wenn das Kind nicht kommt. Doch wenn der Eindruck entsteht, dass man ein Kind bestellen und herstellen kann, wird es schwierig, das anzunehmen.

Die Psychoanalytikerin Marianne Springer-Kremser hat als ehemalige Leiterin der von ihr aufgebauten psychosomatischen Frauenambulanz an der Universität Wien viel Erfahrung mit ART-Patientinnen. Sie berichtet:»Es gibt vordergründig unterschiedliche Motive für ein Kind: einen Namen, ein Geschlecht weitergeben, Wünsche nach Vervollständigung des eigenen Körpers bis zu gesellschaftlichem Ansehen. Wir haben Frauen erlebt, die nach IVF (*In-vitro-Fertilisation, Anm.*) schwanger wurden und dann verzweifelt unsere Ambulanz aufsuchten und einen Abbruch wollten. Der Beweis, ich kann schwanger werden, dann bin ich eine richtige Frau, war ein Motiv. Vor allem gilt: Es gehört dazu, zuerst muss alles passen, Verdienst, Beruf, Wohnungseinrichtung, und jetzt muss das Kind her. Das funktioniert in der Regel so aber gar nicht. Die Fertilität ist überwiegend unbewusst gesteuert, und der Druck auf Frauen ist vonseiten der Familie, Arbeitgeber oft unglaublich groß. Das schönste Beispiel war folgende Geschichte: Ein junges Paar, alles hat gepasst, sie haben sich Zeit gelassen, es hat aber nicht und nicht geklappt, wir glaubten bereits, wir können ihnen nicht helfen. Dann stellte sich heraus, sie hatten einen Rottweiler. Für die junge Frau war klar, wenn sie schwanger wird, muss selbstverständlich der Hund weg. Ihre Mutter wiederum meinte, das könne sie doch dem armen Hund nicht antun. Es stellte sich heraus, dass dieses ›mütterliche Verbot‹ und die daraus resultierende Zwiespältigkeit der jungen Frau der eigentliche Grund für die ungewollte Kinderlosigkeit war.«

Unfruchtbarkeit und das Leiden daran wird von der WHO als Krankheit angesehen. Die Medizin kann hier aber nicht heilen, sie kann mit viel Glück, Zeit und Geld zu einem Kind verhelfen und damit das seelische Leid aufheben, durch vergebliche Versuche aber auch verstärken. Kinderlosigkeit mit lebensbedrohlichen Krankheiten zu vergleichen ist äußerst beliebt, im Fall von Menasse mit einem Blinddarmdurchbruch oder einer verengten Herzarterie – wohl analog zu einem undurchlässigen Eileiter. Die Publizistin Sibylle Hamann donnert: »In einigen fundamentalistischen Zirkeln«, in denen man »Gott nicht ins Geschäft pfuschen will«, würde die medizinische Hilfe abgelehnt werden. »Dort müsste man, aus demselben Grund, dann auch Antibiotika und Operationen ablehnen.« Noch eine Steigerung gefällig? »Dann müsste ich auch sagen, der hat Krebs, den behandle ich nun nicht«, so der Arzt Leonhard Loimer. Auch Kollege Matthias Bloechle hat plakative Beispiele parat: »Man würde ja auch keinem Diabetiker sagen, dann stirb halt, oder wozu sollen wir eine Dialyse machen? Wir können doch nicht dieser Gruppe sagen, erdulde dein Schicksal stumm, während alle anderen von moderner Medizin profitieren.« Der Phantasie sind keine Grenzen gesetzt, um der Fertilitätsbehandlung die Absolution zu erteilen.

Es ist ein großer Unterschied, ob ein Arzt versucht, kranke Menschen zu heilen, oder zu meinen, der Mensch sei ohne Kind defizitär und man müsse diesen Mangel unbedingt beheben, weil er darunter leidet. Ist man nur gesund, wenn man Kinder bekommt? Der Psychoanalytiker Anton Tölk sieht in der ungewollten Kinderlosigkeit ein Schicksal, eine Art Behinderung, wie Blindheit oder Gehörlosigkeit, eine Kränkung, aber keine Krankheit. Unfruchtbarkeit ist sicher nicht das Ende der Welt und des erfüllten Lebens. Vom »stummen Erdulden eines Schicksals« zu reden ist eine Diffamierung all jener, die versuchen, ihre Einschränkung zu meistern.

Bei meinen Recherchen ist mir aufgefallen, dass das Natur-Argument dann eingesetzt wird, wenn ein Standpunkt unumstößlich sein soll. Es wird auch von jenen verwendet, die es sonst immer ablehnen, von »natürlich« zu sprechen. Aber wenn es ins Konzept passt, halten auch sie »die Natur« offenbar für stärker als jede kulturelle Prägung. Sonst haben wir unsere Natur selbstverständlich überwunden, Natur kommt in unseren Lebensabläufen so gut wie nicht mehr vor, nur beim Kinderwunsch hat sie eine große Relevanz. Bei Großstadtmenschen, die einen regulierten Fluss und einen Wirtschaftswald für natürlich halten, die bestenfalls noch den Gesang einer Amsel erkennen, die Schoßhündchen wie Handtaschen herumtragen, und die Smartphones haben, die sie vor der »Gefahr« einer Regenwolke »warnen«.

Es ist auch deshalb so absurd, den Kinderwunsch ausschließlich als natürlich zu bezeichnen, weil seine maßlose Präsenz in der Öffentlichkeit ein kulturelles, neues Phänomen ist. Der »natürliche Kinderwunsch« hat auch zu einer gewissen Beißhemmung geführt. Da es so verinnerlicht ist, hier dem »natürlichen Drang« den Vorrang geben zu müssen, funktioniert auch das Abqualifizieren von Kritik wie geschmiert. Folglich ist es ein Skandal, wenn man nicht jedem das »Recht auf ein Kind« zugesteht. Gerade hier, wo nichts mehr der »Natur« überlassen wird, setzt man den »natürlichen Kinderwunsch« absolut. Während die Fortpflanzung technisiert wird, gehört der Kinderwunsch zwingend zur Natur der Frau, ob mit oder ohne Partner.

MEDIALE INSZENIERUNGEN

Mutter sein liegt in den reichen Ländern im Trend. Einfach eine »hinreichend gute Mutter« zu sein reicht nicht. Die perfekte Mutter ist gefragt: Olivia Wilde, Miranda Kerr und Gisele Bündchen lassen sich beim Stillen ihrer nackten Babys fotografieren – natürlich perfekt inszeniert und glamourös. Bündchen wird auf einem Foto gerade von Friseur und Visagisten aufgepeppt, während sie ihrem Kind die Brust gibt. Die Botschaft ist, dass Stillen etwas ganz Natürliches sei.

Offensichtlich ist aber auch: Süße Babys, noch dazu nackt, lassen sich herrlich vermarkten. Sie dienen den »Promis« als Accessoire und als Werbemittel für sich selbst. Fast jede schleppt ihre Kinder auf dem Arm herum. Bei Victoria Beckham wirkt das, als habe sie mal eben ihre Handtasche gegen ein Kind getauscht. Eine erfolgreiche Frau, schön, reich und berühmt, dazu auch noch ein süßes Kind – was für ein PR-Traum! Es funktioniert so gut, weil sich die Massen von ihrem eigenen Alltag wegträumen können, der offenbar so trist erscheint. Doch in Wahrheit ist der Promi-Alltag völlig durchgeplant, da müssen auch die Kinder mitspielen. Im Hintergrund arbeitet – unsichtbar und unauffällig – ein ganzes Heer an Helfern. Vorgehalten werden uns als Vorbilder Frauen wie die deutsche Ministerin Ursula van der Leyen, die den Laden mit sieben Kindern mit links schupft. Eine Schauspielerin wie Angelina Jolie, die Millionen verdient, sich vom Filmset in die dreckigen, überfüllten Flüchtlingslager der Welt begibt, nebenbei auch noch Regisseurin und Drehbuchautorin ist. Das macht sie bestimmt alles ganz allein. Zwischendurch jettet sie mit Mann und sechs (oder schon sieben) Kindern mal nach New York, dann nach Südfrankreich und zur Filmpremiere nach Japan. Die Frisur sitzt, das Styling ist immer perfekt, auch im Flüchtlingslager. So ein Leben, so eine Karriere, dazu noch Kinder, eigene und aus verschiedenen Ländern adoptierte, alles kein Problem. Über ihre ganze Heerschar an Dienern, die ihr Leben organisieren und koordinieren, erfährt man nichts. »Brangelina« landen mit ihren Kindern am Flughafen, eilen mit dunklen Sonnenbrillen auf den schönen Nasen durch hysterische Fans und Blitzlichtgewitter, und die Helfer halten sich dezent im Hintergrund: die Kindermädchen, persönlichen Assistenten, Bodyguards, Chauffeure, Stylisten und Visagisten, Köche, Putzfrauen, Pressesprecher, Fitnesstrainer. Es ist die moderne Form des aristokratischen Lebensstils. Nur früher war klar, dass die Kaiserin mit Hofstaat reist, heute wird so getan, als ob jede alles allein auf die Reihe kriegte. Die Botschaft an alle Frauen lautet: Schaut her. Wie die das schafft! Stellt euch also nicht so an, geht doch wunderbar!

Den nackten Babybauch präsentiert seit Demi Moore, die 1991 auf dem Cover von *Vanity Fair* damit begann, fast jede Prominente. Sogar Politikerinnen lassen sich hinreißen vom Boulevard, wie Grünen-Chefin Eva Glawischnig, die das Cover einer Frauenzeitschrift zierte. Keine Filmpremiere kommt mehr ohne Babybauch aus. Im Buch von Daniel Hornuff über die Kulturgeschichte der Schwangerschaft erfährt man, dass selbst Autofirmen sich das »Bauch-Branding« mittlerweile zunutze machen und Hochschwangere auf Kühlerhauben setzen. »Womb-Selfies« werden durch die virtuelle Welt geschickt, ganz nach dem Motto »Ich bin der Nabel der Welt«. Aus anderen Umständen, aus der verlegenen, dezenten Verhüllung wurden ein öffentliches Ereignis und ein Triumph, so Hornuff. »Elīna Garanča im Babyglück« – die Sängerin strahlt zur Schlagzeile auf der Titelseite einer Tageszeitung. Doch das Foto wurde nicht beim Ansehen des Schwangerschaftstests aufgenommen, sondern bei einem Konzert, als sie gerade den Applaus entgegennahm. Garanča, unbestreitbar eine erstklassige Sängerin, wird in den Medien dafür bewundert, dass sie eben »alles« hat. Ohne Familie »wäre mein Glas nur halb voll und ich nur eine halbe Person«, heißt es in ihrem Buch. Als große Sängerin ohne eigene Kinder wollte sie nie »enden«, gibt sie zu Protokoll.

Wie kommen solche Bilder bei ungewollt kinderlosen Frauen an? Sind sie dann auch eine »halbe Person«, ist ihr Leben nur ein »halb volles Glas«? Viele Kinderlose bestätigen, dass diese Vorgaben sehr belastend sein können und man sich dem auch nur schwer entziehen kann. Denn die medialen Bilder sind allgegenwärtig. Kronprinzessin Victoria schmiegt sich an ihr Baby Estelle, und der Hype um die Geburt des britischen Thronfolgers George, Sohn von Kate und William, übertraf fast alles. Als der Kleine ein Jahr alt wurde, rauschte es wieder im Blätterwald. In einer Tageszeitung sah man ein Foto von dem properen Kleinkind mit seinen privilegierten, hübschen Eltern, auf derselben Seite zeigte ein Bild zwei Schwestern, die eine drei, die andere fünf, in einem Flüchtlingslager an der syrischen Grenze. Ihre Kleider sind zerschlissen, dreckig, das Auge des älteren Mädchens ist zugeschwollen, ein Granatsplitter hat es getroffen.

Die meisten Promis betonen in Interviews, die Kinder seien das

Beste und Schönste ihres bisherigen Lebens. Das mag schon sein, nur
schmälert es alle anderen Aspekte des Lebens, und es schwingt mit,
dass Menschen ohne Kinder eben nicht das Schönste und Beste erreicht hätten. Meistens bei Frauen wird erwähnt, dass sie auch Mutter sind, seltener ist bei Männern die Vaterrolle ein Thema. Es ist
wie ein Orden, der ein erfolgreiches Leben auszeichnet. Da ist von
wahren Tausendsassas die Rede: Sie haben meistens mehrere Berufe
oder Standbeine. Ihr Wirken ist bestenfalls auch noch preisgekrönt.
Lobenswert ist, wenn sie möglichst viel auf Twitter und Co. präsent
sind. In der Freizeit klettern sie auf Berge, reisen durch allerlei Länder,
am liebsten nach Afrika. Selbstverständlich haben sie zu all dem auch
noch Kinder. »Powerfrauen«, die ohne »Burn-out« alles unter einen
Hut bringen, dabei auch noch »phantastisch« aussehen, einen attrak-
tiven Mann an der Angel und allerlei Interessen haben, süße, gesunde
Kinder und im Job on top sind – das ist ein Märchen.

Als cool gilt, vor und nach der Geburt stets einsatzbereit zu sein.
Eine TV-Moderatorin versichert, ständig erreichbar zu sein, selbst
»bei der Entbindung habe ich noch am Wehenschreiber Termine abgesagt«. Familienministerin Sophie Karmasin betont, dass sie bei ihrem ersten Kind bis einen Tag vor der Geburt im Büro war, die fran-
zösische Staatssekretärin Rachida Dati kam bereits fünf Tage nach der
Geburt ihres ebenfalls ersten Kindes in Amt und Würden zurück. Die
Fotos zeigen eine top gestylte, schlanke Ministerin auf High Heels.
»Falls die kleine Zohra ihrer Mutter schlaflose Nächte bereiten sollte,
ist dem Lachen der Justizministerin davon nichts anzusehen«, schreibt
Die Welt bewundernd. Kaiserschnitt, Schmerzmittel, Make-up, Disziplin und Helferinnen im Hintergrund werden es wohl möglich gemacht haben. Was mit diesen beruflich erfolgreichen Frauen signa-
lisiert werden soll: dass man gemäß kapitalistischen Vorgaben stets
zur Verfügung steht, dass Schwangerschaft, Geburt und die erste Zeit
mit einem Baby keine so großen Sachen seien und auf alle Fälle nicht
vom Arbeiten abhalten. Dass der bezahlte Mutterschutz in europäischen Sozialstaaten eine Errungenschaft ist, gerät so in Vergessenheit.
Außerdem: Wenn es so eine Kleinigkeit ist, wieso muss das so betont

werden, und zwar von den Frauen selbst? Wären sie wirklich souverän, wäre das Privatsache und keiner Rede wert. Erinnert sei auch daran, dass Selbständige mit einem eigenen Geschäft oder Landwirtinnen bis kurz vor der Geburt arbeiten (müssen). Echte Souveränität haben wir bei diesem Thema erst dann erreicht, wenn Frauen nicht mehr so viel Aufhebens ums Kinderkriegen machen müssen.

Familienleben in medialen Inszenierungen ist eine einzige Aneinanderreihung von Glücksmomenten. Es wird dick aufgetragen, ganz wie in der Bewerbung von Produkten, doch die schöne Verpackung sagt wenig über den Inhalt aus. Sie ersetzt nicht die Substanz. Das Motiv solcher Beschreibungen ist auch, anderen Frauen Mut zu machen, zu zeigen, es ist alles möglich. Doch wenn die Maßstäbe so hochgeschraubt sind, wenn all das erst Erfolg ist und nicht weniger davon, können Menschen ohne zusätzlichen Akku die Flinte gleich ins Korn werfen. Das schaffe ich ja nie, lautet die alarmierende Botschaft dann. Oder man baut den Druck auf, es unbedingt auch »schaffen« zu müssen, um einen Zipfel Anerkennung zu erhaschen. Diese Überhöhungen von Menschen, die im Fokus der Medien stehen, bewirkt letztlich keine Bestärkung, sondern genau das Gegenteil. Sie fördert Konkurrenzdenken, Maßlosigkeit und Erschöpfung.

Wenn Familienministerin Sophie Karmasin in einer TV-Debatte meint, man müsse mehr darüber sprechen, wie viel Glück Kinder bedeuten, und weniger über die Defizite, muss man ihr antworten: Kinder zu haben wurde noch nie so idealisiert wie heute. Es besteht kein Mangel an rosaroten Idealbildern. Ob ungewollt Kinderlose auch glücklich sind, wird nicht thematisiert. Jene, die darauf angesprochen werden, müssen natürlich ein wenig Reue zeigen, um zu bestätigen, dass sie etwas versäumt haben. Dabei wird so getan, als ob Eltern alles erleben und tun könnten. Doch selbst wenn Kleinstkinder auf Reisen bis ans Ende der Welt gekarrt werden, um zu zeigen, dass man trotz des Kindes noch alle Freiheiten haben kann, weiß jeder, der Kinder hat, worauf er langfristig verzichtet. Wer sich nicht in den Sog hineinziehen lässt, alles in ein Leben packen zu müssen, kann damit auch recht gut leben. Hin und wieder seufzt man wohl, ach hätte ich doch, aber dann schaut man auf sein Leben, auf seine Kinder und freut sich daran. Nicht anders geht es vielen ungewollt Kinderlosen, die ihre Situation akzeptiert haben, nur umgekehrt. Kinderlosigkeit ist ein möglicher Weg, gut durch sein Leben zu gehen und damit auch für andere eine Bereicherung zu sein. Doch all das setzt voraus, dass man akzeptiert, nicht alles haben zu können. Eine Weltreise und ein blühender Garten sind nicht gleichzeitig möglich.

Die mediale Idealisierung ist vor allem auch bei lesbischen Paaren und älteren, prominenten Müttern zu beobachten. Als die damals 54-jährige Sängerin Gianna Nannini eine Tochter bekam, wurde sie in einem Artikel der *Emma* gefeiert. Kein Wort von einer möglichen Eizellspende, stattdessen wusste sie ihre Schwangerschaft für Eigen-PR zu nutzen, denn ein nackter Babybauch zieht immer. So posierte auch sie hochschwanger für *Vanity Fair* und für ihr Plattencover. Stylisten und Visagisten in Kooperation mit Modedesignern und Photoshop machen den Auftritt älterer Schwangerer und Mütter von Geena Davis bis Halle Berry zu einem Ereignis.

Medial präsent sind mittlerweile auch gleichgeschlechtliche Familien. Im Bericht »Regenbogenkindersegen« im Magazin *family* schreibt die Autorin, dass schwule Paare es im Vergleich zu lesbischen »noch schwerer« haben, zu einem Kind zu kommen, weil die Leihmutterschaft »ein kompliziertes Thema« sei. Dass ein lesbisches Paar abwechselnd schwanger sein könne, kommentiert die Autorin mit »Wie praktisch!«. Viele Medien wollen vor allem nette, unbelastete Wohlfühlgeschichten, eine differenzierte, kritische Berichterstattung ist zu neuen Familienformen eher selten. Mancher lesbischen Aktivistin ist dann schon mal sauer aufgestoßen, dass lesbische Frauen, sobald sie Mutter werden, medial präsent sind, obwohl sie sonst nicht von Interesse sind, sondern eher Schwule und Transgender. So schreibt die mittlerweile verstorbene Helga Pankratz: »Es ist nach wie vor ein Tabu, das Konzept der Mutterschaft in Frage zu stellen. Die Diskussion innerhalb der lesbischen Community konzentriert sich regelmäßig stark auf Gebärwünsche. Die lesbische Community und alle Medien finden die Wunschbabys süß und ihre beiden Mamas tapfer und wünschen alles Gute. Die Standpunkte jener vielen Lesben, die keine Mutterschaft anstreben und in deren Lebenskonzept sie nicht oder nicht mehr passt, sind im Lauf des letzten Jahrzehnts verstummt, obwohl sie doch konstituierend sowohl für die private als auch politische lesbische Perspektive waren. Autonomie und Selbstbestimmung waren verknüpft mit Lebensentwürfen jenseits von Kleinfamilie, Monogamie und der unhinterfragten Mutterschaftsideologie.«

Bei all der Idylle scheint es dringend geboten, die Realität zu sehen, wie sie ist, weder mit einer grauen noch mit einer rosaroten Brille. Wenn schon Brille, dann eine, mit der man scharf sieht. Und zur Abwechslung auch mal eine Kinderbrille, denn zu oft haben wir die Erwachsenenbrille auf. Die Wirklichkeit auszuhalten, das Schöne wie das Mühsame – ist das zu viel verlangt? Offenbar. Die medialen Bilder sind geschönt, retuschiert, glattgebügelt. Ein Fotograf, der für eine Boulevardzeitung arbeitet, erzählt, dass er häufig eine lange Liste von Veränderungswünschen bekommt: die Lippen voller, die Haare blonder, die Taille schlanker, das Gesicht glatter, die Augen glänzender, die Augenbrauen dunkler, die Oberarme muskulös, auf keinen Fall mit hängender Haut. Eine TV-Moderatorin wird für ein Magazin interviewt, sie sagt: »Wir Frauen müssen nicht perfekt sein.« Doch das Foto ist das glatte Gegenteil: Kein einziges Fältchen, nicht einmal ein kleines Lachfältchen, hat es geschafft, auf dem Gesicht der 47-Jährigen zu überleben. Alles aalglatt. Glatte Antworten, glatte Gesichter, glatte Lebensläufe. Nur hie und da traut sich eine(r) zu Widersprüchen in der Biografie, zu Schwächen, zu Lücken zu stehen. Die bunten Bilder des Glücks der Prominenten, auch des späten Mutterglücks, gaukeln uns vor, dass alles möglich ist, alles wunderbar, wenn man sich nur seine Wünsche erfüllt. Überall wird optimiert, das Aussehen, die Figur, die berufliche Performance, die Beziehung, die Kinder, nur bei existenziellen Fragen, wo die Begrenzungen auf der Hand liegen, laufen wir mit dem Kopf gegen die Wand. »Das Glatte charakterisiert unsere Gegenwart«, sagt der Philosoph Byung-Chul, Kratzer bedeuten Verletzbarkeit, die heute als Makel gilt.

PLANUNGSKINDER
UND KOPFGEBURTEN

Heute spielen viele Zeus. So wie er Göttin Athene aus seinem Kopf geboren hat, setzen wir uns Kinder in den Kopf und suchen nach Möglichkeiten, sie zu gebären. Athene wird als Kopfgeburt treue Erfüllerin der Gesetze von Zeus. Das müssen auch Kinder, wohl immer schon, doch das Glück, das wir uns von Kindern erwarten, müssen die wenigen Kinder heute unbedingt einlösen. Missratene Kinder sind nicht vorgesehen. Der Druck beginnt bereits bei der Befruchtung und in der Schwangerschaft. Der Nachwuchs muss die aufwendige Investition wettmachen. Wenn Kinder so erwartet, geplant, ausgewählt sind, dann sind sie von Anfang an besonders, das Wichtigste. Doch sie *können* nicht nur besonders und wichtig sein, sie *müssen* es sein. Wenn Erwartungen so geschürt werden, ist es schwierig, sich mit Enttäuschungen abzufinden.

Heute ist das »geplante Wunschkind« das Ideal: verantwortungsvoll geplant, dringend gewünscht, gut kontrolliert und abgesichert. Die Fortpflanzung wird mithilfe der Technik perfekt rationalisiert. Doch was verlieren wir dadurch? »Sind dann die Eltern noch mit intuitiven Fähigkeiten ausgestattet, die man für Kinder braucht?«, fragt Kinderarzt Klaus Vavrik. Für seine Berufskollegin Katharina Kruppa macht es einen Unterschied, ob Eltern ein Kind als Geschenk oder als Produkt sehen. »Die beschenkten Eltern tun sich leichter mit der Individualität des Kindes. Eltern hingegen, denen suggeriert wurde, dass ihr Kind machbar und gesund sein wird, tun sich damit oft schwerer.« Alles Ungeplante, Spontane wird negativ bewertet. Ein Kind in »unperfekte« Verhältnisse hineinzugebären, erscheint im wohlhabenden Mitteleuropa heutzutage als Katastrophe. Angesichts prekärer Arbeitsverhältnisse und langer Ausbildungszeiten, wo den Frauen eingebläut wird, »werdet ja nicht schwanger«, ist es kein Wunder, dass sie alles tun, um nur ja kein Kind zu bekommen.

Wer nicht brav mit Hormonen verhütet, handelt unklug und unverantwortlich, meint der Gynäkologe Christian Fiala. Die Antibaby-

pille hat viel Positives bewirkt: Sie verhindert den natürlichen Zustand, dass jede fruchtbare Frau zehn oder mehr Geburten hat, aber
sie als einzig ideale Möglichkeit auf ein Podest zu heben, ist nicht
gerechtfertigt. Frauen, die nach Jahrzehnten mit der täglichen Pille
nicht mehr wissen, wie der weibliche Zyklus funktioniert, wie sich
ein Eisprung anfühlt, die mit Regelschmerzen nicht umgehen können, begegnen ihr immer wieder, erzählt die Ärztin Barbara Dörner-
Fazeny. Fiala meint: »Die einzige Funktion der Regelblutung ist, die
Gebärmutter auf eine Schwangerschaft vorzubereiten. Wenn man
nicht schwanger werden will, sind das leere Kilometer, die belastend
und schmerzhaft sind.« Doch der Zyklus ist viel mehr als »leere Kilometer«: Er ist der Wechsel zwischen Lust und Unlust, Aktion und
Rückzug.

Herrscht beim Kinderkriegen nur noch Planung vor, werden Kinder zum Projekt. Autorin Stephanie Gerlach stellt in ihrem Buch
»Regenbogenfamilien« dem Kapitel »Los geht's?! Ein Kind!« ein Zitat
der Sängerin Gitte Haenning voran: »Ich will alles, ich will alles, und
zwar sofort.« Die Logik des Konsums frisst sich in alle Lebensbereiche, auch in die persönlichsten. Unsere Sprache ist verräterisch: Kinder werden »geplant«, »gecheckt«, man will sie »haben« oder lässt sich
ein Kind »machen«. Der Leiter der Beratungsstelle »Courage« Johannes Wahala kann mit dem Vorwurf des »Machbarkeitsdenkens« im
Kontext der künstlichen Methoden nicht viel anfangen, schließlich
würden alle »Kinder machen«, auch bei natürlicher Zeugung: »Wenn
man keine Kondome nimmt, macht man auch Kinder.« Das Kinderkriegen nur noch als Frage der Machbarkeit zu sehen, ist ein realisti-
scher Befund, zu denken, das sei auch gut so, ist ethisch anspruchslos
und erteilt der Medizin in allen Fällen die Absolution.

In einer Welt, in der vorgegebene Bezüge aufgelöst und Ziele be-
liebig werden, ist das Kind ein Anker, ein Sinnstifter, ein Bezug, der
eben nie aufgelöst werden kann. Die Ansprüche sind so gestiegen,
weil der Kindheit so viel Bedeutung zugemessen wird. Hebamme
Livia Görner macht einen regelrechten Hype um das Kind aus. Auf
dieses eine Kind starren zwei Erwachsene. Oder mittlerweile auch

schon vier Papas und Mamas. Alle Augen sind auf das Kind gerichtet, jeder Laut, jede Bewegung wird kommentiert, registriert. Jedes Kind ist ein kleiner Messias. Der Unterschied ist, dass es nicht von Gott, Natur, Glück, Schicksal gesandt wurde, sondern geplant und gemacht von uns. In der Krippe liegt nicht mehr einfach ein Kind, vielmehr unsere Erwartungen an das Kind, unser Ego. Eine Hebamme sagt: »Die Bedeutung des Kindes ist gigantisch.« Das Kind ist eine Schöpfung eigener Großartigkeit, ein Lebenswerk, mit dem nichts anderes konkurrieren kann. Dabei, so die bodenständige Livia Görner, sei alles keine so große Sache, sondern der normale Lauf der Dinge: »Die Kinder kommen einfach, und dann geht das Leben weiter.«

Kanada hat es rechtlich ermöglicht, dass vier Erwachsene Eltern eines Kindes sein können. Autorin Sarah Diehl findet das »phantastisch«. Ich bin hier weniger euphorisch. Es ist wunderbar, wenn sich mehrere Erwachsene um Kinder kümmern und gestresste Eltern Hilfe bekommen. Doch warum reicht die Tantenrolle nicht oder der gute Onkel, warum lauter Mamas und Papas? Diehl meint, so ein Gesetz würde eine »enorme Aufwertung sozialer Elternschaft« bedeuten. Wie wäre es auch mit einer enormen Aufwertung von Adoption oder von anderen Familienrollen? Wieso müssen alle Eltern sein? Auch Diehl folgt hier einer Norm: Die allerhöchste Anerkennung ist nun mal die Elternschaft. Ob biologisch oder sozial, ist egal, Hauptsache, Mama oder Papa. Vier Mamas und Papas bedeuten, dass bis zu acht Großeltern ihr Enkelkind sehen wollen. An Geschenken und Urlauben wird es diesem Sprössling nicht mangeln. Das ist in Patchworkfamilien auch so. Allerdings macht es doch noch einen Unterschied, ob sich zwei Frauen oder zwei Väter mit allen Rechten und Pflichten sowie Ansprüchen und Erwartungen als Eltern fühlen, als eine ist die Mutter und die andere die Stiefmutter. Wenn ein Kind wenigstens noch Verbündete wie leibliche Geschwister und Halbgeschwister hat, ist die Erwartung aufgeteilt, doch versetzt man sich nur ein wenig in Einzelkinder, erfasst einen auch Beklemmung. Wie halten die das aus?

Letztlich ist das Planungsdenken ein Bumerang, denn es führt auch zu mehr Verpflichtung und Schuld: Wenn ein Kind in normalen Konstellationen unglücklich ist, kann es die Eltern, aber auch das Schicksal anklagen. Eltern können sagen, ich habe alles mit bestem Wissen und Gewissen gemacht, mehr war nicht drin, tut mir leid. Doch nun sind Kinder ein Konstrukt der Eltern. Lag bisher die Verantwortung bei der Natur, müssen nun die Eltern einstehen für die Art der Entstehung und für das genetische Erbe, das sie nicht sorgfältiger gewählt haben.

KIND IST NICHT GLEICH GLÜCK

»Jeder ist heutzutage glücklich«, schrieb Aldous Huxley in seinem Klassiker »Schöne neue Welt«. Die Boulevardisierung schreitet munter voran, und oft meint man, in einer Rosamunde-Pilcher-Wirklichkeit angekommen zu sein. Die Bilder vom Scheitern müssen als Gegenpol zu den Siegern auch überzeichnet werden. Die Sehnsucht nach Glück ist tief verankert und nur allzu menschlich. Stillen sollen diese Sehnsucht heutzutage vor allem ein Ehepartner, ein Kind und natürlich Geld. Die Frage, ob Kinder glücklich machen oder nicht, sei nicht so leicht zu beantworten, schreibt der Autor Wolf Schneider. »Schon weil es eine ziemlich junge Mode ist, sie überhaupt zu stellen.« Erst jetzt, nachdem man auch »nein« oder »noch nicht« zu Kindern sagen könne, gebe es auch ein bewusstes »ja«, notiert die Soziologin Elisabeth Beck-Gernsheim. Meine Urgroßmutter etwa kam gar nicht dazu, sich Kinder zu wünschen, weil sie sowieso ständig schwanger war und 19 Kinder zur Welt brachte. Für sie stand die Frage im Vordergrund: »Wird es überleben?«

»Warum gerade jetzt so viel über das Glück gesprochen und geschrieben wird? Das hängt vermutlich damit zusammen, dass in der Leistungsgesellschaft auch das Glück eine Leistung ist, die man erbringen muss, wenn man nicht zur Plebs der Unglücksraben und Erfolglosen gehören möchte«, schreibt Karl-Markus Gauß. Geld und Prestige stehen an vorderster Stelle in den westlichen Industrienationen. Dafür rackern wir uns ab, investieren wir sehr viel Zeit, Nerven und Kraft. Doch wirkliches Glück erfahren wir in erster Linie durch tragfähige Beziehungen, nicht durch »Facebook-Freunde« und sonstige Bekannte, sondern Verwandte und Freunde, die immer da sind, vor allem wenn wir sie am nötigsten brauchen. An zweiter Stelle der Glücksskala steht eine Aufgabe, die als sinnvoll erlebt wird, bei der man weiß, warum man sie tut. An dritter Stelle Gesundheit.

Das Recht auf Streben nach Glück, oft falsch verstanden als ein Recht auf Glück, findet sich in der US-amerikanischen Unabhängigkeitserklärung von 1776. Heute wird Glück fast nur als Wohlgefühl definiert. »Nicht dass es in irgendeiner Weise verwerflich sein könnte, Lüste zu empfinden und von Schmerzen frei sein zu wollen. Das Problem ist nur: Diese Art von Glück hält nie lange vor«, schreibt der Philosoph Wilhelm Schmied. Moderne Menschen seien nicht darauf vorbereitet, dass es Flauten gibt. Alle scheinen glücklich zu sein, besonders die Prominenten, doch »in Wahrheit entwickeln viele eine Meisterschaft darin, andere Zeiten vor fremden Augen zu verbergen, so gut es nur geht. Anstatt sie als sinnvollen Bestandteil des Lebens zu akzeptieren, das sich regeneriert.« Schmied hebt hervor, dass wir zwar noch wüssten, dass es Höhen und Tiefen gebe, aber der moderne Mensch billige nur noch den Höhen Existenzrecht zu, »die Tiefen haben es verwirkt, ihnen droht die Höchststrafe der Moderne, die Abschaffung und Entsorgung«. Lassen sie sich nicht ganz verdrängen, müsse dagegengearbeitet werden – »am besten, da es eilt, mit Hilfe rasch wirkender Medikamente«. So wird fehlendes Glück zu einer Art Krankheit, fehlendes Kinderglück auch. Doch auch die Bewertung macht Menschen krank, so Schmied, denn wir können nicht nur durch innere und äußere Ursachen krank werden, sondern »auch aufgrund von Begriffen, die einen so hohen Maßstab des Lebens festlegen, dass das Leben daran nur noch scheitern kann. Der moderne Begriff von Glück ist ein solcher Maßstab, der Menschen systematisch ins Unglück treibt.«

Zum Glück gibt es andere Auffassungen von Glück: das Konzept vom guten Leben, bereits in der Antike bekannt und auch eine alte Weisheit in Südamerika, wiederbelebt von europäischen Denkern wie Leopold Kohr. Hier geht es um das gelungene Leben: Das Glück ist schon da, wir brauchen es nur zu erkennen. Das größere Glück, das Glück der Fülle, umfasst immer auch das Unangenehme und Schmerzliche. Die Anerkennung der Polarität ist langfristig gesehen erfüllender als das bloße Wohlfühlglück. Der Philosoph deutet die permanente Frage nach dem Glück als eine Frage nach dem Sinn. »Die Dringlichkeit des Strebens nach Glück kann als ein Indiz für die Verzweiflung gelten, die die Entbehrung von Sinn hervorruft. Menschen entbehren Sinn in der modernen Gesellschaft in allen Bereichen des Lebens und auf allen Ebenen der Hierarchien.« Ich vermute, dass deshalb auch immer öfter der Anglizismus »Sinn machen« verwendet wird. Nichts *hat* mehr Sinn, und nichts *ist* mehr sinnvoll, doch wir glauben, dass wir Sinn *machen* können.

George Vaillant, Leiter der Grant-Langzeitstudie über das Glück, muss es wissen. Er definiert Glück so: »Nicht immer alles gleich und sofort zu wollen, sondern sogar weniger zu wollen. Das heißt, seine Impulse zu kontrollieren und seinen Trieben nicht gleich nachzugeben. Die wahre Glückseligkeit liegt dann in der echten und tiefen Bindung mit anderen Menschen.« Die Ärztin Hildegunde Piza sitzt in ihrem Garten und denkt bei der Frage nach dem Glück länger nach. In das Vogelgezwitscher hinein sagt sie: »Glück ist nicht Wunscherfüllung. Glück ist Selbstfindung, Selbstachtung. Glück ist ganz was Kurzes, es gibt nur Glücksmomente. Der glückliche Mensch, ich glaube nicht, dass es ihn gibt. Die Frau ist glücklich, weil sie ein Kind bekommt, aber das ist kein Dauerzustand.«

ILLUSION DER MACHBARKEIT

> Im Augenblick strengt sich be-
> sonders die Medizin an, zur
> Hure der Ökonomie zu werden.
>
> *Volkmar Sigusch*

DIE LEIHMUTTER

Leihmütter in Russland kommen meistens aus ländlichen Regionen
oder aus Weißrussland und der Ukraine. Rekrutiert werden sie über
Anzeigen im Internet oder in Zeitungen. Viele sind alleinerziehend
und trennen sich monatelang von ihren eigenen Kindern, um das
Kind der Auftraggeber auszutragen. Olga (*Name geändert*) ist eine
von ihnen. Für vier Monate ist sie in der Hauptstadt zum Arbeiten,
sagte sie zu Hause. Nur ihre Mutter weiß den wahren Grund. Olga
lebt mit ihrem kleinen Sohn mehr als 1200 Kilometer von Moskau
entfernt, in einer Stadt an der Grenze zu Kasachstan. Für das Interview ist sie herbeizitiert worden, ins Büro der Anwaltskanzlei Rosjurconsulting von Konstantin Svitnev im Einkaufs- und Geschäftszen-
trum »Taganskiy Passage«. Olga war 30 Stunden im Zug unterwegs.
Sie lächelt verhalten, ihre blonden Haare hat sie zu einem Zopf zu-
sammengebunden, sie trägt eine Brille mit goldfarbener Fassung.
31 Jahre ist sie alt. Ihren richtigen Namen soll ich nicht schreiben.
Olga ist sichtlich angespannt: Ein anderer Treffpunkt war nicht möglich. Sie fühlt sich anscheinend kontrolliert und überwacht, bei einigen Fragen kann sie keine Antwort geben. Sie ist auch nicht bereit,
mit uns auf die Straße zu gehen.

In Moskau wohnte sie mit einer anderen Leihmutter in einer Wohnung der Klinik. Über ihre Verträge durften sie nicht miteinander
sprechen: Sie können sich in den Details erheblich unterscheiden,
weil auf die Wünsche der Auftraggeber Rücksicht genommen wird.
Über die Umstände der Geburt oder was passiert wäre, wenn das Kind

behindert gewesen wäre, kann sie nichts sagen. »Wenn etwas ist, dann
ist ein Abbruch die Entscheidung des Paares und der Ärzte. Das liegt
nicht in meinen Händen.« Sie habe sehr wohl Bedenken gehabt, ob
sie das Kind loslassen könne. »Ich habe dann aber verstanden, dass es
ja nicht mein Kind ist. Es sind nicht meine Eizellen, und ich helfe nur.
Ich war vorbereitet, ich wusste, dass ich das Kind weggeben muss. Ich
habe gewusst, wer die Eltern sind, dass es erwartet wird. Das hat es
einfacher gemacht.« Das Paar habe sie erst kurz vor der Geburt kennengelernt. Die Leihmutter hat keinen Einfluss darauf, welchem Paar
sie »helfen« kann. Sie erfährt erst dann mehr, wenn es die Wunscheltern so wollen. Bei einem Skype-Gespräch mit dem Paar in Wien sei
ihr kleiner Sohn zwar einmal dabei gewesen, aber er sei ahnungslos:
»Ich habe ihm nur gesagt, das ist ein Bekannter von mir. Das Kind
ist jetzt ein Jahr und zwei Monate. Sie schicken Fotos, und wenn sie
wollen, dann sprechen wir miteinander. Der Kontakt ist unregelmä-
ßig, einmal im Monat oder alle zwei Monate.« Auch ob es Kontakt
gibt oder nicht, orientiert sich an den Wünschen der Auftraggeber.
Die Kommunikation ist nicht so einfach, denn Olga spricht nur Russisch, das Gegenüber versucht Russisch zu lernen. Der Kontakt erfolgt vor allem via Skype mit Händen und Füßen. Ob sie Kontakt
mit dem Kind haben will, hat sie für sich noch nicht geklärt: »Ich
weiß nicht, wie ich es meinem Sohn erklären soll, wer dieses Baby ist.
Vielleicht später einmal, wenn beide groß sind. Ich bin aber nicht dagegen, wenn das Kind sich später meldet.« Sie hat ein Foto von ihm,
ihr siebenjähriger Sohn habe gefragt, wer das sei. »Das Kind eines Bekannten«, habe sie geantwortet.

Olga hat auch Eizellen gespendet. Ob daraus ein Kind entstanden
ist, weiß sie nicht. »Ich freue mich, wenn es geklappt hat. Ich weiß
nicht, ob mir das recht ist, dass ich nichts weiß, oder nicht.« Nach einer Pause sagt sie: »Ich habe nicht das Recht, das zu wissen.« Darüber,
wie viel Geld sie für die Leihmutterschaft erhalten hat, schweigt sie
sich aus: »Das ist ein Geheimnis.« Olga hat vorher als Köchin in einer
Schule gearbeitet, normalerweise verdiene sie zwischen 10 000 und
15 000 Rubel (150 bis 220 Euro) im Monat. In einem E-Mail schrieb

sie, sie wolle sich mit dem Geld durch die Leihmutterschaft eine Wohnung kaufen. Beim Gespräch in Moskau antwortet sie, sie habe sich ein Auto gekauft, »ein kleines«, eine »russische Marke«. Ob sie ein zweites Mal Leihmutter wird, wisse sie noch nicht. Sie hat es derzeit nicht vor. Aber prinzipiell spreche nichts dagegen.

DIE AUFTRAGGEBER

Roland und Markus (*Namen geändert*) sind seit acht Jahren ein Paar. In der Heimat von Roland, einem EU-Land, haben sie geheiratet. Sie leben in einer Wiener Kleingartensiedlung. Zuerst wollten sie eine Leihmutter aus Indien verpflichten, erzählen sie im Café am Karmelitermarkt. »Amerika wäre uns zu teuer gewesen, aber Indien war akzeptabel von den Preisen her.« Doch dann entschied das indische Parlament, die Leihmutterschaft für Homosexuelle zu verbieten. »Wir waren am Boden. Wir haben gedacht, unser Traum ist geplatzt.« Sie haben aber weiter nach einer Umsetzung ihres Kinderwunsches gesucht. Für Markus wäre auch eine Adoption vorstellbar gewesen, in Kambodscha beispielsweise. Ein Pflegekind kam hingegen nicht in Frage, weil die Obsorge beim Jugendamt verbleibt und sie mit den leiblichen Eltern Kontakt halten müssen. »Der Wunsch nach einem leiblichen Kind war bei meinem Partner sehr groß«, erklärt Markus. So wurde auch mit einem Frauenpaar aus dem engen Freundeskreis gesprochen, aber als es konkret wurde, haben sie kalte Füße bekommen. Letztlich besser so: »Wir kennen lesbische Paare, wo der Mann Sperma gespendet hat und er keine Rechte hat, weil die Frauen die Obsorge haben. Dazu muss man bereit sein, denn der Einfluss ist gleich null. Und dass eine alleinstehende Frau bereit ist, ein Kind für dich auszutragen, dir dann zu übergeben und auf ihre Rechte zu verzichten, ist ebenfalls schwierig. Man würde sich da auf ein großes Risiko einlassen. Also, wir wollten eine Kernfamilie gründen, eine traditionelle Familie. Das war unser Ziel«, betont Roland. Bei einer Leihmutterschaft sahen sie sich offenbar mit mehr Einfluss ausgestat-

tet, wenngleich auch eingeschränkt, wie Markus meint: »Du weißt
ja nicht, wie professionell das abläuft, was sie im Labor mit deinem
Sperma machen und der Eizelle.« Die Möglichkeiten in der Ukraine
wurden erkundet, »weil es noch billiger als Russland ist«. Doch von
Freunden haben sie gehört, dass es Probleme gebe, mit dem Kind aus-
zureisen.

Schließlich wurde ihnen Konstantin Svitnev empfohlen. »Er bietet
ein Flatrate-Programm. Das war gut für uns, denn wir haben letztendlich 13 Versuche benötigt. Unsere größte Angst war ja, dass es nicht
funktioniert und wir das Geld verlieren. Gott sei Dank haben wir dieses All-inclusive-Programm gemacht.« Sie haben auch einmal die Klinik gewechselt, zuerst Moskau, dann St. Petersburg. Zwei Jahre, mehrere Eizellspenderinnen und zwei Leihmütter waren nötig, bis es zur
Einnistung und einer Schwangerschaft kam. Als sich die Schwangerschaft gut entwickelte, wollten sie Olga kennenlernen, »nicht erst bei
der Geburt«. Roland erklärt, dass sie sie nach einem Profil ausgesucht
haben: »Wir wollten keine Frau, die eine Abtreibung gehabt hat. Ich
wollte eine typische, durchschnittliche, russische und konservative
Mutter, die selber ein Kind hat, die sich von ihrem Mann scheiden
hat lassen. Sie ist so eine gute Person, total hilfsbereit, das spürt man,
sie macht das nicht nur wegen des Geldes. Das hat sie mir mehrmals
gesagt.« Hier hakt Martin ein: »Sie macht es schon auch für Geld,
um für ihre Familie mehr Möglichkeiten zu haben.« Die Eizellspenderin ist ebenfalls aus Russland, aber anonym. »Du bekommst über die
Spenderin ein Profil, du kannst dich über Augenfarbe, Körpergröße,
Haarfarbe informieren, was sie in der Freizeit gerne macht, ob sie Geschwister hat, auch über ihre Bildung. Das war relativ wichtig für uns.
Sie sollte ein Minimum an Intelligenz haben. Wir wollten eine Person, die äußerlich nicht sehr auffällig ist, weil wir in Österreich leben.
Wir wollen aber keinen Kontakt mit ihr.« Markus ergänzt: »Wir haben
uns entschieden, dass die Leihmutter die Mutter ist, wenn unser Sohn
danach fragt, wollen wir ihm sagen, sie ist die Mutter. Wir wollen es
nicht noch komplizierter machen. Wir warten mal ab, wie es wird.«

In der 37. Woche ist Olga nach Prag geflogen, auf Wunsch des Paares. »Wir haben uns dafür entschieden, weil sich das Klima in Russland für Homosexuelle verschlechtert hat. Wir bekamen Angst, ob mit den Papieren dann tatsächlich alles klappt. Das war es uns wert, hier noch Geld draufzulegen, um einiges zu vereinfachen«, so Markus. Olga soll ein Appartement für sich gehabt haben, sie sei in einem Park spazieren gegangen und von einer Ärztin betreut worden. Ganz so einfach gestaltete sich die Antragstellung in der Botschaft in Prag aber auch nicht. »Sie sind natürlich auf der Leitung gestanden, denn das Erste, was sie sehen, ist, dass ich mit einem Mann verheiratet bin. Sie wollten partout aus mir herausbekommen, dass es eine Leihmutterschaft war. Ich habe darauf bestanden, dass es mein genetisch verwandtes Kind ist und ich einen Pass will, und ich habe mit den Medien gedroht. Am nächsten Tag haben wir den Pass bekommen.« Mit Sack und Pack und Kind fuhren sie im Auto nach Wien zurück. Olga kehrte nach Russland heim.

Finanziell sei es trotz »Flatrate-Programm« eine Herausforderung gewesen: »Wir haben auf vieles verzichtet, unsere Eltern haben uns unterstützt, einen Teil haben wir finanziert, einen Teil haben wir angespart. Es kostete 60 000 Euro, aber mit allem Drum und Dran, mit den Reisen, mit der Geburt in Prag, kamen wir am Ende auf einen höheren Betrag. Ein Drittel der 60 000 Euro hat die Leihmutter bekommen«, behauptet Roland. »Wir wissen das eigentlich nicht genau«, räumt Martin ein. Rolands Familie in einem südeuropäischen Land sei begeistert, weil Familie wichtig sei, Martins Familie in Österreich sei hingegen weniger angetan. »Es war für sie schwer nachvollziehbar, dass wir so viel riskieren, nur um ein Kind zu bekommen. Aber jetzt freuen sie sich. Nur ein Teil meiner Familie hat es gänzlich in Frage gestellt, ob wir zwei Männer Eltern sein können. Das war schon eine harte Aussage.« In der Kleingartensiedlung gebe es keine Probleme: »Wir sagen einfach, Roland hat ein Kind mit einer Frau, und wir ziehen es auf. Das ist nicht gelogen. Wir erzählen nicht jedem eine fünfstündige Wahrheit.« Die Kommunikation mit Olga sei schwierig, aber einmal in der Woche gebe es Kontakt. »Wir kommunizieren russisch, ganz rudimentär.« Schriftlich verlässt sich Roland auf den zweifelhaften Dienst von »google translator«. »Wir sind in sehr gutem Kontakt. Sie will es gerne ein zweites Mal machen«, meint Roland.

»Uns war wichtig, dass wir niemanden ausbeuten. Nur zehn Prozent der Kandidatinnen kommen überhaupt in die Auswahl, weil das psychologische Screening sehr hart ist. Sie müssen bereits ein Kind haben, es müssen stabile Personen sein. Zweitens ist die Eizelle nicht die eigene der Mutter, es gibt also keine genetische Verbindung. Deshalb ist hier eine Bindung sehr abgeschwächt. Außerdem kann jede Person mit ihrem Körper machen, was sie will. Wie kann man Abtreibung moralisch befürworten, aber eine Eizellenspende und Leihmutterschaft ablehnen, von einer mündigen Frau, die vertraglich sich dazu verpflichtet und das eben will? Das verstehe ich nicht«, so Roland. Was wäre passiert, wenn das Kind behindert gewesen wäre, frage ich. »Wir haben das Recht, die Schwangerschaft abzubrechen, aber sie kann ein Veto einlegen, wenn das Kind behindert ist. Man darf niemanden zu einer Abtreibung zwingen, das wird aber auch diskutiert, bevor die Person ins Programm kommt. Wir hätten eine Abtreibung in Erwägung gezogen, wenn das Kind schwerbehindert gewesen wäre. Die PGS (*Preimplantation Genetic Screening, Anm.*) ist Standard, beim ersten Zyklus haben wir auch das Geschlecht ausgesucht. Ich wollte kein Mädchen. Wir möchten nun ein zweites Kind, die Eltern von Martin bezahlen uns einen Zyklus mit einer Eizellenspenderin.«

DER ANWALT

Konstantin Svitnev ist etwas kränklich, zum Interview kommt er trotzdem. Für seine Verspätung entschuldigt er sich mehrmals. Wir nehmen Platz auf lederbezogenen Stühlen vor seinem großen Schreibtisch. Als er den Raum betritt, wendet er sich seinem Altar mit Ikonen zu und bekreuzigt sich. Seine Sekretärin serviert russischen Tee in Porzellangeschirr. Auf die erste Frage folgt keine Antwort, sondern eine Klage darüber, dass das Verbot der Leihmutterschaft in Europa fundamentale Menschenrechte verletze. »Aus meiner Sicht sollte jedes

Haus ein gutes Fundament haben, dieses Recht auf Fortpflanzung macht dieses Fundament aus, weil es ein Grundrecht ist wie das Recht auf Leben. Wir haben vielleicht keine schönen Bilder an der Wand, vielleicht haben wir kein Dach, aber in europäischen Staaten gibt es zwar schöne Bilder, aber es existiert nicht dieses Fundament.«

Svitnev hat Rosjurconsulting 2003 gegründet und ist einer der größten Vermittler von Leihmutterschaft in Russland. Seine Website in sämtlichen Sprachen ist mit Informationen überladen: Zahlreiche Berichte und Interviews mit ihm finden sich dort. Unter »Referenzen« sind »Testimonials« zu sehen: süße Kinderfotos von Kunden aus aller Welt, die bereitwillig Werbung für ihn machen. Schwule Paare spotten über die »deutsche Beamtenmanier« an der Botschaft, ein Paar aus Norwegen, jenseits der 50, freut sich, dass ein »phantastischer Traum« in Erfüllung ging, ihre Tochter sei »ein Wunder dank Rosjurconsulting«. Die Anwaltsfirma wird hymnisch gelobt und beweihräuchert, ihr wird ausführlich gedankt. Wenn überhaupt, wird erst am Ende auch die Leihmutter erwähnt.

Svitnev kooperiert mit vielen Kliniken und unterhält nicht nur ein Büro in Moskau und Kiew, sondern auch in St. Petersburg und Prag. Er gibt sich hilfsbereit, aber er ist auch einer der wichtigsten Lobbyisten für Leihmutterschaft. Er publiziert regelmäßig, auch bei der europäischen Fachgesellschaft ESHRE (European Society for Human Reproduction and Embryology). Da der ungenierte Lobbyismus offenkundig ist, wundert man sich, ihn dort zu finden. Er drückt mir einen Folder des »European Center for Human Reproduction« in Prag in die Hand, das aktuell »all-inclusive-surrogacy-packages« in Moskau um 35 000 Euro anbietet. In Tschechien muss man tiefer in die Taschen greifen, aber nur ein bisschen: 40 000 Euro. Ein Schnäppchen gibt es in der Ukraine: 25 000 Euro. Wie viel davon der Leihmutter bleibt, ist entweder ein Geheimnis (Olga), nicht bekannt (Martin) oder ein Drittel des Gesamtbetrags (Svitnev). Transparent ist das jedenfalls nicht. Dass ein Kind behindert ist, sei »praktisch unmöglich«, weil die Klinik durch PID »den besten Embryo« auswähle, so Svitnev. »Wir garantieren zu 100 Prozent die Geburt eines nicht-behinderten

Kindes.« Wie man das garantieren könne, schließlich kann das Kind bei der Geburt Sauerstoffmangel erleiden? Svitnev lapidar: »Es passiert nie, dass ein Kind durch die Geburt behindert wird. Es kann einfach nicht passieren.« Es sei möglich, das Geschlecht zu erfahren, aber nicht auszuwählen, umschreibt er die Geschlechterselektion. Schließlich sagt er: »Man kann das Geschlecht bestimmen, bevor der Embryo transferiert wird.« Wenn die Leihmutter das Kind nicht hergeben will, was in seiner Agentur noch nie vorgekommen sei, werde ohne zusätzliche Kosten ein Prozess eingeleitet und eine neue Leihmutter engagiert. »Leihmutterschaft ist in Russland seit 1995 legal, es war nie verboten, es wurde lediglich reguliert.« Die Wunscheltern werden auf der Geburtsurkunde eingetragen, auch wenn es nur eine Person ist. Bei Singles könne es vorkommen, dass die Registrierungsbehörde eine Gerichtsentscheidung verlangt. Aber er weiß, dass »manche Beamte« das nicht einfordern. Es sei auch unerheblich, wenn Wunscheltern drei Tage nach der Geburt einreisen oder im Fall eines dänischen Mannes fünf Wochen später, die Geburtsurkunde werde dennoch auf sie ausgestellt. »Unsere Klienten reisen alle mit ihren Kindern aus. Wir machen Träume wahr. Jeder kann durch Leihmutterschaft ein Kind bekommen«, verspricht er vollmundig.

Laut der Anthropologin Christina Weis existiert ein legaler Rahmen für kommerzielle Leihmutterschaft in Russland, er sei aber unzureichend. 1995 wurde das erste Zwillingspaar durch eine Leihmutter geboren, erst 2003 folgte ein rechtliches Gerüst. Damit die Wunscheltern in die Geburtsurkunde eingetragen werden, muss die Leihmutter ihre Rechte abtreten. Tut sie das nicht, ist der Leihmutterschaftsvertrag nichtig. Da die Leihmutter von vornherein in einer schwächeren Position ist, angesichts einer Anwaltsfirma und der wohlhabenden Kunden, kann sie ihr Recht kaum durchsetzen. Weis: »Leihmütter manövrieren rechtlich weitgehend ungeschützt am russischen liberalen Markt.« Svitnev hat andere Prioritäten: »Das Recht auf Fortpflanzung, auf ein genetisches Kind, ist ein Grundrecht für jeden. Die Leihmutterschaft ist für viele die letzte Möglichkeit, Eltern zu werden. Es ist eine Schande, es ist ein Verbrechen, das zu verbieten. Die Gesetzgeber sollten die Leihmutterschaft erlauben, die Grundrechte der Wunscheltern und des zukünftigen Kindes einhalten. Dafür bekommen Politiker bezahlt, doch sie machen ihre Arbeit nicht«, schimpft er, obwohl gerade er vom Reproduktionstourismus profitiert. Doch er behauptet: »Es ist kein gutes Geschäft für uns. Wir sind gezwungen zu helfen, weil Ihre Gesetzgeber ihre Arbeit nicht erledigen.« Er könne alles anbieten, was erwünscht ist: »Wir können einen Embryo in Spanien, Österreich oder Tschechien produzieren, die Versendung arrangieren, in jeden Staat und zur Leihmutter Ihrer Wahl. Alles ist möglich.« Jährlich startet er 60 Leihmutterschaftsprogramme. »Wir beginnen pro Monat fünf neue. Anfragen haben wir viel mehr, aber wir haben ein Limit, um die Qualität zu sichern.« Dass in der Duma erst vor kurzem über eine Abschaffung diskutiert wurde, hält er für »komplett dumm«. Leihmutterschaft sollte angesichts der niedrigen Geburtenraten stattdessen forciert werden.

DIE MEDIEN

Auffallend positiv hat das Magazin *Datum* den Fall dargestellt. Nur das Paar, anonymisiert, lacht vom Cover, samt Baby. Das Idyll der Kleinfamilie wird auch hier mit einem schwulen Paar strapaziert. Im Vorspann heißt es, dass das Kind etwas Besonderes sei, weil es zwei Mütter und zwei Väter habe, es werde »wahrscheinlich behüteter aufwachsen als tausende andere Kinder«. Die mit Svitnev kooperierende Klinik in Moskau trägt den klingenden Namen »vita nova«. Der Artikel hat ebenfalls den Titel »Ein neues Leben«. Was gibt es da noch zu sagen? Eine Leihmutterschaft sei »vielleicht die radikalste Möglichkeit« der Fortpflanzungsmedizin, aber »medizinisch relativ simpel«, beteuern die Autoren. Die Leihmutterschaft sei neben Samenspende, Eizellspende und IVF »nur eine von vielen« Möglichkeiten. Das wirkt so, als ob lediglich eine fruchtbare, willige Frau zu schwängern sei, die robust genug ist, um ein Kind auszutragen. Doch Leihmutterschaft ist überhaupt nicht »simpel«. Wer das behauptet, ist ahnungslos oder will es bewusst verharmlosen. Denn für sie ist alles zusammen nötig: Samenspende, Eizellspende und IVF. Der Zyklus von zwei Frauen wird überwacht, mit Hormonen ausgeschaltet, die eine muss Hormone nehmen, damit sie genügend Eizellen produziert, die ihr narkotisiert entnommen werden, die andere, damit sich ihr Körper auf eine Schwangerschaft vorbereitet. Sie muss den Transfer erdulden sowie ein engmaschiges Kontrollsystem in der Schwangerschaft. Erst später wird in dem Artikel erwähnt, dass das schwule Paar zwei Leihmütter benötigte, dass die Einnistung mehrmals scheiterte: »Es gibt dazwischen jeweils einen Monat Pause, bis die Leihmutter wieder fit ist. Wir haben nach höchstens drei Versuchen die Frau gewechselt, weil wir sie nicht belasten wollten«, wird einer der Männer zitiert. Als ob die Frauen nicht bereits nach einem Versuch belastet wären.

Kommt die Rede auf die Eizellspenderin, blitzt ein bemerkenswerter Biologismus auf: »Die Eizellenspenderin ist jene Frau, von der das genetische Material stammt, für das Kind ist sie eigentlich die wichtigere der beiden Mütter.« Wie bei dem Paar herrscht die Vorstellung vor, dass Genetik alles ist und die Prägung durch die neunmonatige Schwangerschaft vernachlässigbar erscheint. Kaum ist das Kind auf der Welt, ist plötzlich wieder nur die Umwelt entscheidend, denn es ist einerlei, dass das Kind von einer Frau abstammt, von einer Frau ausgetragen wurde, es zählen nur die liebevollen Väter. Über die Leihmutter wird nur gemutmaßt, aber sie kommt in dem zehnseitigen Artikel samt Fotostrecken mit keinem einzigen Zitat vor, nichts über ihre Lebenssituation. Auch die Eizellspenderin taucht nicht auf, was noch schwieriger zu verwirklichen ist, weil sie anonym ist. Stattdessen kommen, wie in vielen Artikeln üblich, seitenweise das Paar und der Anwalt zu Wort, auch über die Leihmutter: »Auf der einen Seite war es natürlich das Finanzielle, aber auch, anderen zu helfen, sie ist sehr christlich.« Die Autoren schreiben dazu: »Natürlich, sie wird ihren Kunden nicht auf die Nase binden, dass sie nur das Geld brauchte, dass sie vielleicht darunter leidet, das Kind hergeben zu müssen. Einerseits. Andererseits ist sie bis heute mit den beiden in Kontakt, schreibt Mails, lässt über Skype ihren eigenen Sohn in die Kamera schauen, damit der seinen Halbbruder sieht. So verhält sich keine ausgebeutete Frau.« Gewagte Vermutung. Wenn sie so kontaktfreudig ist, wieso hat man nicht sie selbst gefragt? Dann würde sie sagen, dass ihr Sohn ahnungslos ist und nur ihre Mutter Bescheid weiß. Dass sie Kontakt hält, gehört zum Vertrag dazu. Zufriedene Kunden sind die beste Werbung.

Statt diese Frau zu Wort kommen zu lassen, wird das Verbot der Leihmutterschaft, dem die Autoren zuerst zugestehen, »grundvernünftig« zu sein, relativiert, indem sie fragen: »Aber ist es das wirklich?« Angesichts der »glücklichen Väter mit einem umsorgten Kind, das in den frischen Windeln herzhaft lacht und sich Reisbällchen in den Mund stopft«, sei alles weniger dramatisch und beängstigend. Nichts ist überzeugender als ein vor Glück glucksendes Kind. Dann darf das Paar darüber Auskunft geben, dass sie sich das Geschlecht aussuchen hätten können, und wenn das Kind behindert gewesen wäre, hätten sie ein Recht auf Abtreibung gehabt, wenn die Mutter ein Veto eingelegt hätte, hätten sie nicht für das Kind aufkommen müssen. Diese fragwürdigen Vorgehensweisen werden damit gerechtfertigt, dass der Kinderwunsch groß war, dass am Ende ein Kind dasitzt. In einem Artikel, in dem es um die Diskriminierung von Homosexuellen geht, wird nicht erwähnt, dass Geschlechterselektion und dieser Umgang mit einem möglicherweise behinderten Kind Diskriminierung ist. Kein Wort zur Kinderrechtskonvention, in der festgehalten ist, dass das Kind ein Recht auf beide Eltern hat, sprich: beide auch für das Kind verantwortlich sind und für seinen Unterhalt aufkommen müssen. Nichts darüber, dass es ein mühsam erkämpftes Recht der Frau ist, bestimmen zu können, ob sie abtreibt oder nicht. Wie es einem behinderten Kind gehen würde, das am Ende niemand will – alles keine Zeile wert. Die Autoren schreiben, dass Verbote nur dazu führen, dass die Menschen ins Ausland gehen, keine Rede von ethischen Grundsätzen, die damit vermittelt werden. Deshalb könnte man altruistische Leihmutterschaft – ohne Industrie, ohne Geld, ohne Machtgefälle – durchaus zulassen. Eine Legalisierung hätte dem Paar jedenfalls eine »Menge Mühsal erspart«. Die Paare seien die Bedauernswerten, die Opfer eines ungerechten Verbots. Dass ein Verbot auch Werte schützt und andere Menschen, ist kein Thema. Lächerlich erscheint hier auch der Hinweis, dass jemand ein nationales Gesetz verletzt und der Übertritt in keiner Weise geahndet wird. »Wer solche Strapazen auf sich nimmt, will wirklich ein Kind«, heißt es zu allem Überfluss. Man könnte auch sagen, wer so sehr ein Kind will, setzt sich über alle Bedenken und Grenzen hinweg.

Die Geschlechterselektion ist in Russland verboten, wird laut Experten aber standardmäßig durchgeführt. 13 Versuche – das bedeutet 13-mal auf den Gynäkologenstuhl, 13-mal Hormone, 13-mal Nebenwirkungen, 13-mal Vitamine. Bis zum Ende des ersten Trimesters der Schwangerschaft weiterhin Hormone, um eine Fehlgeburt zu vermeiden. Die Frauen klagen über Kopfschmerzen, Gewichtszunahme, Erschöpfung, Übelkeit, Magen- und Leberschmerzen. Letzteres kann einem Arzt zufolge auf eine leichte Vergiftung der Leber hinweisen. Ein Abortus trotz Hormoneinnahme bedeutet für die Leihmutter nicht nur Schmerzen und Risiken für ihre eigene Fruchtbarkeit, sondern auch den Verlust des Geldes und den möglichen Ausschluss aus dem Programm. Sie tun viel, um dies zu vermeiden. Die Anthropologin Christina Weis berichtet von einer Frau, die 26 verschiedene Pillen schluckte, weil sie bereits drei Fehlversuche hatte. Das russische Gesetz verlangt junge, fruchtbare Körper für die Leihmutterschaft. Sind sie es danach auch noch? Wie geht es der ersten Leihmutter vor Olga? Sie ist so unsichtbar wie die Eizellspenderinnen. Sie sind nicht greifbar für ein Gespräch, um das Mosaikbild zu vervollständigen. Die Frage ist legitim: Was tut man Frauen an, was tun sie sich selbst und ihrem Körper an? Welchen Blick richtet man auf Frauen, wenn »Flatrate-Programme« angeboten und in Anspruch genommen werden?

Von einer breiten Debatte kann nicht gesprochen werden, wie *Datum*-Chefredakteur Stefan Kaltenbrunner im Editorial behauptet, weil sie im Wesentlichen zwischen zwei Fronten verläuft. Doch es kann auch nicht von einer breiten Berichterstattung gesprochen werden, wenn wesentliche Perspektiven fehlen. So kann man nicht das Ganze im Blick haben und auch nicht beurteilen. Die übliche

Medien-Praxis, nur die glücklichen Eltern mit Kindern darzustellen und die anderen Beteiligten auszublenden, folgt dem Prinzip, das »Unnatürliche, das Unkonventionelle wieder unsichtbar zu machen, um dadurch soziale Legitimität für diese Art der Verwandtschaftung herzustellen und zu ermöglichen«, schreibt der Kulturanthropologe Sven Bergmann.

Das Ausblenden von Perspektiven ist nicht nur journalistisch unbefriedigend, es ist auch demokratiepolitisch bedenklich, wenn dieses Thema so abgehandelt wird, während gerade eine Gesetzesnovelle ansteht. Auf den Fortpflanzungstourismus und -kolonialismus, auf seinen Preis, auf die Menschen im Schatten scheinen wir nicht blicken zu wollen – alles im Namen von »reproduktiver Autonomie« und Antidiskriminierung, die aber die Abhängigkeit und Diskriminierung anderer in Kauf nimmt. Warum ist es ein Geheimnis, wie viel die Leihmutter, die die meiste »Arbeit« erledigt hat, von den 60 000 Euro bekommen hat? Weil es für sie viel Geld ist, aber in Relation gesetzt eine Schande? Viele empören sich zu Recht über die mickrigen Löhne von Näherinnen in Bangladesch, doch hier bleiben die »Fair-Trade«-Anhänger und Anti-Diskriminierungs-Kämpfer stumm.

FORTSCHRITT UM JEDEN PREIS?

Das Erstaunlichste an der Debatte um die Fortpflanzungsmedizin ist, dass es heute kaum linke Kritik daran gibt. Einwände werden meistens von Religiösen und Konservativen formuliert. Und selbst ihr Protest wird verhaltener, weil er als hoffnungslos reaktionär dasteht. Weil die Reproduktionsmedizin von der gesellschaftlichen Mitte zunehmend als völlig harmlos angesehen wird, weil immer mehr Menschen glauben, ein Anrecht darauf zu haben, ist Kritik daran mittlerweile ein No-Go. Man ist hier besser liberal als konservativ. Es scheint so, dass Kritik nicht sein soll, weil es das Schwarz-Weiß-Denken stört, weil es die Lobbyarbeit von einzelnen Gruppen behindert. Die Ausbeutung in der Leihmutterschaft, die Missachtung der Kinderrechte, die Schäden für Kinder, die Risiken der Hormonstimulierung, das alles sind lästige Störelemente, angeprangert zumeist von rechten Politikern, die besonders übertriebene Szenarien entwerfen, und Klerikalen. Durch diese Einseitigkeit kann jegliche Kritik, egal von wem, in den Herrgottswinkel geschoben werden, und es scheint keiner Auseinandersetzung wert zu sein, ob vielleicht doch ein Körnchen Wahrheit dabei sein könnte. Anstatt sich zu fragen, cui bono?, verorten aufrechte Linke Kritiker im Vatikan und im rechten Schmuddeleck. Der sorglose Blick ist Programm. Fast ist man froh, dass wenigstens die Bischöfe sich noch empören. Doch in Wahrheit ist es ein Problem, weil ihre Kritik nicht ernst genommen wird, da die liberale Elite die Nase rümpft über Auslassungen der Rechten und die Ermahnungen der Kirche belächelt. Die Ewiggestrigen, eh klar, die sind doch immer gegen alles, die sind homophob, die sind gegen Künstliches, die sehen die Realität nicht. Selbst ist man sich sicher, auf der richtigen Seite zu stehen. Der Autor Hans Magnus Enzensberger schreibt dazu trefflich: »Routiniert wird jeder Widerspruch abgefertigt, als Angriff auf die Freiheit der Forschung, als unaufgeklärte Wissenschafts- und Technikfeindlichkeit und als abergläubische Zukunftsangst. Das sind Schutzbehauptungen und Zwecklügen, wie man sie von Parteipolitikern und Lobbyisten gewohnt ist.«

Wenn Experten und Politiker sagen, das sei nun mal der Fortschritt, und es gebe keine Alternative zur Liberalisierung, weil uns Höchstgerichte drängen, weil der »internationale Standard« einzuführen ist, erinnert das an die Rechtfertigung neoliberaler Politik: »There is no alternative.« In Wahrheit gibt es immer Alternativen. Die Politik muss sich fragen lassen, ob der Markt die Politik bestimmt oder umgekehrt. Die schwindende Bedeutung von Parlamenten hat auch hier ihre Wirkung: Die Macht wird auf die Judikatur verlagert, auf Meinungsumfragen und Marktlogiken. Das ist die Strategie der Profiteure, die hier aufgeht, aber keine besonnene Politik. Dass sich im Kapitalismus alles ums goldene Kalb dreht, ist wenig überraschend, erstaunlich ist nur, dass dies in der Debatte von bestimmten Gruppen konsequent ausgeblendet wird. Auch die Bioethikkommission hat dem Trend zur Kommerzialisierung mehrheitlich nichts entgegenzusetzen und hält den Kinderwunsch als absolutes Recht hoch. Der Kampf gegen Diskriminierung scheint derzeit ehrenvoller zu sein als Kritik am Geschäft. Doch jeder, der sehen will, sieht: Große Teile der Branche folgen massiv und offen der Logik eines kapitalistischen, wachsenden Marktes mit Angebot und Nachfrage. Hier nur immer weiter zu liberalisieren  anstatt international ethische Standards zu schaffen, ist ein Armutszeugnis für jeden politischen Verantwortungsträger.

Die Betonung des individuellen Kinderwunsches reiht sich ein in den allgemeinen Trend, alle Angelegenheiten ins Private abzuschieben. Man fühlt sich an Margaret Thatcher erinnert: »So etwas wie eine Gesellschaft gibt es nicht. Es gibt individuelle Männer und Frauen, und es gibt Familien.« Reproduktionsmedizin sei Privatsache, das gehe niemanden etwas an – außer, der Zugang ist nicht gleichberechtigt, dann wird es gesellschaftlich debattiert. Doch kaum eine Technologie hat so große Auswirkungen auf die Gesellschaft, auf Geschlechterrollen, Familienbilder, Lebensplanung, wie die Fortpflanzungsmedizin. Am Kinderwunsch herrscht natürlich großes gesellschaftliches Interesse. Man konzentriert sich auf die »reproduktive Freiheit« und nicht auf die Folgen für die Kinder und auf eine gesellschaftliche Verkettung. Wer verfolgt welche Interessen? Auf wessen Kosten? Wer definiert, was Fortschritt ist, was krank oder gesund? Solche Fragen werden kaum gestellt, weil kein Raum für Sozialkritik mehr bleibt, wenn alles nur noch eine freie Wahl ist.

Die Aneignung von Leben und der Zugriff auf den Körper werden zwar als das spezifisch Neue von Biomedizin dargestellt, aber in Wahrheit zeichnet dies schon immer den Kapitalismus aus. Die Sozialdemokratie, der diese Verfügungsmacht, Profitgier und Kommerzialisierung eigentlich ein Dorn im Auge sein müssten, scheint geblendet zu sein vom unbedingten Recht auf Selbstbestimmung. Wo sonst Konsumdenken angeprangert wird, herrscht hier Schweigen im Walde: Das neue Gesetz in Österreich war fast ausschließlich vom Jubel der linken und liberalen Parteien begleitet. Dass es den Markt beflügelt, sollte die Linke beunruhigen. Doch weit gefehlt: Nicht nur scheinen sie zufrieden mit der Entwicklung zu sein, sie befördern sie auch noch. Es gibt eine gemeinsame Interessenlage von Medizin und Politik, und beide sind gut darin, die marktwirtschaftlichen Interessen zu kaschieren, die einen, weil sie sich als heilende Ärzte präsentieren wollen, die anderen, weil sie nur an Frauen- und Gleichstellungspolitik denken.

Freiheit, Gleichheit, Solidarität und der Glaube an das Gute in allen Menschen sind zentrale sozialistische Maximen. Die Solidarität mit Kinderlosen, Spenderinnen und Leihmüttern sowie mit Kindern scheint zugunsten der Freiheit Einzelner geopfert zu werden. Da es zur linken Tradition gehört, das Klerikale zu bekämpfen, wollen linke Zeitgenossen an christliche Ansichten nicht einmal anstreifen. So wird reflexartig auf die Reflexe anderer reagiert. Die Medizin hat ihr ungeteiltes Wohlwollen, weil sie ermöglicht, dass ältere und alleinstehende Frauen genetisch eigene Kinder bekommen können. Dazu kommen noch die Wünsche Homosexueller. Sie sind nun nicht nur die traurige kinderlose Existenz los, sondern auch – wie der *3sat*-Moderator Gert Scobel es beschreibt – »lästige heterosexuelle Paarungspraktiken«. Mit großer Empathie öffnen sich die Mediziner diesen vielen neuen Interessierten. Kein Wunder: Sie lassen die Kassen klingeln. Liberale und linke Parteien wollen die Homosexuellen mit Kritik an der Abkehr von der medizinischen Indikation nicht vergraulen. Sie sehen in der Eizellspende, in der PID, in der Samenspende nur noch »frauenpolitische Meilensteine«. Im Freudentaumel um die ungeahnten Möglichkeiten scheinen sie die Schatten nicht sehen zu wollen.

Der Arzt Leonhard Loimer zeigt sich sehr zufrieden, dass ein »Konsens« zustande gekommen sei »und nicht, wie es früher üblich war, ultrakonservative Kräfte unserem Land ihren Willen und ihre Wertvorstellungen aufzwingen konnten. Es ist der Bedarf nun mal da. Manche Paare haben oft nur ein kleines Problem, das ist leicht zu lösen, sie bekommen Kinder, sind glücklich, und ihnen das zu verwehren, aus Gründen, die der liebe Gott erfunden hat, halte ich für zynisch.« Gegen Fruchtbarkeitsbehandlungen bei Hormonstörungen oder Operationen bei verschlossenen Eileitern hat niemand etwas, nicht einmal die katholische Kirche, aber in vielen Fällen geht es eben nicht um »kleine Probleme«. Loimer freut sich, bei den Grünen und der SPÖ starke Verbündete gefunden zu haben. Der moderne Sozialismus war schließlich niemals gegen Konsum, er wollte nur Konsum für jeden. Auch der Liberalismus zielt in dieselbe Richtung: Entscheidungsfreiheit und Konsum für alle. Man kann die Konservativen für ihre Wirtschaftspolitik schelten, doch auch die anderen haben ihren Anteil: Alle wollen ein Stück vom möglichst wachsenden Kuchen.

»Wenn, wie viele Menschen glauben, der Freiheitskult im wirtschaftlichen Bereich verheerende Konsequenzen haben kann und auch hat, dann sollten wir nach seinen Folgen auch im persönlichen, emotionalen und sexuellen Bereich wenigstens fragen«, rät die israelische Soziologin Eva Illouz. Doch diese Fragen sind nicht opportun. Nun kann man die Beweggründe von Konservativen kritisieren – zum Beispiel geht es ihnen beim Verdammen der Leihmutterschaft auch um die Kontrolle über den weiblichen Körper –, doch sie üben wenigstens Kritik. Die Geschäftemacherei nicht zu sehen, nicht zur Kenntnis zu nehmen, wohin der Hase in der Gendiagnostik läuft, ist schlichte Realitätsverweigerung.

Zeichen dafür, dass die Bahn frei ist, ist die Art der Debatte: Es wird nur noch diskutiert, was gelockert, nicht mehr, was verschärft werden soll. Alle sind sich einig darin, dass die Gesetze viel zu streng seien. Das ist nicht nur ein Hinweis darauf, wie ungeheuer liberal und modern wir sind, sondern auch darauf, wer bestimmt, wo es langgeht: der Markt. Moral und Ethik werden beiseitegeschoben, um dem Fortschritt Bremsklötze aus dem Weg zu räumen. Das neue Gesetz in Österreich ist kein Dammbruch, wie Kritiker meinten, aber der Damm hat Risse bekommen. Sosehr die Forderung nach politischen Grundfreiheiten berechtigt ist, die Folge davon ist eine konsumorientierte Entwicklung, weil keine Grenze mehr gelten darf. Liberale und Linke befeuern diesen Trend, ob sie es wollen oder nicht. Bei der Parlamentsdebatte zum ersten Fortpflanzungsmedizingesetz 1992 haben sich Grüne wie Johannes Voggenhuber noch über die »unaufhaltsame Kommerzialisierung« echauffiert: »Wenn wir nicht aufhören, alles Leben, alles Lebendige zu einer Ware zu machen, kaufbar und

handelbar, bis zum Menschen selbst, werden wir jede ethische Selbstbestimmung verlieren.« Im selben Jahr titelte der *Spiegel*: »Babyfabri-
ken. Die Qualen der Retortenzeugung«. Besorgt wurde gefragt: »Tun
wir den Frauen Gutes?« Das heutige Argument, dass die schlimmsten
Befürchtungen gar nicht eingetreten seien, dass bereits fünf Millionen
Menschen, die im Labor gezeugt wurden, fröhlich vor sich hin leben
würden, ist nur zum Teil berechtigt, denn viele Folgen sind nicht ausreichend erforscht.

Die Ignoranz der Befürworter liegt zum Teil auch darin begründet,
dass viele Kritiker nicht gut informiert sind und falsche Behauptun-
gen aufstellen. Dennoch fallen sie nicht immer nur mit übertriebe-
nen Argumenten auf, wie der Moraltheologe Matthias Beck beweist:
»Die IVF kategorisch abzulehnen ist in der Gesellschaft kaum noch
konsensfähig. Wir leben in einer endlichen Welt, eine religiöse An-
bindung ist weithin verlorengegangen. Ablehnungen aus religiösen
Gründen sind zu respektieren, aber womöglich nicht mehrheitsfähig.
In der unvollkommenen Welt müssen Kompromisse geschlossen werden. Die Welt ist kein Paradies. Man kann seine klare Position haben
und sagen, ich bin dagegen, aber wenn andere zu einer anderen Entscheidung kommen, akzeptiere ich das.« Dennoch sieht er fehlende
ethische Debatten: »Die katholische Kirche lehnt die IVF ab. Mancher trägt diese grundsätzliche Ablehnung nicht mit. Was aber reflektiert werden muss, ist die Frage, welche Tür mit dieser Methode geöff-
net worden ist. Die Ausweitung der Möglichkeiten geht von der IVF
für gleichgeschlechtliche Paare, Leihmutterschaft, Rettungsgeschwis-
tern bis hin zu Kindern für 65-jährige Frauen. Es gilt die Auswirkungen auf die Kinder, die kommenden Generationen sowie die gesamte
Gesellschaft zu bedenken. Ich versuche die Menschen zu verstehen,
die keine Kinder bekommen können, den Arzt, der diesen Menschen
helfen will, und ich muss die Gesellschaft verstehen, die weithin sä-
kular ist. Mein Anliegen aber ist, die Fakten und Schwierigkeiten im
Umfeld der IVF transparenter zu machen, die langwierigen und oft
mühsamen Prozeduren sowie die Nebenwirkungen der IVF beim Namen zu nennen und aufzuzeigen, dass längst nicht alle Fragen geklärt

sind. Nicht alles geht so glatt und einfach, wie es oft auf den ersten Blick aussieht.«

Es ist sicher so, dass nicht nur Konservative Bedenken haben. Viele andere denken sich ihren Teil, äußern sich aber nicht öffentlich: Kommunisten, Sozialdemokraten, Grüne, Atheisten, Liberale haben in Gesprächen durchaus ihr Unbehagen vermittelt, doch sie wollen nicht als intolerant, homophob, illiberal, rückständig gelten. Denn diese Zuschreibungen handelt man sich unweigerlich ein. Die Schriftstellerin Sibylle Lewitscharoff hat es erlebt. Die Wortwahl in ihrer Dresdner Rede »Über die Machbarkeit«, mit der sie ihre Skepsis gegenüber der Reproduktionsmedizin ausdrückte, war unangebracht und hat der Sache keinen guten Dienst erwiesen: Worte wie »Retortenbaby« oder »Frau Doktor und Herr Doktor Frankenstein« waren wohl vor 30 Jahren üblich; heute gibt es nur noch »Wunschkinder« und den »Kinderwunsch«. Der Aspekt der Künstlichkeit wird nicht mehr so wahrgenommen. Wird deshalb Kritik derartig abgetan, weil wir uns an die Machbarkeit gewöhnt haben? Warum setzt eine beängstigende Hexenjagd ein, wenn sich eine Autorin in der Wortwahl vergreift, aber an Auswüchsen legitime Kritik übt? Ein »literarisches Erschießungskommando« sei in den Feuilletons herbeigeeilt, schrieb der Journalist Stefan Gmünder. Lewitscharoff gilt seitdem als reaktionär.

Auch das Modedesigner-Duo Dolce & Gabbana hat es erwischt: Die beiden haben es gewagt, sich gegen »künstliche Babys« und Leihmutterschaft auszusprechen. Sie betonten, dass sie als Schwule eben keine Kinder haben könnten. Mehr hat es nicht gebraucht: Ein grotesker Shitstorm brach über sie herein, angeführt von aufgebrachten Prominenten, die die Welt darüber informierten, dass sie ihre D&C-Klamotten verbrennen würden. Vor ihren Filialen hielten Aktivisten Kundgebungen ab. Die hyperventilierende Öffentlichkeit hatte neue Opfer gefunden und stellte sie bedenkenlos an den Pranger. Die Freiheit, seine Meinung zu äußern, war flugs kein Menschenrecht mehr, sondern Homophobie, auch wenn sie von Schwulen formuliert wurde. Sich auch nur eine Sekunde zu fragen, ob es hier nicht auch bedenkliche Entwicklungen gibt, ob wir denn alles zu einem Geschäft machen sollen, war wohl zu viel verlangt.

Warum werden Kritiker so vehement bekämpft? Weil es ein hochemotionales, persönliches und gleichzeitig ein gesellschaftspolitisch brisantes Thema ist. Es hat auch mit Altern, Vergänglichkeit und Grenzen zu tun. Jeder verbindet damit eigene innere Konflikte. Hier geht es ans Eingemachte. Das sollte man nicht unterschätzen, wenn man in den Ring steigt – gegen die überzogenen Reaktionen und die Unverfrorenheit der Branche, gegen all die politisch Korrekten, die keine Schattenseiten erkennen wollen.

Technischer Fortschritt ist nie neutral, er setzt einen sozialen und moralischen Wandel in Gang. Beim Thema Reproduktionsmedizin herrscht jedoch eine bemerkenswert unreflektierte Fortschrittsgläubigkeit. Wir sind begeistert, überzeugt – und geblendet. Dass Fortschritt nicht immer nur ein Segen ist, sondern auch ein Fluch sein kann, müsste im 21. Jahrhundert längst klar sein. Der ehemalige Bundespräsident Johannes Rau sagte: »Das Gegenteil von unbegrenztem Fortschritt ist nicht Stillstand oder Rückschritt. Wer gegen einen Fortschritt um jeden Preis plädiert, der ist kein Gegner des Fortschritts. Um unserer Freiheit willen müssen wir fragen: Was von den vielen neuen Möglichkeiten ist gut? Was müssen wir unbedingt versuchen? Was dürfen wir keinesfalls tun?«

SELEKTIVE MEDIALE DARSTELLUNG

Als das Fortpflanzungsmedizingesetz in Österreich 2015 liberalisiert wurde, konnte man gut beobachten, wie der Diskurs läuft: Die Debatte bestimmen diejenigen, die Presseaussendungen verschicken und Pressekonferenzen geben, und jene, die aufgrund ihrer Funktion ohnehin immer bei solchen Themen befragt werden. Auf der Seite der Kritiker treten »Aktion Leben«, der Bischof, der Familienverband, die FPÖ auf, auf der anderen Seite Mediziner, Lobbyisten für die Rechte von Homosexuellen, liberale Psychologen, Grüne und Sozialdemokraten. Die Konservativen zerreißt es ein wenig, aber die Kritiker in ihren Reihen hielten sich der liberalen Parteilinie folgend eher bedeckt. So wird der Eindruck bestätigt, Einwände würden nur aus dem religiösen, konservativen Eck kommen. Doch viele Kritiker wie Kinderärzte oder Ethiker haben keine Zeit, Presseaussendungen zu schreiben oder Pressekonferenzen einzuberufen, und sie werden offenbar von Journalisten nicht kontaktiert. Manche wie »prenet«, das Netzwerk für kritische Auseinandersetzung mit Pränataldiagnostik, äußern ganz klar ihre Ablehnung, aber kein Medium nimmt Notiz davon. Es interessiert offenbar niemanden, was Hebammen und Heilpädagoginnen zu sagen haben, wenn die auftretenden Ärzte souverän alle Einwände parieren. Im Rahmen des parlamentarischen Begutachtungsverfahren haben sich zahlreiche Experten mit kritischen Tönen zu Wort gemeldet, neben »prenet« auch das Frauengesundheitszentrum Salzburg, der Verein »Eltern für Kinder« oder die Liga für Kinder- und Jugendgesundheit mit internationalen Experten wie der Juristin Renate Winter und der Ärztin Barbara Maier. Die Liga verbuchte etwas Medienpräsenz, aber insgesamt wenig im Vergleich zur Dauermedienpräsenz von anderen. Die Privatklinik »Goldenes Kreuz« beschäftigt mit Ketchum Publico eine eigene PR-Agentur, medienaffine Vertreter von Homosexuellen wie Anwalt Helmut Graupner betreiben intensive Medienarbeit. Es ist kein Zufall, dass er oder die Leiter der Klinik, Heinz Strohmer und Andreas Obruca, so häufig zu sehen und zu hören sind. Die Medien übernahmen in diesem Zusammenhang mehrheitlich die Informationen, die ihnen geliefert wurden, statt sich mühsam selbst welche zu suchen. Das ist kein Ruhmesblatt für den Journalismus in Österreich, sondern eines für die PR-Branche. Auch wenn es gängige Praxis ist, bleibt es bedenklich, wenn vor einem Gesetzesbeschluss in den Medien fast nur diejenigen vorkommen, die Zeit und Geld für gefällige PR haben.

Bei Debatten im Fernsehen müssen die Teilnehmer dem Freund-Feind-Schema entsprechen. Da sitzen die Rückständigen, dort die Fortschrittlichen. Wir wissen längst, dass die katholische Kirche gegen künstliche Befruchtung und für die Ehe als Bund zwischen Mann und Frau ist, und wir wissen längst, dass die »Progressiven« das ganz furchtbar finden. Und auch die hundertste Debatte allein zwischen »Pressure-Groups« wird an der jeweiligen grundsätzlichen Werthaltung wenig ändern. Man wird sich hier nicht einig werden, doch darum geht es auch nicht, sondern darum, wer in der Öffentlichkeit die Deutungshoheit über ein Phänomen erlangt, welcher Experte der »richtige« ist, wer die besseren Kontakte zu Journalisten hat, wer mit welcher Meinung die meisten »Likes« bekommt. Da die einen fordern, die anderen dagegenhalten, aber niemand dazwischen steht, laufen die Debatten stets ähnlich ab. Hier die Guten, dort die Bösen. Es bereitet offenbar mehr Vergnügen und bringt mehr Aufmerksamkeit, wenn sich unversöhnliche Kontrahenten gegenüberstehen. Auf der Strecke bleiben die Zwischentöne, ohne die Konsens und Verständnis nicht möglich sind. Die Debatte bleibt emotional, weil es um Grundwerte geht, aber man könnte die Bipolarität aufbrechen. Beide Fraktionen müssten sich für differenzierte Standpunkte öffnen, zumindest versuchen, die jeweils andere Haltung zu verstehen und zu respektieren. Es gibt natürlich eine Vielzahl an Denkern und Experten, die auf die kritischen Aspekte der Reproduktionsmedizin hinweisen, nicht nur den Bischof und den Papst. Von Jürgen Habermas bis Elisabeth Beck-Gernsheim, von Kinderärzten und Hebammen bis zu Psychotherapeuten. Sie alle als unmodern und konservativ abzukanzeln, ist nicht möglich. Sie formulieren kluge, differenzierte Sichtweisen, die aber nicht wiedergegeben werden, wenn eine Gesetzesnovelle rasch durchgebracht werden soll. Viele Politiker und Medien halten sich lieber an bekannte Experten, die das Spiel gut beherrschen. Leider werden dabei oftmals mehr eigene Interessen befördert als über ethische Fragen ernsthaft nachgedacht. Auffällig ist auch, dass großes Unwissen vorherrscht. Kaum jemand kennt sich genauer aus, doch viele hält das nicht davon ab, ihre Kommentare abzugeben. Herrscht viel Unwissen vor, haben opportunistische Experten leichtes Spiel.

WO SIND DIE FEMINISTINNEN?

Die beste Legitimation bekommt die Reproduktionsmedizin heute durch den Feminismus. Methoden von Social Egg Freezing bis Leihmutterschaft werden geradezu als feministischer Sieg gefeiert. Frauenministerin Gabriele Heinisch-Hosek jubelte angesichts der Gesetzesnovelle, die nun PID, Eizellspende und Samenspende für lesbische Paare ermöglicht, über einen »Riesenschritt in Richtung moderner Verankerung der Fortpflanzungsmedizin in unserer Gesellschaft«. Sie und auch der Bund österreichischer Frauenvereine bedauerten nur, dass alleinstehenden Frauen weiterhin der Zugang verweigert werde. In einem Interview im *Standard* spricht die Ministerin erstaunlich leichtfertig über PID, Leihmutterschaft und Eizellspende. »Für die Leihmutterschaft ist die Gesellschaft noch nicht reif genug. Gegen die würde ich mich noch verwehren. Wobei meine ganz persönliche Meinung ist: Wenn alle Kriterien passen würden, könnte ich mir das vorstellen. Es ist aber in der SPÖ noch nicht ausreichend diskutiert.« Man wartet zwar noch ab, aber das Ziel scheint bereits festzustehen: Freigabe der Leihmutterschaft. Die legitime Frage, wo die Selbstbestimmung von Eizellspenderinnen und Leihmüttern bleibt, bleibt außen vor. Wenn Frauenpolitikerinnen bei der Eizellspende von einer »jahrzehntealten, frauenpolitischen Forderung« reden, die nun endlich umgesetzt wurde, haben sie nur die Empfängerin im Blick. Sie ist schließlich auch ihre Wählerin, die Spenderin sitzt irgendwo in Osteuropa und hat keine Stimme. Für sie gelten keine »frauenpolitischen Forderungen«, außer die Zusicherung, dass man die Kommerzialisierung ohnehin verboten habe und die Ärzte die Spenderin über Risiken aufklären sollen. So einfach ist das.

Feminismus und Kapitalismus ziehen hier an einem Strang, konstatiert die Kulturwissenschaftlerin Christina von Braun. Selbstbestimmung, die Parole der Frauenbewegung, werde in den medizinethischen Diskursen neoliberal umgedeutet. Braun meint, dass wir hier Adam Smiths »unsichtbarer Hand« begegnen, wonach der Markt von vielen einzelnen Akteuren gesteuert wird, die jeweils nur ihr Eigeninteresse verfolgen. Die Reproduktionsmedizin verdankt den Frauen ihren enormen Aufwind, weil sie oft erst in einem Alter an Kinder denken (können), in dem ihre Fruchtbarkeit abnimmt. Frauenpolitik erschöpft sich in Familienpolitik, weil es scheinbar nichts Wichtigeres für Frauen gibt, als Familie und Beruf haben zu können. Wohl nicht zufällig angesichts der sinkenden Geburtenrate ist die Mutterschaft eine Befreiung von Zwängen, früher in der Frauenbewegung war die Kinderlosigkeit diese Befreiung. Lang ist es her.

Man muss länger suchen, aber man findet Feministinnen, die nicht euphorisch sind: »Ich werde den Verdacht nicht los, dass der Kinderwunsch lesbischer Frauen als Angelhaken benutzt wird, um eine Gesetzesnovelle, mit der andere Ziele verfolgt werden, ohne große Debatte an Land zu ziehen. Die Liberalisierung ist für mich ein Einfallstor für die expandierende und experimentierfreudige Fortpflanzungsindustrie. Und wer denkt bei all der genetischen Selbstverwirklichung an das Kind?«, schreibt Bärbel Danneberg in der kommunistischen Zeitschrift *Volksstimme*. »prenet« betont: »Um dem Wunsch nach dem eigenen Kind mit allen technisch zur Verfügung stehenden Mitteln nachzukommen, sind es Frauen, die ihren Körper und ihre Psyche enormen Belastungen aussetzen müssen. Dass Frauen dies tun, hat nicht nur mit persönlichen Lebensplänen zu tun, sondern auch mit der gesellschaftlich geformten Vorstellung, dass Frauen unter Kinderlosigkeit leiden und dass Frausein und Muttersein zusammengehören.«

Grünenpolitikerin Daniela Musiol hingegen blickte bei ihrer Parlamentsrede vor Gesetzesbeschluss dankbar auf die Zuschauergalerie, wo Anwalt Helmut Graupner Platz genommen hatte. Er hat das Recht auf Insemination für lesbische Paare durchgefochten. Um bei Politikerinnen nicht nur zufriedene Glückseligkeit zu finden, muss man mehr als zwei Jahrzehnte zurückgehen und Frauenministerin Johanna Dohnal hören, die Galionsfigur der österreichischen Frauenbewegung. Ihre Bedenken verstauben aber im Archiv, spricht man Sozialdemokratinnen darauf an, wird abgewehrt und betont, dass das heute anders gesehen werde. Richtig: Während im Frauenbericht

1995 von einer erklärten Kritikerin, der Soziologin Lisbeth Trallori, ein
Text verfasst wurde, wird die IVF im Bericht 2011 kaum mit Schelte
bedacht. Dohnal hingegen hätte am liebsten alles verboten, »weil sie
die ganzen Methoden der Fortpflanzungsmedizin eher als Macht-
instrument des Mannes und als Entwürdigung der Frau begriffen
hat«, erinnert sich der Jurist Erwin Bernat. Den Kinderwunsch um
jeden Preis zu forcieren und Frauen hormoneller Stimulierung auszu-
setzen war für sie fragwürdig.

Die Kritikpunkte der damaligen Frauenbewegung waren die niedrige Erfolgsrate, die Behandlung männlicher Unfruchtbarkeit über
den Körper der Frau, die Belastungen für die Frau, die unzureichende
Analyse der Ursachen von ungewollter Kinderlosigkeit, die mangel-
hafte Suche nach alternativen Lösungsansätzen, das Missbrauchspo-
tenzial, das konservative Frauen- und Familienbild. Alle diese Bedenken haben nichts von ihrer Aktualität verloren, sondern sich sogar
verschärft. Der Forderungskatalog des ersten österreichischen Frauen-
kongresses über Gen- und Fortpflanzungstechnologien könnte heute
formuliert sein: Die Diskussion dürfe nicht länger nur in Expertenkreisen und Ethikkommissionen geführt werden, man forderte Transparenz und Informationszugang. Die Frauen wandten sich gegen
die Propagierung vom »eigenen Kind«. Und: »Weder Unfruchtbarkeit noch Fruchtbarkeit sind Krankheiten, sie bedürfen daher keiner
›heilenden‹ Technik.« Zudem habe niemand das Recht zu definieren,
wer behindert sei oder nicht, gesund oder krank, lebenswert oder le-
bensunwert. Die Ethnologin Johanna Riegler schrieb in dem 1987 er-
schienenen Buch »Schöne neue Männerwelt«: »Jene, die laut und hoffentlich bald noch schriller ›nein‹ schreien, werden als irrational, naiv
und realitätsfern abgetan. Doch was des Kaisers neue Kleider waren,
sind des Patriarchen neue Technologien! – Und das Märchen sagt uns
auch, wie man den Betrug entlarven kann.« Ja, indem man laut sagt:
Der Kaiser ist nackt!

Der feministische Widerstand ist heute sehr, sehr leise geworden.
Wie in der Pränataldiagnostik nehmen Frauen die Technologie wie
selbstverständlich in Anspruch, verlangen Ausbau und weitere Unter-

stützung. Bereitwillig stellen sie sich der Normierung und Diszipli-
nierung zur Verfügung, als Patientin wie als Spenderin. Die Schweizer
Politologin Regula Stämpfli bekennt heute: »Für Feministinnen besonders tragisch ist, dass sie mit ihrem Wunsch nach Selbstständig-
keit und der Menschwerdung der Frau diese neuen Märkte beflügelt
haben, weil gerade die Reproduktionsmedizin die Nachfrage berufs-
tätiger und älterer Frauen befriedigt. Die Vermesser dieser Welt miss-
brauchen genau diesen Zusammenhang, um den Frauen Feminismus
vorzugaukeln, wo in Tat und Wahrheit klassische Verfügungsmacht
über die weiblichen Körper praktiziert wird.«

EIN WACHSTUMSMARKT

Laut WHO gibt es weltweit rund 50 Millionen Paare, die von Unfruchtbarkeit betroffen sind. Seit mehr als drei Jahrzehnten wird IVF
durchgeführt: In Deutschland werden pro Jahr rund 80 000 Behandlungen abgewickelt, in Österreich etwa 7000. Weltweit werden jährlich 1,5 Millionen Behandlungen von ESHRE gezählt, aber »nur«
350 000 Kinder geboren. Neben der Verzögerung der Familiengründung soll auch die Spermienqualität seit Jahren abnehmen, auch
bei jungen Männern. Alkohol, Nikotin, Stress, ungesunde Ernäh-
rung wirken sich aus. Der UN-Agrarbericht und das deutsche Institut für Technikfolgenabschätzung weisen auch auf die mögliche
Wirkung von Umweltgiften hin. Der Arzt Johannes Huber bringt
Östrogene als denkbaren Grund für abnehmende Spermienqualität
ins Spiel: »Direkten Einfluss auf die Gesundheit der Bevölkerung haben künstliche Östrogene. Sie können nicht abgebaut werden und
landen im Grund- und Trinkwasser, durch den Urin von Frauen, die
die Antibabypille nehmen. Es ist keine Frage, das ist ein Problem,
dem man sich stellen muss. Genauso natürlich auch der östrogenen
Wirkung von Pestiziden, von Farbmitteln, Kunststoffbestandteilen.
Wir schwimmen wahrscheinlich, vor allem durch letztgenannte Beispiele, in einem Ozean von künstlichen Östrogenen, ohne dass wir

es wissen.« Bei knapp der Hälfte aller betroffenen Männer kann die Medizin jedenfalls keinen Grund für die Ursache der Unfruchtbarkeit finden, so die European Association of Urology.

Von »ungewollter Kinderlosigkeit« oder »Sterilität« wird laut WHO-Definition dann gesprochen, wenn nach zwölf Monaten regelmäßigem, ungeschütztem Geschlechtsverkehr keine Schwangerschaft eingetreten ist. Hier kommt es auch auf das Alter an, und es muss in diesem Zeitraum möglichst jeder Zyklus »genutzt« werden. Doch Lustlosigkeit scheint zu grassieren: Für eine US-Studie wurden mehr als 30 000 Frauen befragt, rund 40 Prozent gaben an, gelegentlich oder häufig keine Lust auf Sex zu haben, zehn Prozent litten darunter sehr. Man nennt das Phänomen angesichts einer übersexualisierten Gegenwart auch »sexuelle Anorexie«. Die Ärztin Barbara Dörner-Fazeny meint: »Man beginnt nur langsam darüber zu sprechen. Wenn niemand mehr Lust auf den andern hat, kommt es zu nichts, dann wird die Erfolgsrate, auf natürlichem Weg schwanger zu werden, geringer ausfallen.« Eine Therapeutin sagt: »Ich habe immer wieder Paare in Behandlung, die haben eigentlich ein sexuelles Problem miteinander, sie haben schon länger nicht mehr miteinander geschlafen. Doch weil sie sich damit nicht beschäftigen wollen, gehen sie zur Fertilitätsbehandlung.« Dörner-Fazeny spricht auch die Dauereinnahme der Pille an: »Zwischen 15 und 35 die Zyklen einfach ausschalten, und dann soll der Körper plötzlich wieder alles können, da habe ich Bedenken. Ich habe auch viele Frauen erlebt, die mir panisch sagen, sie wollen die Pille absetzen, aber sie hätten Angst vor den Regelschmerzen. Ich habe da 35-Jährige vor mir sitzen und muss sie betreuen wie 14-jährige Mädchen. Frauen, die längst ihre gesamte Weiblichkeit kennen sollten, stehen wieder am Anfang.«

Weil sie sich selbst nicht mehr souverän fühlen, wenden sie sich an die Fortpflanzungsmedizin. Selten werden Patienten abgelehnt, eher noch in öffentlichen als in Privatkliniken. Eine wohlhabende Frau ließ sich in einer privaten Klinik ab dem 45. Lebensjahr bis zum 50. mehrmals behandeln. Es klappte jahrelang nicht: Fehlgeburten, der Embryo entwickelte sich nicht weiter, keine verwendbaren Embryonen. Sie überlegte sogar, dass die Tochter aus einer früheren Beziehung ihre eigene Halbschwester austragen soll. Erst dann wurde die Reißleine gezogen. Eine magersüchtige Patientin wird zweimal künstlich befruchtet und mit Zwillingen schwanger, die in der 24. Woche mit Kaiserschnitt in die Welt geholt werden, weil sie im Bauch der Mutter verhungert wären. Eine Frau, die als Kind missbraucht wurde, als Prostituierte arbeitet, wünscht eine IVF. Sie ist zwar abhängig von Haschisch, aber auch sie kann die Ärzte davon überzeugen, ihr eine Chance auf ein Kind zu geben. Resultat sind eine problematische Schwangerschaft und eine Frühgeburt. Der Arzt Leonhard Loimer schildert den Fall einer Frau, die darauf bestand, zwei Embryonen eingesetzt zu bekommen, obwohl er ihr davon abriet. Schließlich wurde sie mit Zwillingen schwanger. Plötzlich fühlte sie sich dieser Aufgabe nicht gewachsen und ließ beide Kinder abtreiben. Nun wollte die Patientin erneut eine Behandlung, der Arzt weigerte sich. Die Hebamme Renate Mitterhuber macht die Erfahrung, dass es um das Prinzip des Kinderhabenwollens gehe. »Ich hatte eine Patientin, die jahrelang versucht hat, ein Kind zu bekommen, bis es endlich klappte. Das Kind war drei Monate alt, als sie feststellte, ein Schreikind zu haben. Sie war eine schwere Raucherin, um die 40, litt an Depressionen, und sie wurde dennoch immer wieder behandelt. Nun kommt sie mit ihrem Kind überhaupt nicht zurecht. Sie hat das Geld, sie will das, und sie bekommt es.« Fälle abzulehnen ist nicht einfach: »Wer bin ich, um zu beurteilen, wer ein Kind bekommen darf und wer nicht?«, beschreibt eine Spitalsärztin ihr Dilemma. Das ist verständlich, doch fragt man sich, wer soll es sonst entscheiden, wenn nicht die Experten?

Die Reproduktionsmedizin gehorcht den Gesetzen des Marktes, wo alles machbar scheint, wenn es der Kontostand erlaubt. Der Druck lässt garantiert nicht nach, weil hier eine profitable Industrie agiert, die gute Lobbyarbeit betreibt. Die Kirche sollte man dennoch im Dorf lassen: Fortpflanzungsmedizin und Gendiagnostik sind absolute Elitenthemen. Es ist vor allem eine Minderheit, wohlhabende Weiße, die sich mit dieser Methode fortpflanzen, und deren einziger Vorteil darin besteht, dass sie über mehr Geld verfügen. Die Ärmeren stehen in ihrem Dienst. Auch wenn das Leben vieler Kinder im Labor beginnt, wird die Mehrheit der Menschheit nach wie vor natürlich gezeugt. Millionen von Menschen haben ganz andere Sorgen als den »Kinderwunsch«. Doch die Branche beeinflusst die Denkweise aller, befördert das Machbarkeits- und Konsumdenken. Auch die Interessen der Kinder werden in den Hintergrund gedrängt. Die Kunden sind die Paare, nicht die Kinder.

Geld kann sich vermehren, Menschen können sich vermehren, und diese Fortpflanzungsarten werden nun miteinander verbunden, schreibt die Kulturwissenschaftlerin Christina von Braun. Der Markt verabschiedet sich von der medizinischen Indikation, indem er gesunde Kunden bedient, die keinen Partner haben, die homosexuell oder zu alt sind oder keine Erbkrankheit weitervererben wollen. Es entstehen neue Märkte, die der Kapitalismus für sein Überleben braucht. Der globale ART-Markt boomt: 2012 wurde er auf 9,3 Milliarden US-Dollar geschätzt, mittlerweile erwartet das internationale Marktforschungsinstitut Allied Analytics LLP, dass er bis 2020 auf rund 22 Milliarden anwächst. Zu den Profiteuren gehört auch die Pharmaindustrie. Der Konzern Merck Serono erwirtschaftete laut Geschäftsbericht 2014 elf Milliarden Euro. Ein Großteil der Umsätze geht auf das Konto der Biotechnologie. Die Nachfrage nach ART-Behandlungen steigt ESHRE zufolge in ganz Europa. 2013 registrierte die britische Behörde HFEA so viele Behandlungen wie nie zuvor. Massiv boomt der Markt in den USA, aber auch in arabischen Ländern und in der Türkei. Israel gilt als Global Player im ART-Geschäft.

Die Ärztin Hildegunde Piza kritisiert das Vorgehen der Branche: »Was ist die ureigenste Aufgabe eines Arztes? Er soll Kranke heilen und dafür sorgen, dass Gesunde gesund bleiben. Ärzte sind aber verführbarer geworden, sie sind nicht mehr nur für Krankheiten zuständig, sondern für das gesamte Lebensglück der Patienten.« Es gab eine ähnliche Entwicklung in der wiederherstellenden Chirurgie, die sich mit Schönheitsoperationen erweitert hat. Das wird vielfach kritisiert, die Reproduktionsmedizin hingegen kaum. Aber: Wenn man den Anwendungsbereich immer mehr ausweitet, »dann wird mit den intimsten und fragilsten sozialen und psychischen Konstellationen buchstäblich experimentiert: Man arrangiert unterschiedliche Komponenten in einem künstlichen Milieu, ohne voraussagen zu können, wie die Betroffenen auf die damit geschaffenen Bedingungen schließlich reagieren werden«, warnt Publizist Andreas Kuhlmann.

Ursprünglich war die Fortpflanzungsmedizin für Paare vorgesehen, die aufgrund von Unfruchtbarkeit keine Kinder bekommen konnten. Nun wird sie zunehmend als Instrument eingesetzt, wo schlichtweg Lebensumstände ausschlaggebend sind. Kaum war in Österreich klar, dass das Gesetz liberalisiert wird, wurde der Zugang für Alleinstehende eingemahnt, beriefen Mediziner eine Pressekonferenz ein und forderten eine weitere Ausdehnung bei der Eizellspende und PID. Arzt Andreas Obruca versteht nicht, wieso Social Egg Freezing ausgeklammert wurde. Das sei »medizinisch nicht nachvollziehbar«. Doch er spricht nicht von Medizin, sondern von gesellschaftlichen Trends: Es sei eben der Wandel der Zeit, und diese Methode werde zusehends ein Thema werden. Genau jene Frauen, die beruflich erfolgreich sind und dann doch noch Kinder wollen, sind seine Kundinnen in der Privatklinik »Goldenes Kreuz«. Auf der Pressekonferenz sagte der Arzt Gernot Freude: »Die reproduktive Phase der Frau dauert bis 50, bis zu diesem Alter sind auch immer wieder Spontanschwangerschaften möglich. Es gibt keine medizinische Begründung dafür, dass das Alter einer Eizellenempfängerin mit 45 beschränkt wurde.« Tatsächlich gibt es eine medizinische Begründung dafür, aber sie soll keine Bedeutung mehr haben.

Auch ansonsten gesellschaftskritische Politikerinnen wie die Grüne Ulrike Lunacek forcieren unter dem Banner der Gleichstellung eine Wunschmedizin: »Es geht nicht um die Frage, warum homosexuelle Paare keine Kinder bekommen können, sondern um das Faktum, dass einige unter ihnen Kinder bekommen wollen.« Lunacek räumt zwar ein, dass sie den Markt der Reproduktionsmedizin durchaus »skeptisch« sehe, aber »es wäre in allen Fällen wichtig, einen rechtlichen Rahmen zu haben, auch für Leihmutterschaft, wo die Pflichten für die Auftraggeber und die Rechte für die Leihmütter geregelt sind.

Solche Phänomene zu verbieten funktioniert nicht. Der Markt wird dann anderswohin ausgelagert. Letztlich muss es doch darum gehen, dass mit dem Leid von Frauen und Männern, die Eltern werden wollen und es auf dem klassischen Weg nicht können, kein übles Geschäft gemacht wird.« Sie hat vor allem das Leid der Wunscheltern im Blick, weniger die Lage der Leihmütter und Eizellspenderinnen, schon gar nicht das Kind. Und das Dumme dabei: Es wird auch hierzulande damit ein Geschäft gemacht. Offen bleibt die Frage, wie man langfristig gesehen den Ausschluss von heterosexuellen Paaren, die ebenso fruchtbar sind, aber nicht natürlich zeugen oder den Embryo testen lassen wollen, rechtfertigt. Welches Argument spricht dann dagegen? Häufig wird jetzt schon für die künstliche Befruchtung als bessere Option geworben, indem Schwangerschaftsraten der IVF mit der natürlichen verglichen werden: »Die Chancen einer modernen Kinderwunschbehandlung (29–33 Prozent) sind deutlich über dem einer natürlichen Zeugung (17–20 Prozent)«, schreibt der Arzt Wilfried Feichtinger in einer Broschüre. Die Fortpflanzung sollte man also besser in die Hände von Ärzten legen. Sie erledigen sie effizienter und risikoloser.

Die Urteile der Höchstgerichte haben zur Folge, dass medizinische Indikationen kaum noch Relevanz haben. Bei der IVF/ICSI (Intrazytoplasmatische Spermieninjektion) gilt Unfruchtbarkeit noch als Voraussetzung – mit Ausnahme von Paaren, die eine PID wollen –, aber bei Inseminationen und Hormonbehandlungen nicht mehr. Wird ein lesbisches Paar durch mehrere Inseminationen nicht schwanger, kann sich bei ungeklärter Ursache auch eine Indikation für eine IVF ergeben. Und wenn ungewollte Kinderlosigkeit zunehmend als unzumutbares Leiden angesehen wird, ist letztlich auch das eine Voraussetzung. Es besteht aber ein ethischer Unterschied, ob unfruchtbaren Paaren geholfen wird oder Menschen, die es aus beruflichen Gründen nicht schaffen, den richtigen Zeitpunkt zu treffen. Oder alleinstehenden Frauen, die keinen Partner haben, oder gleichgeschlechtlichen Paaren. Lesbische Paare sind nicht unfruchtbar, genauso wenig wie alleinstehende Frauen. Zur Zeugung fehlt halt ein Mann, so wie bei

einem alleinstehenden Mann die Frau fehlt. Es ist bemerkenswert,
wie stark der Konsens darüber ist, dass keinerlei medizinische Gründe
mehr gelten sollen. Dieser Konsens ermöglicht den unbehelligten
Profit der Branche. Ich bin weit davon entfernt, nur in einer heterosexuellen Ehe das Kindeswohl gewahrt zu sehen, doch ich frage mich,
ob wir noch bereit sind zu hinterfragen, wohin sich eine Medizin entwickelt, die wie ein Supermarkt auftritt mit Angeboten für alle Kun-
denwünsche.

GLOBALISIERTE FORTPFLANZUNG

Dass sich markt- und konsumorientierte Denkweisen in einem Bereich durchgesetzt haben, der einst privat und naturgegeben war, ist
ohne Technisierung und Marktorientierung der Medizin nicht denkbar. Der Technikphilosoph Hans Jonas hat bereits 1985 festgestellt:
»Appetit wird geweckt von der Möglichkeit.« Die Branche folgt dem
Prinzip der Globalisierung: Grenzen werden überschritten, Fortpflanzung wird aufgeteilt, eine Art Zulieferkette ermöglicht das Auslagern
von Risiken und Gefühlen sowie geringere Kosten. Die soziale Kluft
zu Billiglohnländern wird wie in vielen Branchen geschickt genutzt
und mit Autonomierhetorik schöngeredet. Zusammenhänge werden
getrennt und neue hergestellt, man will nichts voneinander wissen
und keine Verantwortung für Bedingungen anderswo übernehmen.
Ein Kennzeichen der Kommerzialisierung ist auch, dass Risiken für
sämtliche Beteiligte bewusst in Kauf genommen werden, denn Risiko
ist die Voraussetzung für Gewinn.

Der Reproduktionstourismus ist nicht nur eine Folge von gesetzlichen Unterschieden, sondern wird von den Kliniken gezielt forciert.
Was bei uns nicht möglich ist, erfüllt unser Kooperationspartner im
Land XY. Dabei geht es nicht nur darum, dass nationale Gesetze bestimmte Methoden verbieten, sondern dass es in ärmeren Ländern
auch mehr Spender und Leihmütter gibt. Spanien war schon immer
eine gefragte Destination, seit der Krise noch mehr: »150 Ausländer

pro Monat werden vom Flughafen abgeholt, die Logistik ist unglaublich und perfektioniert. Die Kliniken agieren mehrsprachig. Das ist
ein eigener Mikrokosmos«, berichtet eine Ärztin, die in einer Klinik
arbeitet. Die hiesigen Ärzte bereiten alles vor und vermitteln die Patienten weiter. Es gibt direkte Verweise auf den Websites der Kliniken
auf die Partner im Ausland. Das Kinderkriegen mit einem Urlaub in
Spanien zu verbinden ist längst ein Geschäft, wie zahlreiche Kombi-
Angebote zeigen. Kundenservice, der keine Wünsche offenlässt, hat
oberste Priorität. In den Privatkliniken in Osteuropa arbeitet das beste
Gesundheitspersonal, weil dort mehr zu verdienen ist. Die Branche
zieht es aus dem öffentlichen Gesundheitssystem ab, auf Kosten der
Bevölkerung.

Der Arzt Wilfried Feichtinger hat nicht nur eine schöne Villa im
Nobelbezirk Wien-Hietzing, wo die Patienten in einen Garten treten und Wasser plätschern hören, sondern er reist auch mehrmals im
Jahr nach Moskau, wo er Interessierte in ihrer Muttersprache in einem
Büro berät, das sich auf Medizinreisen spezialisiert habe, wie er erzählt. Die Behandlung mache er dann in Wien. Auch in Serbien und
in Istanbul führt die Klinik Beratungen durch. Die Privatklinik »Goldenes Kreuz« wirbt mit »eine der führenden Privatkliniken Europas«
und kooperiert mit Kliniken in Bratislava, Sofia, Łódź, Sibiu und Bukarest. Heinz Strohmer, einer der ärztlichen Leiter, reist immer wieder
nach Bukarest, um in Nachbarschaft von Botschaften und Parkanla-
gen in der Fertilitätsklinik Polisano Kunden zu beraten. Die Klinik
wurde im September 2006 von Vonica Ilie und Strohmer gegründet.
Die Angebote sind in Wien und Bukarest in etwa gleich teuer, obwohl
in Rumänien das durchschnittliche Monatseinkommen bei rund 300
Euro liegt. Die Zielgruppe ist offensichtlich die obere Gesellschafts-
schicht.

Der Reproduktionstourismus und der angeblich hohe Standard
hierzulande werden als Argumente für liberalere Gesetze angeführt.
Eine Frauenärztin fügt hinzu: »Es ist auch besser für den Umwelt-
schutz, wenn die Leute nicht mehr überall hinfliegen müssen.« Der
Tourismus wird als Akt des zivilen Ungehorsams gegenüber dem

Staat, der eine bestimmte Methode verbietet, dargestellt. Es wird nicht mehr darüber nachgedacht, ob diese Grenze auch eine Botschaft für den Einzelnen haben könnte, ob dadurch nicht auch Werte geschützt werden. Man kann es ethisch verwerflich finden, dass Menschen »gezwungen« sind, ins Ausland zu gehen, um eine Leihmutter engagieren zu können. Man kann es aber auch unethisch finden, dass es im Ausland angeboten wird. Derzeit scheint es aber vor allem darum zu gehen, das »hinterwäldlerische, konservative« Mäntelchen abzustreifen, um nicht das schmähliche Schlusslicht bei irgendwelchen Rankings und internationalen Entwicklungen zu sein. Folgt man der Logik, dass sich jedes Land anpassen müsse, dann kann die Konsequenz nur der niedrigste ethische Standard überall sein.

»Warum schickt der Staat brave Bürgerinnen ins Ausland, in den halblegalen Untergrund? Statt sich einfach über jedes Wunschkind zu freuen?«, bekrittelt die Publizistin Sibylle Hamann. Doch sie handeln auch als brave Konsumenten. Denn das Hauptmotiv, ins Ausland zu gehen, ist laut einem Bericht des Europäischen Parlaments (2013) das Geld. Man geht dorthin, wo es am billigsten ist, auch wenn die eigenen Gesetze liberal sind. Viele Britinnen weichen nach Spanien, Tschechien und Griechenland aus, weil das Angebot größer und weil es billiger ist. Spanische Kliniken, die ich kontaktiert habe, geben an, dass ein Viertel ihrer Klienten aus Großbritannien kommt. In den Niederlanden, wo altruistische Leihmutterschaft möglich ist, wurden im Jahr 2013 sage und schreibe zwei Kinder registriert, alle anderen gingen ins Ausland. Und wieso sind so viele Amerikaner und Israelis in Indien, Nepal, Rumänien und Griechenland anzutreffen? Neben Billigangeboten ist auch Anonymität gefragt: Skandinavische Patientinnen reisen zu Samenspenden nach Dänemark, weil dort Anonymität geboten wird, während Schweden und Norwegen das verbieten. Liberale Gesetze werden den Tourismus also kaum eindämmen. Menschen reisen auch wegen einer Massage, neuer Zähne und Hüften ins Ausland, weil es billiger ist, und nicht weil diese Angebote etwa verboten sind.

Ist eine Methode erst einmal freigegeben, folgt bald die Forderung nach kommerziellen Formen, beispielsweise in Australien, wo altruistische Leihmutterschaft erlaubt ist. Es gebe zu wenige Frauen, die sich selbstlos zur Verfügung stellen, sodass Paare »gezwungen« seien, nach Indien zu fahren, klagen Ärzte. Je nach Bedarf wird die Lage im Ausland als besonders schlecht oder besonders hervorragend dargestellt: »Wir konnten nicht sicher sein, mit welchen Methoden und unter welchen medizinischen Standards im Ausland gearbeitet wurde. Nun können wir in unseren Kliniken diese Behandlungsform anbieten – auf medizinisch höchstem Niveau und ohne nennenswerte Wartezeit für unsere Patienten«, so der Arzt Leonhard Loimer nach Freigabe der Eizellspende. Sein Kollege Stephan Machac in Brno wird ihm nicht in die Parade fahren und beleidigt sein, obwohl seine Klinik genauso schick und hightech-mäßig aussieht wie jene von Loimer in Österreich. Von Ostblock-Vorstellungen ist man in Tschechiens Privatkliniken, dem »Mekka des Medizintourismus«, wie die Tschechische Nachrichtenagentur schreibt, weit entfernt. Loimer hat vor der Freigabe deshalb auch stets betont, wie gut man mit diesem Partnerinstitut zusammenarbeite. Dort herrsche höchstes Niveau, sodass er mit gutem Gewissen alle dort hinschicken könne.

Loimer sitzt im Büro seiner Kinderwunschklinik bei Wels und plaudert unbefangen über seine Arbeit. Auf seiner Website wirbt er mit Slogans wie »Exzellente Schwangerschaftsraten von über 50 Prozent«, »Über 12 000 Babys made by Kinderwunschkliniken Dr. Loimer« und »Wir werden Sie zu glücklichen Eltern machen«. Die geräumige Klinik im zweiten Stock eines Einkaufszentrums hat ein Flair wie eine Schönheitsklinik. Fotos von Babys kommen ins Blickfeld, wenn man sich in die tiefen Sofas im Wartebereich fallen lässt. Ein Schaukelpferd in der Ecke wartet. An der Wand hängt ein Dankesschreiben von einem Paar, das sich mit dem Satz »und den Rest macht der liebe Gott, und der liebe Gott hat gemacht« bei Loimer bedankt. Die Patientinnen passen nicht in die betont entspannte Atmosphäre: Eine Frau tippt hektisch in ihr Smartphone. Eine andere blättert fahrig in einer Illustrierten. »Manche haben Ressentiments gegen Osteuropäer, die schicken wir nach Spanien. Die kommen dann schwan-

ger zurück, kein Mensch ahnt etwas«, erklärt er. Dumm nur, dass sie
auch in Spanien auf viele Osteuropäerinnen treffen werden, die rekrutiert werden, da Spanierinnen oftmals zu dunkel sind.

Neben den Kontakten in Tschechien und Spanien kooperiert Loimer mit einem Zentrum in Kalifornien. »2002 in Wels gegründet,
100 Behandlungen pro Jahr mit drei Mitarbeitern, heute haben wir
1700 Behandlungen und 54 Mitarbeiter an zwei Standorten. Es hat
sich ziemlich gut entwickelt«, ist er zufrieden. In der Klinik seines Kollegen Stephan Machac in Brno hängen statt der üblichen Baby- und
Schwangerschaftsbauchfotos Bilder von spektakulären Landschaften
in aller Welt. Sein Kollege reist viel, erzählt Machac. Weltoffen sei
auch Tschechien: »Fast alles ist möglich. Das ist der Hauptgrund, warum so viele Paare aus ganz Europa und Israel kommen. Der zweite
Grund ist, dass wir um ein Drittel billiger sind.« Er sagt es ganz offen:
»Es ist ein sehr, sehr gutes Geschäft.«

Die Kinderwunschkliniken von Herbert Zech haben eine besondere Kooperation – mit der Bridge-Clinic in Nigeria. Man stelle »wissenschaftliche und technische Expertise zur Verfügung«. Zechs IVF-
Imperium reicht von Österreich über Tschechien, die Schweiz und
Italien. Mit Leihmutterschaft, die in der Bridge-Klinik ebenfalls angeboten wird, habe er nichts zu tun, versichert Zech. Wenn ein Paar
auf der Suche nach einer Leihmutter ist, schicke er es in die USA. Sein
Motto: »Wir bieten die Methode jeweils dort an, wo sie ethisch korrekt ist.« Zech scheint Ethik mit Recht gleichzusetzen. Mit der Medi-
zinethik, sagt er, sei es wie mit dem Autofahren: »In dem einen Land
dürfen Sie 240 Stundenkilometer fahren, und es passiert Ihnen nichts,
und in dem anderen Land wandern Sie dafür in den Knast.«

DER BIOLOGISCHE UNTERSCHIED

Ausweitungen der gesetzlichen Rahmenbedingungen werden oft mit nötiger Anti-Diskriminierung argumentiert, etwa die Freigabe der Eizellspende mit dem Argument der »Geschlechtergerechtigkeit«. Weil die Samenspende erlaubt ist, sei es eine Benachteiligung, die Eizellspende zu verbieten. Doch indem nur von Gleichstellung die Rede ist, wird nicht gesehen, dass auch deshalb so großes, finanzielles Interesse an der Freigabe besteht, weil die Eizelle ein kostbares, knappes Gut ist und die Kliniken hohe Preise für die Spende verrechnen können. Ignoriert wird auch, dass es erhebliche Unterschiede gibt: Eine Samenspende ist denkbar einfach, für eine Eizellspende sind ganz andere medizinische Kaliber nötig. Die Risiken und die mögliche Ausbeutung der Spenderin sind für die SPÖ jedoch nicht stark genug, um ein Verbot zu rechtfertigen, »weil sich auch durch gelindere Mittel wie Einwilligung, Aufklärung, Verbot der Kommerzialisierung, Vermittlungsverbot sicherstellen lässt, dass der Eingriff rechtlich und faktisch mit dem freien Konsens der Spenderin geschieht und sie daher vor wirtschaftlicher Ausbeutung geschützt ist«. Wäre man weniger naiv, wäre klar, dass es in der Realität in den allermeisten Fällen nicht so ist.

Während bei der Samen- und Eizellspende der biologische Unterschied keine Rolle spielen soll, taucht er bei der Leihmutterschaft als Argument für ein Verbot auf. Der Oberste Gerichtshof meint, dass ein Verbot keine Diskriminierung durch den Gesetzgeber sei, sondern eine durch die Natur, weil Männer nicht schwanger werden können. Der Naturbegriff wird hier akzeptiert, beim Verbot der Samenspende für lesbische oder alleinstehende Frauen hingegen nicht. Deshalb bezweifle ich, dass das Verbot mit dieser Argumentation auf Dauer zu halten ist.

Die Juristin Ulrike Riedel, Mitglied des deutschen Ethikrats, sieht eine fließende Grenze zwischen Freigabe der Eizellspende und Leihmutterschaft. Die Anzeichen gibt es: Nach einem Urteil des Europäischen Gerichtshofs für Menschenrechte (EGMR) können einem Paar,

das eine Leihmutter im Ausland beauftragt hat, nicht mehr die Doku-
mente für das Kind verweigert werden, was de facto eine Aushöhlung
des Verbots bedeutet. Dass Staatsbürger bei der Beauftragung einer
Leihmutter im Ausland eine Verwaltungsübertretung begehen, wird
offenbar schon lange ignoriert, obwohl es nach dem Fortpflanzungsmedizingesetz geahndet werden müsste. Doch Anzeigen sind nicht
bekannt. Ein klares Nein gegen die Leihmutterschaft ist von den Grünen bisher nicht zu hören, nur bei der SPÖ, weil Frauen keine »Ge-
bärmaschinen« seien. Der Psychotherapeut Johannes Wahala meint,
er höre keinen Ruf nach Zulassung der Leihmutterschaft im deutschsprachigen Raum. Auf die Frage, ob hier die Grenze der Gleichstellung erreicht sei, ist er aber zu keinem Ja zu bringen, sondern berichtet nur von Frauen in den USA, die Paaren angeblich gerne »helfen«
würden. Anwalt Helmut Graupner ist ebenfalls nicht strikt dagegen,
weil er meint, dass es altruistische Leihmutterschaft gebe: »Die Leihmutterschaft ist nur in Österreich verboten, im Ausland wird es ja
gemacht. In Großbritannien ist eine altruistische Leihmutterschaft
erlaubt. Die Schwester oder eine andere Verwandte trägt es aus, nur
aus Menschenfreundlichkeit, wenn sie kein Geld dafür nimmt, ist es
erlaubt. Das wäre eine Möglichkeit, denn zwischen altruistischer und
kommerzieller Leihmutterschaft kann man durchaus unterscheiden.
Es ist besser, es zu regeln, als es gänzlich zu verbieten. Sonst passiert es
im Untergrund.«

Schöne, heile Welt, wo Frauen aus reiner »Menschenfreundlichkeit« agieren. Wenn ich solche Argumente höre, frage ich mich, ob
das tatsächlich ernst gemeint ist. Es ist auch beachtlich, wie oft von
»Menschenfreundlichkeit« die Rede ist, wo nicht Männer, sondern
Frauen Risiken auf sich nehmen. Würde man der Leihmutter und
ihrer Selbstlosigkeit vertrauen, wären keine Verträge mit Klagemög-
lichkeit nötig. Doch da dieses Vertrauen eben nicht besteht, ruft man
nach Gesetz und Vertrag.

Würde man nicht stets die Gleichstellung so wichtig nehmen, sondern auch die Menschenrechte, ergäben sich gute Gründe, am Verbot
festzuhalten. »Das Recht der schwulen Männer oder von heterosexu-

ellen Paaren auf Reproduktion ist ein politisches Ziel der Gleichstellung, aber zu enormen Einkaufsbedingungen. Da es zu einem schwerwiegenden Eingriff in die sexuelle Integrität der Leihmutter kommt, muss der Staat diese Möglichkeit nicht bereitstellen. Das Reproduktionsrecht des Mannes ist in dem Fall ein schwächeres Menschenrecht als das nicht einschränkbare Reproduktionsrecht der dafür notwendigen Frau«, so Heinz Patzelt, Chef von Amnesty International Österreich, deutlich.

DANN WÄREN SIE NICHT HIER

Die Sehnsucht nach einem Kind lasse sich nicht verbieten, deshalb müsse alles ermöglicht werden, so die Überlegung vieler. Ist man gegen eine bestimmte Methode, verhindere man die Kinder, die damit zur Welt kommen. Anwalt Graupner schrieb in der Klage an den Verfassungsgerichtshof: »Das einzige Argument, das die Minderheit (*der Ethikkommission, Anm.*) anführt, warum Adoption erlaubt, die Samenspende aber verboten sein soll, ist, dass adoptierte und in Pflege gegebene Kinder schon geboren sind, während es bei der Samenspende darum geht zu verhindern, dass ein Kind geboren wird. Die Minderheit sagt also, es sei für ein Kind besser, nicht geboren zu werden als als Kind einer lesbischen Mutter! Ein Argument, das die Dame und die fünf Herren der abweichenden Minderheit in anderen Zusammenhängen bekanntlich vehement als menschenwürdeverletzend zurückweisen würden.«

Dass die angesprochenen Mitglieder der Kommission gegen die Geburt solcher Kinder seien, ist in ihrer Stellungnahme nirgends zu finden, sie haben nur die Bedingungen hinterfragt. Das seltsame Argument wurde auch von höchster politischer und richterlicher Stelle verwendet: »Ich verstehe das Argument nicht, dass man mögliche, äußerst übertrieben dargestellte Probleme, die sich bei der medizinisch-assistierten Fortpflanzung ergeben können, als Argument dafür verwenden will, um das Problem am besten dadurch zu lösen, dass man das Kind gar nicht erst entstehen lassen soll. Das soll im Kindeswohl liegen? Das verstehe ich beim besten Willen nicht«, meinte Justizminister Wolfgang Brandstetter im Parlament. Der Oberste Gerichtshof findet, dass es für ein Kind besser ist – unabhängig von seiner Zeugung und den Bedingungen seines Lebens –, »überhaupt zu sein als nicht zu sein«. Deshalb sei hier von keiner Beeinträchtigung des Kindeswohls auszugehen. Paare, die Leihmütter engagierten, zeigen auf ethische Einwände hin Fotos ihrer süßen Kinder und warnen: »Bedenken Sie: Ohne Leihmutter gäbe es diese Kinder nicht. In letzter Konsequenz: Es geht um das Ergebnis, wir wollen Kinder. Wenn man dagegen ist, dann ist man gegen diese Kinder.«

Der Rechtsphilosoph Reinhard Merkel sagt hingegen: »Dass jemand nicht existieren würde, ist zunächst mal ethisch vollkommen neutral.« Man würde ja auch nicht existieren, wenn man nicht natürlich gezeugt worden wäre, und das habe noch nie jemand als Unrecht angesehen. Zu sagen, dass es diese Kinder nicht gebe, wenn nicht bestimmte Methoden möglich sind, soll jegliche Kritik eliminieren. Es ist auch ziemlich moralisierend: Denn damit wird unterstellt, man würde Kindern das Lebensrecht absprechen. Doch bekanntlich kann man nur jenen das Recht auf Leben absprechen, die bereits auf der Welt sind, und nicht jenen, die noch nicht einmal gezeugt sind. Zudem würden sich just die liberalen Befürworter in einem anderen Kontext – nämlich der Abtreibung – sicher nicht für das Lebensrecht von Ungeborenen einsetzen. Hier trifft offenbar zu, was Karl Marx sagte: »Wenn der Zweck die Mittel heiligt, dann ist der Zweck unheilig.«

DAS GESCHÄFT MIT DEN EMBRYONEN

In Österreich werden Embryonen, die überzählig sind, eingefroren oder »landen auf der Müllhalde«, wie es der Arzt Leonhard Loimer plakativ formuliert, in Tschechien können Paare sie zur Adoption freigeben. »Sie können sich ja gar nicht vorstellen, wie viele Kinder in Österreich herumlaufen, die als Embryo adoptiert wurden. Nur spricht niemand darüber.« Loimer betreut jährlich mindestens 20 Paare, die diesen Weg wählen. Offizielle Daten existieren nicht. Die Patientin kann eine Schwangerschaft und Geburt erleben, die Eltern können das Kind problemlos als ihren eigenen Nachwuchs ausgeben, erklärt er. Stephan Machac schätzt, dass seine Klinik etwa 100 Embryonenspenden pro Jahr ermöglicht, zwei oder drei im Monat aus Österreich und Deutschland. Kostenpunkt: ab 2000 Euro, samt nötiger IVF oder ICSI bis zu 6500 Euro.

Die klassische Embryonenspende ist ein solidarischer Akt von Paaren, die noch Embryonen übrig und ihre Familienplanung bereits abgeschlossen haben. Sie geben sie für andere kinderlose Paare frei, ohne Geld dafür zu erhalten. Embryonenspenden wirken sinnvoll. Zu bedenken ist allerdings, dass die »besten« Embryonen bereits verwendet wurden, es seien »Restbestände«, wie eine Ärztin sagt. In vielen tschechischen Kliniken werden zudem Embryonen durch Eizellen von Spenderinnen neu erzeugt, um sie zu »verkaufen«. Es profitiert die Klinik. Wenn für eine Embryonenvergabe bis zu 6500 Euro zu bezahlen sind und eine Spenderin in Tschechien maximal 500 Euro pro Spende, die bis zu 20 Eizellen umfassen kann, bekommt, kann man sich ausmalen, wie lukrativ das Geschäft ist.

Loimer engagiert sich für seine Patienten: »Ich will über die Embryonenspende eine Diskussion anheizen, deshalb habe ich die Angelegenheit bei einer Audienz mit Bischof Klaus Küng angesprochen. Wenn wir das erlauben, schützen wir doch dieses Leben. Mein Ziel ist die Schlagzeile ›Embryonenadoption wird von der Kirche unterstützt‹. Der Bischof war aber mit meinem Anliegen völlig überfordert.« Küng selbst sagt dazu: »Ich erinnere mich sehr gut an das Gespräch. Ich bin aber bald zum Schluss gekommen, dass ich das nicht unterstützen kann. Weil es der Leihmutterschaft und dem Embryonenhandel Tür und Tor öffnet. Es klingt zwar gut, aber es ist doch eine sehr problematische Hilfestellung. Das Grundproblem ist, dass so viele Embryonen produziert werden. Wenn schon jemand künstliche Befruchtung macht, sollte die Anzahl eingeschränkt werden.«

Der Pool an eingefrorenen Embryos wird allein in den USA auf

400 000 geschätzt, wobei er sich jährlich um etwa 18 Prozent erhöht, rechnet Wirtschaftsforscherin Debora Spar vor. Wie so oft in den USA gibt es die skurrilsten Angebote: Auf der christlichen Website »Snowflakes« kann man einige Jahre alte Embryonen adoptieren. So kann es vorkommen, dass ein Kind an der Westküste ein Geschwisterchen an der Ostküste hat, das zum selben Zeitpunkt »erzeugt« wurde, aber sechs Jahre jünger ist, weil es später aufgetaut und verwendet wurde. Abgesehen davon ist es auch befremdlich, hier von Adoption zu sprechen. Eine Adoption eines Kindes ist meistens ein sozialer, solidarischer Akt. Adoptivwerber müssen Kurse und Kontrollen absolvieren. Das ist eine völlig andere Haltung als bei der Embryonenadoption. Es werden Äpfel mit Birnen verglichen, was typisch bei dem Thema ist.

DIE MÄR VOM ALTRUISMUS

So wie ein Kinderwunsch nicht egoistisch sein darf, reden sich viele ein, dass die Eizellspende in Österreich nur altruistisch sei, weil ein Kommerzialisierungsverbot besteht. Da der Handel mit Menschen und Teilen von ihnen durch internationale Vereinbarungen grundsätzlich verboten ist, darf eine Samen- und Eizellspende laut EU-Richtlinie nicht Gegenstand eines entgeltlichen Rechtsgeschäfts sein. Eine »Aufwandsentschädigung« ist erlaubt. Justizminister Wolfgang Brandstetter betonte im Parlament: »Es wird keine kommerzialisierte Eizellenspende geben.« Die Bedenken teile er »überhaupt nicht«, denn es gebe auch irgendwo auf der Welt einen »schwunghaften Handel mit Organen«, das rechtfertige auch nicht, dass man Organspenden verbiete. »Dieses Gesetz dient der Erfüllung des Kinderwunsches, dort wo er ist. Das ist der Grundgedanke dieses Gesetzes, denjenigen, die einen Kinderwunsch haben und wo es ohne medizinische Unterstützung nicht geht, zu helfen. Damit es Kinder gibt, und das ist im Kindeswohl.« Der Minister ist überzeugt: »Wir werden es auch hier schaffen, jede Kommerzialisierung absolut zu vermeiden.« Gesundheitsministerin Sabine Oberhauser betont: »Ich glaube, dass man diese Tür in einem geregelten Markt, ohne Geld und unter sehr hohen Qualitätskriterien« öffnen soll, anstatt Betroffene ans Ausland zu verweisen. Ohne Geld? Wann wachen die beiden aus ihrem Dornröschenschlaf auf und erkennen, was bereits vor sich geht? Wie heißt es bei Christian Morgenstern: »Weil, so schließt er messerscharf, nicht sein kann, was nicht sein darf«.

Wie hoch die »Aufwandsentschädigung« sein soll, dazu gibt es keine gesetzlichen Vorgaben. Christiane Druml, Vorsitzende der Bioethikkommission, meint: »Wie auch bei Organspenden ist das Kommerzialisierungsverbot eine essentielle Vorbedingung, um Missbrauch zu verhindern. Was jedoch wichtig ist, ist eine Kompensation für Verdienstentgang und die Kostentragung für die medizinischen Maßnahmen des Spenders.« Abgesehen davon, dass es wohl selbstverständlich ist, dass die Spenderin die Behandlung nicht auch noch selbst bezahlen muss, betont das Gesundheitsministerium auf Anfrage, es sollten nur Barauslagen, etwa Reisekosten, ersetzt werden, aber kein Verdienstentgang. Das würde die »Aufwandsentschädigung« übersteigen und ein entgeltliches Rechtsgeschäft sein. Der Oberste Sanitätsrat empfahl 2010: »Für Spenderinnen ist eine Kostenübernahme als Aufwandsentschädigung, aber keine Bezahlung vorzusehen (Reise-, Übernachtungs-Kosten, Zeitaufwand, Schmerzensgeld: Ein beeideter Sachverständiger würde diese vermutlich mit 1500 Euro festsetzen).« Das ist sehr viel Geld. Das Gesundheitsministerium geht auf die Nachfrage, ob man der Empfehlung des Sanitätsrates folge, nicht ein.

Der Handel zwischen Frauen und Kliniken wird mit dem Kommerzialisierungsverbot nicht verhindert. Woher sollen denn die vielen Eizellen kommen, um den tatsächlichen Bedarf zu decken, der kontinuierlich steigt? Es gibt zu wenige Frauen, die sich diese Prozedur aus reiner Nächstenliebe antun. Wie kann der Arzt Leonhard Loimer sonst sofort nach Gesetzesbeschluss versprechen, dass es bei Eizellspenden keine Wartezeiten gebe? Indem er auf nette, hilfsbereite Spenderinnen wartet? Eine Wartezeit sei deshalb nicht nötig, weil er sich auf »eingespielte Strukturen« verlasse, sagt Loimer, die Spenderinnen, die bei ihm anfragen, seien Studentinnen und würden aus

Polen und Ungarn nach Wien kommen. Nur aus Altruismus setzen sie sich sicher nicht in den Bus. Angesichts dieser Praxis, die in Griechenland und Spanien schon länger üblich ist, sollte man wohl von der Bezeichnung »Eizellspenderin« abrücken und eher von »Eizellenlieferantin« sprechen. Die schlechte soziale Lage von Osteuropäerinnen wird ausgenutzt, so wie das in der Altenbetreuung und in der Saisonarbeit passiert.

Eine 28-jährige osteuropäische Frau erhält auf ihr Angebot von Loimers Klinik folgende Antwort per E-Mail, als das Gesetz noch nicht einmal in Kraft war: »Vielen herzlichen Dank für Ihre Anfrage und Ihr Interesse sowie Ihre prinzipielle Bereitschaft, als Eizellspenderin Frauen mit unerfülltem Kinderwunsch helfen zu wollen. Wir sind bereits auf der intensiven Suche nach Damen zwischen 20 und 30 Jahren, die ihre Eizellen für die Möglichkeit der Spende zur Verfügung stellen.« Dann wird ihr der Ablauf erklärt. Sie solle nach Wien zum Erstgespräch kommen, hier erfolge die Aufklärung bezüglich Hormonstimulation und den damit verbundenen »minimalsten Risiken«. Mit »kleinsten Spritzen« könnte sie, wenn alles passt, bereits nach der nächsten Regelblutung mit der zehntägigen Hormonstimulierung beginnen und zweimal zur Ultraschalluntersuchung erscheinen. Am zwölften Zyklustag erfolge die Eizellentnahme, sie bekomme eine leichte Narkose, auch hier der Hinweis: »wird generell sehr gut vertragen, keine Nebenwirkungen wie Übelkeit, etc.«, der Eingriff sei »völlig schmerzfrei«. Nach der Verharmlosung des Eingriffs und der Risiken dann das verlockende Angebot: »Sie erhalten direkt nach der Spende eine Aufwandsentschädigung von EUR 1000,– bis 1500,– pro Spende.« Schließlich wird ihr noch versichert, dass sie gesetzlich erlaubt dreimal spenden könne und dass »durch die Stimulation(en) keine Gefahr der Einschränkung Ihrer eigenen Fruchtbarkeit!« bestehen würde. Zum Schluss wird die junge Frau auch noch aufgefordert, Werbung zu machen: »Es wäre wunderbar, wenn Sie auch andere junge Frauen für die Spende begeistern können, vielleicht finden sich Interessentinnen in Ihrem Bekannten- bzw. Freundeskreis.« So viel zur fundierten, unabhängigen Aufklärung der Spenderin, so viel zum

Kommerzialisierungs- und Werbeverbot. Man kann es drehen und wenden, wie man will: Es ist schlichtweg ein Geschäft.

Christiane Druml beruhigte dennoch in der *Wiener Zeitung*: »Es kommen nur Frauen, die jung genug sind, noch qualitativ hochwertige Eizellen zu haben – also unter 30 Jahren –, infrage. Man kann das also nicht so sehen, dass irgendwelche armen Frauen ihre Körper in Gefahr bringen, weil sie die Spende als Mittel zum Geldverdienen sehen.« Gerade junge Frauen haben ein Motiv, solche Angebote zum Geldverdienen zu nützen. Es ist eine Möglichkeit, in kurzer Zeit zu hohen Summen zu kommen. Stephan Machac in Tschechien zahlt seinen Spenderinnen bis zu 500 Euro. Die Behandlung mit einer Eizellspende kostet in seiner Klinik mit allem Drum und Dran mehr als 5000 Euro. Auch hier ist – wie bei der Embryonenspende – die Gewinnspanne enorm, vor allem, wenn man bedenkt, dass pro Spende mehrere Eizellen »geerntet« werden und nicht nur ein Paar damit versorgt wird. Gegenüber den Paaren wird betont, dass eine Eizellspende nur an ein Paar ginge, doch im Gespräch lobt Machac seine Mitarbeiterin, die immer genau den Überblick habe, wohin die Spenden gehen, nach Tschechien, Deutschland, Großbritannien und so weiter. Bei den mageren Durchschnittseinkommen in Osteuropa sind bereits 500 Euro ein verlockendes Angebot, und von einer »Spende« kann keine Rede sein. Ganz zu schweigen bei 1500 Euro. Da beginnen bereits Frauen hierzulande, die im Niedriglohnbereich arbeiten, zu überlegen, ob das nicht eine Option wäre.

Das Gerede über »altruistische Spenden« ist, mit Verlaub, blanker Unsinn. Aufgrund der Prozedur ist es zudem absolut gerechtfertigt, die Frauen nicht nur mit einem Händedruck zu verabschieden. Ärzte sind sich einig darin, dass Geld nötig ist: »Spenderinnen zu bezahlen ist der einzige Weg, damit man zu den Eizellen kommt. Wie kommt die Frau dazu, dass sie so was auf sich nimmt? Sie muss eine Entschädigung bekommen. Wenn man sich nur auf selbstlose Spenderinnen verlässt, hat man kein großes Angebot«, betont Wilfried Feichtinger. »Es ist eine nicht-kriminelle Art der Körperverletzung, und ich glaube, dass das ausreichend refundiert gehört«, so Berufskol-

lege Johannes Huber. 2012, als sich die Bioethikkommission für eine
Freigabe der Eizellspende ausgesprochen hat, waren die Ärzte Andreas
Obruca und Heinz Strohmer nicht begeistert. Sie hielten die Empfeh-
lung für zahnlos, weil keine Anonymität gegeben sei und zu wenig
Geld fließe: »Wer macht das dann? Mit so einem Gesetz würde die
Eizellenspende zwar offiziell erlaubt, aber de facto nicht praktiziert.«
Auch weil die Eltern andere Interessen hätten: »90 Prozent der von
uns betreuten Paare wünschen sich eine Anonymitätserklärung der
Spenderin.« Anlässlich der gesetzlichen Liberalisierungen 2014 hörte
man solche Äußerungen nicht mehr, weil es derzeit nicht opportun
ist, Geld für Spenderinnen und Anonymität zu fordern. Dass wie in
Spanien die gebotene Aufwandsentschädigung junge Migrantinnen
anziehen könnte, hält Strohmer für ein »Killerargument, weil das auf
Österreich nicht zutreffen wird«. Offenbar gibt es in Österreich keine
Frauen, die bedürftig sind.

Die Kliniken haben großes Interesse daran, das Image von den
selbstlosen Frauen aufrechtzuerhalten. Es wimmelt in der Branche nur
so von selbstlosen Helferinnen, ganz der Nächstenliebe verpflichtet,
nur im Dienst für andere. Nur schade, dass sie nie von Zeitungscovern
lachen und erzählen, wie wunderbar dieser Akt des Helfens war! Es ist
einfach zu schön, um wahr zu sein. Es geht um anderes: »Die Metapher des Geschenks nimmt im Kontext der assistierten Reproduktion
eine interessante Rolle ein, denn im Fall, dass Leihmutterschaft und
Eizellspende nicht auf Altruismus basieren, sondern entlohnt werden,
wird diese Metapher bemüht, um ein Unbehagen aufzulösen«, betont
die Anthropologin Veronika Siegl. »Zum einen ist es ein Unbehagen,
das aus der Überschreitung der Grenze zwischen Intimität und Kommerzialisierung entsteht; zum anderen ergibt sich dieses Unbehagen
aus einem Machtgefälle zwischen denen, die es sich leisten können,
Reproduktionstechnologien in Anspruch zu nehmen, und jenen, die
ihre Körper und ihre Gesundheit hierfür zur Verfügung stellen. Eine
altruistische Rhetorik ermöglicht es, beunruhigende Aspekte dieser
Kommerzialisierung zu verdecken.«

Über »altruistische Samenspender« hört man indes wenig, obwohl ihr Aufwand kaum der Rede wert ist. Sie tragen keinerlei Risiko, und es gibt keine negativen Folgewirkungen. Aber genau das ist der Punkt: Die Schattenseiten werden bei Eizellspenden und Leihmutterschaft mit der Rhetorik der Selbstlosigkeit übertüncht, weil ein »Lieferengpass« besteht und Geld mehr Frauen anlockt. Auch staatliche Institutionen sprechen deshalb lieber von »Aufwandsentschädigung«. Die Vorstellung, dass der Zeugung eines Kindes der Erwerb des Samens oder einer Eizelle vorangeht, dass man ein Kind also kaufen kann, widerspricht in höchstem Maß dessen Würde, erklärt Kulturwissenschaftlerin Christina von Braun.

Es ist eine klare Frage von Macht und Geld. Wer kauft, wer muss verkaufen? Selbst wenn sich Frauen finden, wie Marie aus Deutschland in einem *News*-Bericht, die zwei Kinder für Paare ausgetragen und kein Geld genommen haben soll, ist Skepsis angebracht. Leihmutterschaft ist verboten, und diese Frauen wissen, auch wenn nicht sie sich strafbar machen, sondern die Ärzte, dass es von vielen moralisch verurteilt wird. Wenn sie sich auch noch öffentlich dazu bekennen, dass sie Geld dafür nehmen, erschüttert dieses Bekenntnis das schöne Selbst- und Fremdbild der weiblichen Selbstlosigkeit und demaskiert, dass es sich hier nicht um eine Nettigkeit für bedauernswerte, kinderlose Paare handelt, sondern um ein knallhartes Geschäft. Das Finanzamt würde sich sicher auch für den konkreten Betrag interessieren. Besonders in den USA wird der »altruistische Diskurs« geführt, ausgerechnet dort, wo mit allem ein Geschäft gemacht werden kann. Doch das Geld ist und bleibt das zentrale Motiv: Laut dem Bericht »Surrogacy in America« stammt die durchschnittliche US-Leihmutter aus der unteren Mittel- oder Unterschicht, mit niedriger Schulbildung und geringem Familieneinkommen.

EINE »SELBSTLOSE« SPENDERIN

Viktoria trägt blondierte Haare, an den Ansätzen wächst es dunkel nach. Sie hat eine dicke Schicht Make-up und schwarze Schminke um ihre Augen aufgetragen. Dadurch wirkt sie noch blasser, als sie ohnehin ist. Ihre vielen Ohrringe und Armreifen klimpern, sie hat zahlreiche Tattoos. Das auffälligste befindet sich am Oberarm, es ist das Gesicht eines ihrer Kinder. Sie ist mittlerweile 37 Jahre alt – und eine kränkliche Frau. Sie hat einen unregelmäßigen Zyklus, immer wieder Kopfschmerzen, Diabetes, Probleme mit der Leber und Schilddrüse. Fünf IVF-Versuche haben sie und ihr Mann absolviert, um ein gemeinsames Kind zu bekommen. Vergeblich. Dann wurde sie zweimal stimuliert für Eizellspenden. Bisher hatte sie keineswegs Fruchtbarkeitsprobleme. Immerhin hat sie vier Kinder im Alter von acht bis 16 Jahren aus einer früheren Beziehung. »Ich weiß, wie sehr es schmerzen kann, keine Kinder bekommen zu können«, begründet sie ihre Spenden, für die sie kein Geld genommen habe. Weil in Ungarn überzählige Eizellen nicht eingefroren werden, begab sie sich nach ihren eigenen Versuchen erneut in Hormonbehandlungen, um genügend Eizellen zu produzieren. Die erste war lebensgefährlich: Etwa 50 Eizellen zählten die Ärzte. Normal sind viel weniger, im Durchschnitt zehn. Das deutet auf eine unverantwortlich hohe Dosierung hin. Viktoria erzählt, dass sie nur noch auf der Couch lag, ihre Kinder nicht mehr versorgen konnte, weil ihr Bauch schmerzhaft aufgebläht war. Der normalerweise drei bis fünf Zentimeter messende Eierstock vergrößerte sich auf 15 Zentimeter. Weil Thrombose- und Emboliegefahr bestand und Wasser in der Lunge festgestellt wurde, landete sie im Spital.

Viktoria hatte ein lebensgefährliches Überstimulierungssyndrom erlitten. Der Schuss vor den Bug hielt sie dennoch nicht von ihrer Mission ab. Der Arzt habe ihr versichert, dass es nicht wieder passieren könne, weil man die Dosis reduzieren werde. Doch Nebenwirkungen blieben. Auch beim nächsten Versuch hatte sie etwa 30 Eizellen, erzählt sie fast stolz. Obwohl sie gesundheitlich beeinträchtigt ist und

die Altersgrenze von 35 überschritten hat, denkt sie über eine weitere
Spende nach. In Ungarn ist die Eizellspende nur unter engen Verwandten möglich. Viktoria hat für nicht-verwandte Paare gespendet.
Zueinandergefunden hat man via Internet. Sie habe viele E-Mails erhalten mit Angeboten von bis zu 5000 Euro. Viele wollen die Eizellspenden vor der Familie geheim halten, deshalb suchen sie nicht in
der Verwandtschaft, meint Viktoria. Beim Notar, wo in Ungarn die
Eizellspende vereinbart werden muss, haben sie behauptet, verwandt
zu sein. Der Jurist hat die Angaben nicht überprüft. Beim dritten Mal
wandte sie sich mit einem Paar an eine österreichische Klinik, weil
sie von ungarischen Zentren aufgrund ihres Alters abgelehnt wurde.
Die Klinik bot dem Paar die Prozedur um 15 000 Euro an, obwohl
hierzulande eine Spenderin nicht älter als 30 sein darf. Ihnen war das
schließlich zu teuer.

Mittlerweile sind aus ihren Spenden zwei Mädchen entstanden.
Sporadisch hat sie mit den Eltern Kontakt. Die Kinder wissen nichts
über ihre genetische Mutter. Ihre Gefühle zu den zwei Kindern beschreibt sie so: »Ich weiß, die Babys sind auch von mir, aber sie sind
nicht meine Kinder. Sie sind nicht in meinem Bauch gewachsen, ich
habe sie nicht zur Welt gebracht, und sie werden wahrscheinlich nie
etwas über unsere ›Zusammenarbeit‹ erfahren.« Distanz zu wahren
fällt ihr aber schwer: »Ich habe beide Schwangerschaften begleitet, ich
war aufgeregt und habe mich geängstigt um sie. Es hat mir wohlge-
tan, wenn sie mich nach den Untersuchungen angerufen haben, dass
alles in Ordnung ist, und ich hab auch vor Freude geweint, als die
Kinder auf die Welt gekommen sind. Es ist ein phantastisches Gefühl, dass ich zwei verzweifelten Paaren helfen konnte. Aber es ist auch
seltsam zu sehen, wie ähnlich sich diese Kinder und meine Kinder sehen.« In ihr Tagebuch notiert sie: »Der Geburtstermin nähert sich, die
Sehnsucht nach einem Baby produziert bei mir physische Symptome,
Morgenübelkeit, in mir nagt eine Leere. Sooft ich eine junge Mutter
sehe, durchdringt mich gleichzeitig der Jubel und die Verzweiflung.«

Ich schwanke zwischen Bewunderung und Mitleid, als ich sie in
Székesfehérvár in einem Café gleich beim Theater treffe. Anerken-

nende Worte bleiben mir im Hals stecken. Weil sie so kränklich und müde wirkt, überwiegt das Unverständnis. War es das wirklich wert? Sie sagt, sie bereue es nicht, aber das zweite Mal hätte sie nicht machen sollen, auch ihr Mann war dagegen. »Ich habe meine Gesundheit gefährdet, das hat mir vielleicht drei Monate von meinem Leben gekostet, aber diese Familien haben nun ein Kind.« Doch warum waren ihr ihre eigenen Kinder nicht wichtiger als unglückliche, kinderlose Paare? Warum hat sie nicht wenigstens Geld für diese Tortur genommen? Opfern sich besonders Frauen gerne? Und wieso glauben Frauen, die Probleme anderer Frauen lösen zu müssen?

Die britische Ethnologin Monica Konrad wertet die Eizellspende als Geschenk als einen Versuch, mit dem eigenen Schicksal etwas Bedeutungsvolles für andere zu erreichen. Viktoria strahlt die Aura einer Heiligen aus, die großflächigen Tattoos und der Punk-Stil stehen dazu im Kontrast. Ihr Mann hat sie ins Café begleitet, er schweigt die meiste Zeit. Wie Studien zeigen, fühlen sich Frauen schuldig für die Unfruchtbarkeit ihrer Männer und suchen nach einer Kompensation. Doch eine Eizellspende ist kein gutes Werk, sondern gefährdet die eigene Gesundheit. Bei Veronika wurden zu Jahresbeginn 2015 Zysten und Myome festgestellt. Für ihre selbstlose Aufopferung konnten sich Frauen wie sie früher den Himmel verdienen, heute die Anerkennung von Frauenpolitikerinnen.

DIE GÜTIGE SCHWESTER

Wieso glaubt man auch, dass altruistische, innerfamiliäre Spenden nur problemlos seien? Nur weil Schwierigkeiten auftauchen können, müsse man es nicht weiterhin verbieten, findet die Biochemikerin Renée Schröder. »Wer maßt sich an, einer Frau zu verbieten, von ihrer Schwester eine Eizellspende zu empfangen?« Extrembeispiele werden immer gerne angeführt: Geht es um die Freigabe der Eizellspende, tummeln sich plötzlich so viele nette Schwestern und Freundinnen, denen der böse Staat verbietet zu spenden. Abgesehen davon, dass bei

Schröders Aussage auch viel Moral mitschwingt, die sie den Gegnern vorwirft, ist eine selbstlose Gabe unter Schwestern nicht unkompliziert. Die Tante ist gleichzeitig die genetische Mutter, und ob sich Schwestern immer so gut verstehen, ist nicht ausgemacht.

Psychologin Karin Tordy kritisiert die Idealisierung der innerfamiliären Eizellspende: »Es ist oberflächlich, so zu tun, als wäre es unter Schwestern eine selbstlose, gar selbstverständliche Hilfestellung. Die Eizellspenderin wird ja zukünftig oft mit dem Kind konfrontiert, bei jedem Familientreffen. Darf sie eine besondere Nähe zu dem Kind entwickeln? Darf sie gar mitreden bei der Erziehung? Bei der empfangenden Schwester können Phantasien, die ja Realität sind, entstehen wie ›mein Mann hat ein Kind mit meiner Schwester‹, sie wird das Kind, die Schwester und den Mann vermutlich genau beobachten. Auch unter Geschwistern gibt es Streit, Eifersucht, Konkurrenz. Einfach ist das sicher nicht, es erfordert eine außergewöhnlich gute Gesprächskultur in der Familie. Und doch wird dieses Vorgehen oft unreflektiert empfohlen und als gute Möglichkeit dargestellt.« Die Kinderärztin Katharina Kruppa findet, dass man über Ausnahmen immer reden muss, doch sie fragt: »Diese Schwester setzt sich einem hohen Risiko aus. Warum nimmt man das in Kauf? Ist das wirklich wert, die Gesundheit zu gefährden? Ist es das, was sich ein Kind wünschen würde?« Natürlich müssen diese Bedenken kein gesetzliches Verbot rechtfertigen, doch indem die Folgen bagatellisiert werden, nur damit das Verbot fällt, steigt auch die Gefahr, unreflektiert an die Sache heranzugehen. Darüber, dass sich im Familien- oder Freundeskreis einer kinderlosen Frau der Druck auf fruchtbare Frauen erhöht, schweigt man ebenso wie über komplexe biologische Verbindungen. Das kann mit guter Begleitung alles gutgehen. Nur, in welcher Klinik gibt es diese Begleitung? Die Psychoanalytikerin Marianne Springer-Kremser ist skeptisch: »Es ist zwar primär eine Frage, wie die Frauen, etwa Eizellenspenderin, soziale Mutter und vielleicht auch noch Leihmutter, miteinander umgehen, aber ich stelle mir das sehr schwer vor. Da erwartet man einfach zu viel. Über so viele Schatten kann kaum jemand springen.«

Gesundheitsministerin Sabine Oberhauser behauptete gar in einer TV-Debatte: »Ich kenne sehr viele im Bekanntenkreis, wo solche Dinge (*Eizellen gratis zur Verfügung stellen, Anm.*) passieren.« Der neben ihr sitzende Arzt Heinz Strohmer pflichtete ihr sofort bei, »durchaus, durchaus machen das Frauen gratis«. Meiner Anfrage bei Strohmers Klinik, ob ich mit so einer selbstlosen Eizellspenderin sprechen könne, wenn es doch so viele gebe, wurde nicht entsprochen. Auch mit keiner einzigen der rund 3000 Eizellspenderinnen, die Stephan Machac in seiner Klinik angeblich zur Verfügung hat, konnte ich sprechen. Samenspender kann man auch selten nach ihren Motiven fragen: Arzt Leonhard Loimer ist nicht behilflich bei der Vermittlung, obwohl er nach eigenen Angaben 120 Männer im Pool hat: »Samenspender sind wie scheue Rehe und wollen nicht am Nasenring vorgeführt werden. Ich brauche meine Spender selbst und werde sie nicht der öffentlichen Meinung aussetzen.«

Die Anonymität müsse gewahrt bleiben, ja, aber eines muss auch gewahrt bleiben: die Idylle der wunderbaren Großherzigkeit und des Edelmuts. Lässt man die Eizellspende zu, bedeutet es auch, das Geschäft damit zuzulassen. Daran kommt man nicht vorbei. Oft wird der Vergleich mit der Organspende bemüht, doch es ist unzulässig, eine Spende, die Leben rettet, mit einer Eizellspende auf eine Ebene zu stellen. Die Lebensqualität von Betroffenen, die unter Kinderlosigkeit leiden, *kann* sich verbessern, aber es handelt sich nicht um eine dramatische Überlebensfrage. Mit dieser Gleichsetzung führt man Frauen hinters Licht, sowohl Spenderinnen als auch Empfängerinnen, ist die Psychologin Karin Tordy überzeugt. Nur die Bedrohung von Leben und Gesundheit rechtfertigen Organ-, Plasma-, Knochenmark- und Blutspenden, denn auch hier nehmen Spender mehr oder weniger große Risiken auf sich. »Spende« ist in vielen Fällen ein absolut irreführendes Wort, denn es ist ja nicht wie beim Blutspenden, wo man zum Dank und für einen stabilen Kreislauf Cola und Manner Schnitten bekommt. Je mehr Geld eine junge Frau braucht, desto öfter wird sie versuchen, zu spenden, notfalls bei verschiedenen Kliniken in verschiedenen Ländern. Mal in Budapest, mal in Wien, mal in Bratislava, mal in Brno. Wer überprüft das ohne zentrale Spenderregister?

RELIGIÖSE UND ANDERE GRÜNDE

An Argumenten – plausiblen und weniger plausiblen – fehlt es den Befürwortern der Reproduktionsmedizin nicht. Völlig absurd wird es, wenn Altes und Neues Testament zur Legitimation der Leihmutterschaft herhalten müssen. Schon Sara und Rahel hätten Leihmütter gehabt, ihre Dienstmägde Bilha und Hagar. Maria wäre ebenfalls eine gewesen: für Gott, der Jesus durch sie austragen ließ; Josef sei der soziale Vater, der Heilige Geist der Samenspender. Nicht nur Theologen werden sich an den Kopf greifen, aber so soll tatsächlich belegt werden, dass Leihmutterschaft ganz normal sei, gar den göttlichen Segen habe.

Willi Weisz von der Wiener Israelitischen Kultusgemeinde stößt sich am absoluten Verbot der Leihmutterschaft, »obwohl das alte biblische Tradition ist«. Denn es gab »Sara, Lea und Rahel, die ihre Mägde ihrem Mann zuführen, damit sie Kinder im Namen von ihnen gebären. Es ist von der Technik her nicht das, was Leihmutterschaft heute wäre, aber im Prinzip ist es dasselbe.« Er hat schon recht, im Prinzip ist es dasselbe. Nur die Technik, nun ja, die war anders: Die damaligen Elitefrauen schickten ihre Mägde nicht zum Arzt, sondern sie wurden zum Geschlechtsverkehr mit ihrem Herrn und Gebieter gezwungen, also vergewaltigt. Sie waren Sklavinnen und mussten zu Dienste stehen. Dass ihre Namen kaum bekannt sind, jene ihrer Herrinnen sehr wohl, ist eine Parallele zur heutigen Praxis.

Amy aus Kanada bietet sich mit folgender Begründung als Leihmutter an: »Es würde mich sehr freuen, wenn ich für Ihre Familie ein Segen sein könnte. Ich glaube, ich habe eine christliche Pflicht, meine Liebe zu erweitern. Ich bin eine tiefgläubige Christin, ich singe im Kirchenchor und arbeite als Lagerarbeiterin in einem Supermarkt.« Sonst würden viele religiöse Motive abstrus finden, doch wenn es ins

Konzept passt, halten Ärzte und Auftraggeber sie für bewundernswert. Dass man auch von religiöser Irrung sprechen könnte, hört man dann nicht so gerne. In Amerika wird Leihmutterschaft auch von einzelnen Kirchen propagiert, es heißt, man sei eine Heldin. In der Sonntagsmesse werde ihr gratuliert, erzählt ein Vater von einem einschlägigen Erlebnis. Eine Auftraggeberin, die zwei US-Leihmütter engagiert hat, behauptet: »Ich habe keine Frau getroffen, die das nur aus Geldgründen gemacht hat. Sie haben alle einen sehr persönlichen Grund. Meine erste Leihmutter hatte mit 16 eine ungewollte Schwangerschaft, die Eltern sind mit ihr zur Abtreibung gefahren. Sie ist sehr gläubig und hat sich das nie verziehen. Es war schwierig für sie in den ersten Tagen nach der Geburt, die Hormonschwankungen, es ging ihr natürlich nicht gut. Aber sie hat mir gesagt, es hat ihr so viel Seelenfrieden gegeben, denn sie hat den Fehler in ihrem Leben wiedergutgemacht. Sie war sogar uns dankbar, dass wir ihr das ermöglicht haben.« Neben diesem Motiv führt sie noch andere an: »Es gibt auch Frauen, die damit leichter Geld verdienen als mit anderer Arbeit. Eine meinte zu mir, so habe sie ein Jahr lang ein Einkommen und könne bei ihren Kindern zu Hause bleiben. Oder Frauen, die ihren Job und damit ihre Krankenversicherung verloren haben. Durch die Leihmutterschaft sind sie wieder eineinhalb Jahre versichert. Was ist daran schlecht? Sie haben ja ihre eigenen Kinder, viele bekommen danach selbst wieder eines, um die Lücke zu schließen.«

All diese Argumente, die mich von den Vorteilen überzeugen sollen, überzeugen mich nicht: Krankenversichert zu sein sehe ich als ein Grundrecht an, das man sich nicht verdienen muss. Es sollte auch anders möglich sein, seine Kinder zu Hause betreuen zu können. Ein Kind bekommen zu müssen, um eine Lücke zu schließen, weist darauf hin, dass es eben nicht so einfach ist, all das wegzustecken. Die Vorstellung, wegen einer Abtreibung eine Schuld tilgen zu müssen, ist eher eine Indikation für Psychotherapie als für Leihmutterschaft. Und: Wenn die Mildtätigkeit und die Nächstenliebe so entscheidend sind, warum fließt dann Geld?

WIR WISSEN WENIG
BIS GAR NICHTS

Alle reden über Eizellspenderinnen und Leihmütter: Politiker und Ethikkommission versichern, sie würden es nur aus altruistischen Gründen machen. Ärzte versichern, es bestehen keine größeren Risiken. Alle wissen alles ganz genau. Aufgrund welcher Studien und Statistiken? Wo behauptet das eine Eizellspenderin? In welchem Medium? Und selbst wenn sie es behauptet: Ist das wirklich ihr Hauptmotiv, und repräsentiert sie die Mehrheit der Frauen? Wo steht, dass es keine Langzeitfolgen gibt? Trotzdem geben viele Politiker und Ärzte vor, alles zu wissen und unter Kontrolle zu haben. Tatsache ist, dass es kaum bis gar keine Studien dazu gibt. Im Grunde wissen wir über Motive wenig, über Folgeschäden so gut wie gar nichts. Seltsamerweise wird auch die Forschung darüber nicht forciert, auch nicht vehement eingefordert, wie es einer Gesundheitsministerin und einer Bioethikkommission gut anstünde.

Die Eizellspende ist deshalb so kostbar und begehrt, weil die Anzahl, über die eine Frau im Laufe ihres Lebens verfügt, pränatal festgelegt ist und schwindet. Der Bedarf des IVF-Markts und der Stammzellforschung ist weltweit enorm. »Die Spende erfolgt mit frisch gewonnenen Spender-Eizellen, um eine optimale Schwangerschaftsrate von bis zu 80 Prozent gewährleisten zu können«, verspricht Arzt Leonhard Loimer. Hochtrabende Versprechungen sind das, denn laut ESHRE liegt die Rate 2014 bei etwa 47 Prozent. Der Markt bietet die ganze Bandbreite: was für das kleine Geldbörsl und auch in Kategorien, wo man über Preise besser nicht mehr spricht. »Donor information a la carte« wird versprochen. Doch es gibt keinerlei Garantie, dass die Merkmale so vererbt werden, wie erwünscht. Denn vielleicht kommen Gene des Großvaters der Spenderin durch, der klein und schwarzhaarig war? Vielleicht die Oma mit ihrer großen Nase? Es gibt auch seltsame Sprachbilder: Die Medizin spricht von »egg cell harvest«, Eizellenernte. Solche Begriffe lassen, so die Ethikerin Carmel Shalev, die Frauen »wie einen passiven Organismus erscheinen: ein

Feld, das sein Getreide liefert, nachdem es durch die hormonale Land-
wirtschaft der medizinischen Technik gedüngt und kultiviert wurde.«

Um das neue Gesetz möglichst sozial und restriktiv darzustellen,
sprechen einige Ärzte in den Medien erneut nur von einer kleinen
Gruppe: junge Frauen, die vorzeitig in den Wechsel kommen, und
Frauen, die Krebserkrankungen überstanden hätten, obwohl es für
Letztere ohnehin die Möglichkeit gibt, ihre eigenen Eizellen vor einer Bestrahlung einfrieren zu lassen. Doch für sie sei das neue Gesetz,
heißt es, für sie brauche man Eizellspenden. Ob das so zutrifft, ist
anhand fehlender offizieller Zahlen wieder einmal nicht überprüfbar.
Doch durch viele Gespräche mit Ärzten ist klar, dass vor allem der Anteil von älteren Frauen zunimmt und sie in Wahrheit die primäre Zielgruppe sind. Wie viele Frauen über 40 in Österreich behandelt werden, ist nicht bekannt, weil nur jene Fälle gemeldet werden, die vom
Staat finanziell unterstützt werden, und das sind nur Frauen unter 40.

Selbst wenn man für die Freigabe der Eizellspende ist, muss man
einfordern, dass sowohl die Paare als auch die Spenderin umfassend
über Risiken und Probleme aufgeklärt werden, und zwar nicht – wie
derzeit in Österreich vorgesehen – vom Arzt, der die Behandlung
macht, sondern von einer unabhängigen Stelle. Auf der Website der
Klinik »Goldenes Kreuz« ist bloß von »Risiken für die Empfängerin«
die Rede. In Bezug auf die Spenderin wird nur betont, wie genau sie
und ihre Eizellen untersucht werden. Das Bewusstsein dafür, dass der
behandelnde Arzt befangen sein könnte, ist nicht selbstverständlich:
Als bei einer TV-Debatte im *ORF* Martina Kronthaler von »Aktion
Leben« diese Praxis kritisierte, sagte Moderatorin Lisa Gadenstätter
ganz unvoreingenommen über Arzt Andreas Obruca: »Ich glaub, wir
können dem Doktor vertrauen, dass er in dem Fall gut berät.« Ob
das der Fall ist, darf angezweifelt werden, wenn man seinem Kollegen Heinz Strohmer im *Kurier* zuhört: »Die gleiche Behandlung wie
bei Eizellspenderinnen findet in Österreich täglich bei Frauen statt,
denen wir die Eizellen für eine künstliche Befruchtung mit dem Samen ihres Partners entnehmen. Wenn das so riskant oder schmerzhaft wäre, könnten wir das nicht tun. Die Reproduktionsmedizin ist

sehr sicher geworden – kein Vergleich zu vor 20 Jahren. Hormonelle Überstimulationen etwa sind heute extrem selten und die absolute Ausnahme. Es gibt keine negativen Langzeitfolgen der Eizellspende.«

Vielleicht sollte er dem deutschen und österreichischen Institut für Technikfolgenabschätzung einen Tipp geben, woher er das weiß, denn deren Experten haben eine andere Einschätzung. Die deutschen Forscher halten fest: »Völlig unbekannt sind zurzeit die Situation der Eizellspenderinnen und Leihmütter, die ihre ›Dienste‹ deutschen Paaren zur Verfügung stellen, sowie die langfristigen körperlichen und psychischen Folgen für diese Frauen. Hier gilt es, in Kooperation mit ausländischen Zentren Forschungsprojekte zu initiieren.« Bisher ist keine Initiative bekannt, die Kliniken selbst tun sich hier erwartungsgemäß nicht hervor. Außerdem sind Überstimulierungen nicht »extrem selten«: 2014 wurde laut IVF-Jahresbericht in 40 Prozent der Fälle ein IVF-Zyklus nach der Punktion aufgrund einer Überstimulierung abgebrochen. Das sind immerhin 343 Versuche. Laut ESHRE wurden 2011 europaweit 1683 Fälle von Überstimulierung registriert. Das deutsche Institut für Technikfolgenabschätzung geht davon aus, dass bei europaweiten Angaben generell nur die mittleren und schweren Fälle genannt werden. »Die Eizellenspenderinnen tragen das medizinische Risiko der hormonellen Stimulation und Punktion, einschließlich Narkoserisiken. Zu bedenken ist, dass Spenderinnen nicht immer umfassend über mögliche Komplikationen aufgeklärt werden, und dass grundsätzlich die Möglichkeit besteht, sie stärker hormonell zu stimulieren als Paare, die sich einer Behandlung mit eigenen Gameten unterziehen, damit möglichst viele Eizellen gewonnen werden können. Dies kann mit erheblichen medizinischen Komplikationen einhergehen und auch langfristig negative Folgen für die betroffenen Frauen haben.« Die Stimulierung von jungen, fruchtbaren Frauen ist keinesfalls mit der von Patientinnen mit Fruchtbarkeitsproblemen zu vergleichen. Wieso das ein Arzt in den Medien behauptet, ist die Frage.

Die Ethikerin Claudia Wiesemann stellt es ebenfalls als sehr unproblematisch dar: »Es ist ein kleiner invasiver Eingriff für die Spende-

rin. Mittlerweile weiß man aus Tausenden von Untersuchungen und
Spenden, dass die Risiken für die betroffene Frau doch sehr niedrig
sind und alle bislang aufgetretenen Komplikationen beherrschbar waren. Bei den Risiken bewegen wir uns im Promillebereich, die Daten
sind sehr gut, die wir hier zur Verfügung haben.« Doch vor allem die
Langzeitfolgen für Spenderinnen sind wenig absehbar, betont die Ärztin Hildegunde Piza. »Beim ersten Mal stört es vielleicht nicht, doch
bei mehreren Zyklen ist das wie eine Kaskade, weil die Hormone länger im Körper bleiben.«

Der Gynäkologe Rainer Wiedemann hält fest: »Insgesamt finden
sich nur wenig qualitativ ausreichende Studien. Sowohl Patientin wie
auch Arzt müssen akzeptieren, dass die zurzeit verfügbare Beweislage
nicht so sicher ist. Prinzipiell kann bei jeder Patientin eine Überreak-
tion der Eierstöcke auftreten. Ein sicheres Vermeiden oder eine genaue Abgrenzung der ›Risikopatienten‹ ist nicht möglich. Falls man
das Risiko der Überstimulation klein halten will, muss man auf diese
Behandlung verzichten.« Krebserkrankungen der Frau sind häufig
hormonabhängig, vor allem Eierstock- und Brustkrebs. Clomifen
oder Gonadotropine, die für die Stimulation verwendet werden, sind
Hormone, die auch die Konzentration der Sexualsteroide beeinflussen. Daher wird befürchtet, dass das Risiko für Krebserkrankungen
erhöht sein könnte. Genetiker weisen auch auf die Risiken besonders
für Frauen hin, die Trägerinnen eines mutierten Brustkrebsgens sind
und eine Stimulierung samt IVF durchführen lassen, um mittels PID
einen Embryo mit der Mutation auszuschließen.

Eine der wenigen Studien über Eizellspenderinnen ist eine von
ESHRE, die 2013 veröffentlicht wurde. Auch die Fachgesellschaft betont darin, dass viel zu wenig bekannt sei über die Spenderinnen. Die
Befragung von 1423 Eizellspenderinnen in elf europäischen Staaten
hat ergeben, dass zwar 46 Prozent altruistische Gründe angeben, aber
32 Prozent meinten, sie seien zwar auch altruistisch motiviert, doch sie
würden sich auf jeden Fall Geld erwarten. Zehn Prozent waren nur
an finanziellen Zuwendungen interessiert. Die meisten Spenderinnen waren unter 30 Jahre alt, »je jünger die Spenderinnen, desto mehr

ist das Geld die Motivation«, schreiben die Forscher. Purer Altruismus liegt vor, wenn innerhalb der Verwandtschaft gespendet wird, was allerdings sehr selten sei. Meistens sei es eine Kombination von Altruismus und Geld, eine Gruppe der Spenderinnen sei nur am Geld interessiert; vor allem in bestimmten Ländern, zum Beispiel in Griechenland (39 Prozent), noch höher sei der Anteil in Russland (47 Prozent), wo besonders arbeitslose und ärmere Frauen spenden würden. Die Frauen bekommen zwischen 500 und 1000 Euro. »Die meisten Spenderinnen sind zwar motiviert, anderen Frauen zu helfen, doch das Geld überzeugt sie, es tatsächlich auch zu tun«, fasst Guido Pennings vom Bioethik-Institut im belgischen Ghent zusammen.

LEIHMÜTTER GESUCHT

Es fehlen die Frauen, die ihre Gebärmutter vermieten. Wo sind sie denn, wieso sieht man sie so selten, wieso hört man sie nicht? Sie werden nicht interviewt, sie sitzen in keinen Talkshows. Es gibt kaum NGOs, die sich für sie einsetzen und Presseaussendungen schreiben. Leihmütter erhalten vor allem dann breite mediale Aufmerksamkeit, wenn sie nicht spuren, wie die thailändische Leihmutter Pattharamon Januba, die Zwillinge für ein australisches Ehepaar zur Welt brachte. Das Kind mit Trisomie 21 blieb ihr. Dieser Fall hat die Praxis ein wenig aus der glamourösen Celebrity-Aura katapultiert und gezeigt, welche Machtverhältnisse bestehen. Elton John oder Elitefrauen wie Nicole Kidman oder Sarah Jessica Parker haben nicht nur Personal für Haus und Hof, sondern auch eine Leihmutter eingekauft. Wohlhabende lagern Dienste aus: So wie ein Kindermädchen für die Kinderbetreuung sorgt, eine Köchin ein mehrgängiges Menü zaubert, eine Putzfrau die Sauberkeit ins Haus bringt, nimmt eine Frau für sie die Mühen des Kinderkriegens auf sich. Fairerweise muss man extra betonen, dass ein ethischer Unterschied besteht, ob eine Frau nach einer Krebserkrankung eine Leihmutter engagiert oder ein schwules Paar oder eine Frau, die keine Schwangerschaftsstreifen erleiden will.

Die prominenten Fälle legen das Machbarkeitsdenken von Wohlhabenden und die Degradierung von Schwangerschaft und Geburt
zu einer bezahlbaren Dienstleistung offen. Das Kind wird dabei zur
Ware. Dass das viele gar nicht mehr schlimm finden, zeigt nur, wie
nutzenorientiert und ökonomisch wir denken. Statements von Prominenten, die berichten, dass ihre Kinder nun »das größte Glück«
für sie seien, dazu noch idyllische Familienszenen mit der Botschaft
»ist doch alles gut und wunderbar«, verschleiern weniger lichtvolle
Aspekte. Die Macht der Bilder – Kinderlachen und Kulleraugen –
machen mundtot. Kritik wirkt angesichts dieser Szenarien borniert
und missgünstig. Denn jeder Mensch wird emotional reagieren, wenn
er kleine Kinder sieht. Das Kindchenschema schlägt unaufhaltsam
zu. Damit wird das Thema aber auf eine emotionale Ebene getragen,
wodurch rationale, ethische Bedenken keine Chance mehr haben.
Gezeigt werden obendrein nur Fotos mit den süßen Kleinkindern,
wachsen sie zu Teenagern heran, mit einem eigenen Kopf und vielen
Fragen, ist alles nicht mehr so paradiesisch. Selbst wenn alles nicht
nur gut ausschaut, sondern für alle Beteiligten auch gut verläuft, muss
man dennoch fragen dürfen, ob eine ethische Bewertung sich nur am
Wohlfühlglück orientiert. Auch wenn am Ende ein süßes Kind dasitzt, das seine Eltern glücklich macht, muss man festhalten, dass es
durch ein Geschäft erkauft wurde.

Angaben über die Motive für eine Leihmutterschaft sind mit Vorsicht zur Kenntnis zu nehmen. Die Aussagen von Frauen sind meist
durch Ärzte und Auftraggeber gefiltert. Vereine, die sich für die
Frauen engagieren, wie »Aktion Leben«, sprechen über sie, die Frauen
selbst kommen nicht zu Wort. In Videos der Initiative »Hands Off
Our Ovaries« von Pro-Life-Aktivistinnen treten zumindest Spenderinnen und Leihmütter vor die Kamera. Auch was eine Leihmutter
oder Eizellspenderin zu Eltern und Ärzten sagt, ist oft gut überlegt.
Die Leihmutter Elena sagte mir in Bukarest: »Vor ihnen (*den Auftrag-
gebern, Anm.*) werde ich so tun, als ob ich glücklich bin, ihnen das
Baby übergeben zu können. Ich werde ihnen sagen, dass ich so gerne
schwanger sein und helfen will. Sie werden nie erfahren, wie das wirk-

lich für mich ist.« Berichte sind zumeist aus der Perspektive der Paare geschrieben, auch einer in der *Süddeutschen Zeitung* über ein schwules Paar: »Um Väter zu werden, mussten die beiden Männer jahrelang in Indien und Kalifornien nach Hilfe suchen.« Das Verbot wird nur als Zumutung dargestellt, die bedauernswerten Paare müssen im Ausland »Hilfe suchen«. Die beteiligten Frauen in den USA tauchen zumindest in Text und Bild auf, die indischen Frauen bleiben unsichtbar. Fragen nach der Mutter werden von dem Paar so gesehen: »Kinder vermissen etwas, was sie kennen. Wir sind für sie die Eltern, also vermissen sie nichts.« In Büchern wie »Das Regenbogenexperiment« oder »Regenbogenfamilie«, von Frauen geschrieben, wird das Thema Leihmutterschaft zwar behandelt, aber es fehlt immer die Perspektive der Frauen. Bei dem Thema nur politisch korrekt die reproduktive Freiheit zu sehen, macht ganz offenkundig ziemlich blind und taub.

Der Arzt Leonhard Loimer propagiert die Legalisierung der Leihmutterschaft ganz offen, und hier ist er auch hilfsbereiter als bei der Frage um Interviews mit einem Samenspender oder einer Eizellspenderin. Er schreibt sofort Telefonnummer und Adresse eines Ehepaares auf, das Kinder durch eine US-Leihmutter hat und »sehr gerne« für ein Interview zur Verfügung stehen würde. Auch das Paar betont, dass diese Option bekannter und in den Medien endlich »positiver dargestellt« werden soll. Als Argument für die Freigabe dient erneut eine kleine Gruppe, jene Frauen, die durch Krebs keine Gebärmutter mehr haben. In einer Debatte im *ZDF* trat als Betroffene Susanne G. auf. Die Leihmutter sei für sie »wie eine Schwester, die ich nie hatte«, es sei eine »hervorragende Erfahrung« gewesen. Die Leihmutter ist aber in der Sendung weder zu sehen noch zu hören. Sie würde sich auch nicht ganz ehrlich vor ihrer »Kundin« äußern können. Sie ist und bleibt eine Randfigur, im Leben, in der Familie, in den Medien. Obwohl es ohne sie die Kinder nicht gäbe, obwohl sie »wie eine Schwester« ist.

Absurd mutet auch die Aussage des neben Susanne G. stehenden Arztes Matthias Bloechle an. »Es muss ja auf diesem kommerziellen Weg gehen. Wäre ja denkbar, dass es eine Freundin oder die Schwester macht, eine Mutter, wenn sie noch jung genug ist. Das unterbinden wir alles, und dann drängen wir die Leute dazu, kommerzielle Angebote wahrzunehmen, und dann sagen wir hinterher, das ist ja kommerziell. Das ist nicht sehr aufrichtig.« Bloechle wird seine Gründe haben, warum er die Lage so darstellt, denn niemand unterbindet Leihmutterschaft im privaten Bereich. Das Thema ist, ob der Staat diesen Vereinbarungen einen rechtlichen Rahmen geben soll, damit eine Leihmutterschaft samt Eizellspende legal durchführbar ist. Da es logisch ist, dass so eine Vereinbarung meistens nur mit Vertrag und Geld funktioniert, ist es umso seltsamer, dass ständig von altruistischen Formen gesprochen wird. Auch Bloechle tut so, als ob sich genügend selbstlose Frauen dafür finden würden. Was bei der Eizellspende gilt, gilt für die Leihmutterschaft umso mehr: Die Nachfrage wird größer sein als das Angebot. Die Nachfrage schafft das Angebot, wenn Geld fließt. So funktioniert der Markt. Und eines ist sicher: Die größten Profiteure sind die Ärzte und Vermittler.

DEIN BAUCH GEHÖRT UNS!

Schätzungen zufolge bewegt sich der weltweite Umsatz bei Leihmutterschaft um die vier Milliarden US-Dollar. In Thailand sollen sich pro Jahr 2000 Paare den Kinderwunsch mithilfe einer Leihmutter erfüllen. Es ist unbefriedigend, sich auf solche Schätzungen berufen zu müssen, doch dass es genaue Zahlen gibt, liegt nicht im Interesse der Kliniken. Sie müssten sie schließlich liefern, dazu aber auch die Zahlen über Fehlversuche, über Abbrüche und Missbildungen. Offizielle Zahlen gibt es nicht. Da scheitert auch das Europäische Parlament, das 2013 einen Bericht über Leihmutterschaft bei Forschungseinrichtungen wie der London School of Economics in Auftrag gegeben hat. 13 Kliniken in sechs Ländern wurden angeschrieben und um Daten gebeten, nur sechs haben reagiert. Bei den Zahlen, die vorgelegt wurden, ist ein deutlicher Anstieg zu beobachten. 2013 wurden in Frankreich 200 Kinder geboren, in Großbritannien zählte man 149 Kinder. Die Leihmütter stammten vor allem aus Indien, der Ukraine, Russland und den USA. Da viele Kliniken nicht offiziell registriert sind, haben die Behörden keinerlei Überblick, wie oft Leihmutterschaft vorkommt.

Angesichts des wachsenden Marktes hat 2012 auch die niederländische Berichterstatterin über Menschenhandel Corinne Dettmeijer erstmals einen Bericht über Leihmutterschaft veröffentlicht. Für sie fällt Leihmutterschaft unter Menschenhandel, weil es ein »Missverständnis« sei zu glauben, es gehe nur dann um Menschenhandel, wenn tatsächlich Menschen gehandelt werden. Der Vermittler sei demnach derjenige, der die Leihmutter ausbeutet. Die Ärzte seien Unterstützer, die Wunscheltern an der Ausbeutung beteiligt, aber als Nutznießer und Konsumenten zu bezeichnen. Die Wunscheltern könnten zwar wegen Menschenhandel nicht rechtlich belangt werden, doch Dettmeijer fordert die Staaten auf, die Paare von ihrem Vorhaben abzubringen und sie auf die Ausbeutung und die Risiken für die Leihmutter explizit hinzuweisen. Dass ein globaler Ansatz nötig sei, um das Problem in den Griff zu bekommen, betonen beide Berichte.

Die Preisunterschiede sind enorm: 20 000 bis 30 000 Dollar kostet das gesamte Programm in Indien, in den USA muss man mit bis zu 150 000 US-Dollar rechnen. Die Leihmutter bekommt davon einen marginalen Anteil: In Indien maximal 6000 US-Dollar, was aber bei einem Pro-Kopf-Einkommen von 1200 US-Dollar sehr viel Geld ist. In den USA kann sie mit 30 000 US-Dollar rechnen. Doch wenn man den Betrag auf die tatsächliche »Arbeitszeit« herunterrechnet, kommt man auf einen Lohn, der unter jedem Mindestlohn liegt. Außerdem bekommt sie das Geld nur, wenn sie ein gesundes Kind »liefert«. In den EU-Staaten ist Leihmutterschaft nicht überall verboten, viele Staaten wie Tschechien, Ungarn oder Rumänien haben keine speziellen Gesetze, was vieles im Graubereich ermöglicht. Beispiel Tschechien: Man kann es privat mithilfe eines Anwalts regeln, im Konfliktfall sind alle Vereinbarungen null und nichtig. »Wir machen die Behandlung im Fall von Leihmutterschaft etwa drei- bis sechsmal im Monat, aber die Patientinnen müssen medizinische Gründe angeben, und sie müssen die Leihmutter mitbringen. Dann gehen sie zum Anwalt, setzen einen Vertrag auf. Wenn wir wissen, dass alles in Ordnung ist, machen wir die Behandlung«, schildert Arzt Stephan Machac. Ein Institut in Zlín ist ebenfalls nicht zurückhaltend und eröffnet die Website mit der Schlagzeile: »Leihmütter haben auch bei uns schon Dutzende Kinder auf die Welt gebracht.« Tschechinnen bieten ihre Gebärmutter per Inserat zur Vermietung an, mit recht unterschiedlichen Honoraren von 12 000 bis 50 000 Euro. In Österreich, Deutschland und der Schweiz ist Leihmutterschaft explizit verboten, ebenso in Frankreich. Doch auch wenn es restriktive, nationale Gesetze gibt, ist die wahre Herausforderung, die Gesetze auch zu vollziehen, sagt Rechtsanwältin Claire de La Hougue: »Es steckt hier so viel Geld dahinter, deshalb ist das so schwierig. Viele Menschen haben ein großes Interesse daran, dass Gesetze nicht vollzogen werden.«

»Altruistische Leihmutterschaft« ist zum Beispiel in Großbritannien und Griechenland erlaubt. Im Gesetz ist die Rede von einer »angemessenen Aufwandsentschädigung«. In Großbritannien muss mit bis zu 18 000 Euro gerechnet werden. In Griechenland müssen die Vertragspartner einen ständigen Wohnsitz und ein Naheverhältnis haben. Das Arrangement muss richterlich genehmigt werden. Doch laut einer Untersuchung des Soziologen Aristides Hatzis zeigt sich, dass die Richter Genehmigungen ausstellten, ohne zu überprüfen, ob ein Naheverhältnis vorlag. Hatzis sichtete 32 Urteile, nur in fünf Fällen lag Bekanntschaft vor und beide Parteien waren Griechen. Sonst waren die Frauen »die besten Freundinnen« aus Osteuropa. Das tatsächliche Ausmaß kann nur vermutet werden, denn die meisten Vereinbarungen werden unter der Hand getroffen. Der Jurist Takis Vidalis betont, dass keinerlei offizielle Statistiken vorliegen, wie viele Frauen aus dem Ausland nach Griechenland gebracht werden, um Eizellen zu »spenden« oder als Leihmutter zu arbeiten. Laut seiner Auskunft seien die Hälfte von ihnen Ausländerinnen, »was logischerweise bedeutet, dass ihre Motive nicht altruistisch sind. Viele von ihnen stammten aus Bulgarien, Rumänien, der Ukraine, Albanien, aber auch aus anderen Ländern. In diesen Fällen kann man sich fragen, ob eine illegale Geldüberweisung stattgefunden hat, weil es keine andere Erklärung dafür gibt, warum eine Ausländerin hier beteiligt sein möchte.« Auch bei Eizellspenden müssen alle Beteiligten Griechen sein. Die Serum IVF-Klinik in Athen gibt zu, dass man auch Spenderinnen aus Polen und der Ukraine in der Kartei habe. »Doch sie arbeiten und leben in Griechenland«, beeilt man sich zu sagen.

Von diesen Transfers haben mir auch Ärzte berichtet. Nicht nur griechische, auch spanische Kliniken sollen Frauen aus Osteuropa rekrutieren. Sie werden eingeflogen, untersucht, dann folgt die Eizellentnahme oder Leihmutterschaft, in der Zwischenzeit haben sie ein wenig Urlaub am Meer. Nach vollbrachter »Arbeit« können sie mit ihrem »Lohn« wieder nach Hause fahren, ohne dass die Familie zu Hause was mitbekommen hat. »Es ist sehr gut organisiert, ein äußerst lukrativer Markt«, sagt ein Arzt. Der rumänische Journalist Andrei Ciurcanu, der Frauen interviewt hat, die sich darauf eingelassen haben, berichtet, dass sie in Griechenland für 14 000 Euro ein Kind austragen. Es gebe Vermittler in Kreta, die die Frauen im Auftrag von Kliniken rekrutieren. Für die Polizei sei das nichts Neues: 2008 und 2010 wurden in Chania Vermittler verhaftet, nicht ausfindig machen konnte man die Auftraggeber. Gerald Tatzgern, Experte für Menschenhandel und international gut vernetzt, bestätigt, dass auch ihm das »immer wieder zu Ohren gekommen« sei, es »konnte aber nie richtig verifiziert werden, ob hier auch kriminelle Machenschaften im Hintergrund mitspielen«. Auf rumänischer Seite ist man nicht auskunftsfreudig: Die Nationale Transplantationsbehörde verweigert eine Interviewanfrage mit einem schlichten »NU!« per Mail.

Ähnlich floriert der Handel bei Eizellspenden, die nur unter Verwandten und nicht gegen Geld erlaubt sind. Eine Ärztin der Polisano-Klinik erklärt: »Eizellspende machen wir, aber wir können keine Spenderin vermitteln. Wir führen hier nur die Behandlung durch. Es wird nirgends offiziell auf Websites von Kliniken angeboten, das Geschäft ist illegal. Die Eizellspenderinnen tun es aber natürlich für Geld.« Im Oktober 2014 berichtete Ciurcanu auf dem Sender *Antena3* über illegale, profitable Praktiken in der Klinik »SabyC« in Bukarest. Vorgeworfen wurde den Ärzten hormonelle Überstimulierung und

Schwarzhandel. Die Spenderinnen bekamen etwa 200 Euro, während die Ausländer 3500 Euro für eine einzelne Befruchtung bezahlten. Zusätzlich erhielten die Frauen Geld, wenn sie andere Frauen angeworben hatten. Der Besitzer der Klinik und vier Ärzte wurden zu drei Jahren Haft verurteilt. Victor Zota, Vorstandsmitglied der Nationalen Transplantationsbehörde, war ebenfalls involviert und erhielt eine bedingte Haftstrafe von drei Monaten, seine Frau sechs Monate. Zota ist nach wie vor Koordinator in der Behörde.

EINE MILLION RUBEL

In Russland ist Leihmutterschaft laut Gesetz nur für heterosexuelle Paare oder alleinstehende Frauen zulässig, wenn es medizinisch notwendig ist. Doch de facto werden auch schwule und alleinstehende Männer von den Kliniken berücksichtigt, berichten die Anthropologinnen Christina Weis in St. Petersburg und Veronika Siegl in Moskau. 2012 wurden laut Angaben der »Russian Association of Human Reproduction« 943 Leihmutterschaftsprogramme begonnen, aber nur 336 Geburten registriert – nur bei einem Drittel führte der ganze Aufwand also zu einem Kind. Diese offiziellen Angaben sind im Übrigen viel zu niedrig angesetzt und mit Vorsicht zu genießen, betont Weis, denn allein die Agentur Surmama gibt an, 76 Kinder im Jahr 2014 auf diesem Weg zur Welt gebracht zu haben. Es gibt laut ESHRE etwa 138 Kliniken, dazu zahlreiche private Vermittler unbekannter Zahl. Die internationale Kundschaft nimmt zu, aber noch nicht in dem Ausmaß wie in Indien und den USA. Die Leihmütter erhalten zwischen 600 000 und einer Million Rubel »Honorar«, das sind etwa 8000 bis 15 000 Euro. Frauen haben wenig Chancen am Arbeitsmarkt, die Löhne sind mickrig, viele Sozialleistungen wurden gestrichen. So ist die Lage besonders für Alleinerziehende prekär: Eizellspende oder Leihmutterschaft sehen sie deshalb zunehmend als »Arbeitsmöglichkeit«. Die Kliniken stellen sich als Wohltäter dar, die den Frauen einen Verdienst ermöglichen.

Während Leihmutterschaft nur eine Option für Wohlhabende sowohl aus dem Westen als auch aus dem Land selbst ist, sind die Leihmütter stets an der unteren Einkommensskala angesiedelt. Von großer Freiheit ist auch deshalb nicht zu reden, weil Leihmütter keine Wahl haben, nur die Klinik und die Paare: Mehrere Versuche werden gemacht, auch wenn die Klinik weiß, dass das Paar nur Embryonen mit »mangelnder Qualität« hat. Die Leihmutter erfährt nichts davon. Ist ihr Baby aufgrund der Körpergröße der Wunscheltern zu groß für sie, hat sie ebenfalls Pech gehabt. Zudem wird erst die Schwangerschaft als Arbeit angesehen, für die sie bezahlt wird, nicht jedoch die Bemühungen, um überhaupt schwanger zu werden. Die Kliniken werden nicht unabhängig kontrolliert, zum Nachteil der Leihmütter, betont die Anthropologin Weis.

Die 28-jährige Natalia (*Name geändert*) hat sich darauf eingelassen. In ihrem Bauch wächst das Kind einer 36-jährigen Russin, die mit ihrem Mann in einem reichen Teil Moskaus lebt. Mehr wisse sie nicht und wolle sie auch nicht wissen, sagt sie. Bei der Frage nach Fotos wehren sie und ihr Mann Pavel entschieden ab: Niemand wisse davon, niemand dürfe davon wissen. Zumindest ist es möglich, Natalia unabhängig von ihrer Agentur und Klinik zu treffen. Sie schaut sehr jung aus, kindlich zart, ihren Fünf-Monate-Bauch sieht man kaum. Die beiden lachen viel: Sie sind jung, nicht naiv, aber sie nehmen nicht alles so ernst. Besonders Pavel macht unentwegt Scherze. Tiefer gehende Fragen quittiert er mit dem Satz: »Bei solchen Fragen brauchen wir andere Getränke als Wasser.« Nüchtern und klar erklärt Natalia: »Ich bekomme eine Million Rubel nach der Geburt und nun 20 000 Rubel pro Monat. Wir wollen uns dann ein Haus kaufen.« Anders hätten sie keine Chance, so schnell zu viel Geld zu kommen. »Wir könnten nur eine Bank ausrauben«, meint sie sarkastisch, denn einen Kredit zu bekommen, sei »utopisch«. Zu unsicher sei ihr Einkommen: Er arbeitet als Bauarbeiter, wenn es Arbeit gibt, sie ist Jusstudentin. »Wir sind Realisten, es gibt keinen anderen Weg. Aufgrund des Rubelkurses sind wir nun ohnehin unsicher, ob das Geld für ein Haus reicht. Wenn es nicht reicht, müssen wir eben viel selber machen.« Ihre monatelange Abwesenheit fällt zu Hause nicht auf, da sie öfters irgendwo arbeiten müssen. Ihr kleiner Sohn ist in dieser Zeit bei ihrer Mutter. Natalia erkundigt sich, wie viel eine US-Leihmutter bekommt, und schluckt unmerklich: Es ist doppelt so viel. Auf die Frage, was sie tut, wenn sich das Kind später bei ihr meldet, meint sie: »Das gehört ins Reich der Phantasie. Die Eltern werden dem Kind niemals sagen, wie es zustande kam, deshalb setze ich mich nicht mit dem Gedanken auseinander.«

Der Leihmutterschaftsvertrag sei sehr einfach – und indifferent. »Wenn es ein Problem gibt, kann man ihn so oder so auslegen. Mir ist vor allem wichtig, dass die Summe drinsteht, die ich am Ende bekomme.« Deshalb ist ihr auch nicht klar, was passiert, wenn das Kind behindert ist, weil darüber nichts festgelegt sei. Das sieht sie durchaus kritisch, weil man nicht so recht wisse, woran man ist. »Probleme werden besprochen, wenn sie auftreten«, meint sie schließlich. »Es gehört hier zum Alltag, dass die Leute vorher nichts sagen, und wenn dann was ist, sagen sie, ach, das wussten Sie nicht?« Der Zweck solcher Unklarheiten ist natürlich auch, die Frauen nicht von vornherein abzuschrecken. Behinderung würde durch pränatale Tests »ausgeschlossen«, ebenso durch die PID vor dem Transfer. Auch Geschlechterselektion werde durchgeführt. Die Beziehung zum Kind sei genau gleich wie bei der Schwangerschaft ihres eigenen Kindes. Ihr Mann meint: »Sie ist nur das Gefäß für dieses Kind.« Es sei eine natürliche Geburt geplant, was in Russland bei Leihmüttern üblich ist. Darüber, wie das wird, wenn das Kind gleich danach wegkommt, denkt sie nicht nach: »Ich bin kein sentimentaler Mensch. Mir ist es wichtig, dass das Kind gesund zur Welt kommt. Dann ist das für mich erledigt.« Pavel ergänzt: »Wenn das alles vorbei ist, nehmen wir den ersten Zug aus Moskau und sind weg.«

BIRTHING A MARKET

Die Ukraine fällt mit besonders reißerischen Angeboten auf: Auf der Website der Klinik Biotexcom in Kiew wird wie in einer Art »Babysupermarkt« mit Fotos von Babys in Windeln und daneben mit Angeboten geworben: »Discount! Best Deal! 9900 Euro unlimitierte Versuche, Rückzahlung bei negativem Ergebnis.« Oder »29 000 Euro Inklusiv-Leihmutterschafts-Paket«. Ein Foto von einem Schwangerschaftsbauch mit einem Strichcode auf der prallen Haut ist zu sehen. Es gibt zwar hochmoderne Kliniken, aber kaum staatliche Kontrollen und keine offizielle Statistik.

Die Lage der indischen Leihmütter hingegen ist nicht zuletzt dank des Dokumentarfilms »google_baby«, aber auch durch die Arbeit von NGOs bekannter. Geschätzt wird, dass es 2010 etwa 1500 Geburten durch Leihmütter gegeben hat, die Zahl soll sich in den darauffolgenden Jahren verdoppelt haben. Das Center for Social Research (CSR) belegt in einer Studie aus dem Jahr 2011, dass ein großer Teil der Leihmütter Analphabetinnen sind und die Verträge gar nicht lesen können. Sie werden zudem in der Regel erst im vierten Schwangerschaftsmonat unterschrieben, zu einem Zeitpunkt, wo sie nicht mehr vom Vertrag zurücktreten können. Damit sind sie faktisch gezwungen, nahezu beliebige Bedingungen zu akzeptieren. Es komme auch vor, dass es gar keine Verträge gibt. Die Bezahlung der Leihmutter wird nicht im Voraus festgelegt. Gibt es im Verlauf der Schwangerschaft ein Problem, entscheiden die Paare oder die Klinik über einen Abbruch.

Die indische NGO Sama hat 2012 versucht, Leihmütter und Vermittler zu befragen. Es war vorgesehen, das Sample klein zu halten, um qualitative Interviews durchführen zu können. Doch letztlich haben sich nur zwölf Leihmütter, zwei Agenturen, fünf Ärzte und ein Auftraggeber-Paar gemeldet. In Indien habe sich in den letzten Jahren eine »Fertilitätsindustrie« als Teil des expandierenden Pharmabereichs entwickelt. Der Grund: kaum Regulierungen, geringe Kosten, kurze Wartezeiten, die Möglichkeit, die Frauen strikt zu kontrollieren. Auf der einen Seite medizinische Standards, die mit denen in reichen Ländern vergleichbar sind, auf der anderen Seite ein großer Pool an armen Frauen: perfekte Kombination für florierende Geschäfte. Es gibt alle möglichen Varianten: Eizelle aus dem Kaukasus, Befruchtung in den USA, Lieferung nach Indien, Parallelschwangerschaften, um die Rate zu steigern, weil Leihmütter offenbar häufiger Fehlgeburten erleiden als Mütter eigener Kinder. Es ist nicht eindeutig klar warum. Während ihnen der »altruistische« Aspekt eingebläut werde, seien die Leihmütter nicht darüber aufgeklärt, welche Prozeduren nötig sind. »Sie werden auch nicht um Zustimmung für den Transfer von mehreren Embryonen, für Reduktionen, Kaiserschnitt gebeten. Zusätzlich erhalten sie keine Informationen über mögliche Gesundheitsrisiken«, heißt es im Sama-Bericht.

Laut National Commission for Women soll es in Indien rund 3000 private Kliniken geben, die Leihmutterschaft anbieten, eine genaue Zahl lässt sich nicht eruieren. CSR gibt die Zahl mit 600 Kliniken an. Es hat sich ein regelrechter Rattenschwanz an weiteren Nutznießern gebildet: Reiseagenturen, Anwaltsbüros, Hotels. Im »Global Health Watch 3 Report« aus dem Jahr 2011 – der Alternativ-Report zu den WHO-Berichten – wird betont, dass Freihandelsabkommen sämtliche ethischen Fragen in der Reproduktionsindustrie beiseite wischen würden. Dass die Vereinbarungen stets als Win-win-Situation dargestellt werden, kommt bei Sama nicht gut an: »Verzweifelte Paare bekommen das Kind, das sie wollen, und arme Frauen bekommen das Geld, das sie brauchen. Angesichts der Globalisierung des Kapitals und schrumpfenden, lokalen Arbeitsmöglichkeiten finden sich Frauen aus marginalisierten Regionen ärmer, verwundbarer und machtloser wieder.« Von einer langfristigen Verbesserung kann keine Rede sein. Kommt es in der Folge zu gesundheitlichen Problemen, hat die Leihmutter Pech gehabt.

LAND DER UNBEGRENZTEN METHODEN

Um bessere Standards vorzufinden, versuchen viele ihr Glück in den USA. Oft wird behauptet, dass die Leihmütter dort besser abgesichert seien. Doch es ist nicht alles eitel Wonne. Laut *New York Times* wurden 2014 in den USA rund 2000 Babys durch Leihmütter geboren, dreimal so viele wie vor zehn Jahren. Viele Amerikaner wenden sich an Anbieter in Mexiko oder Brasilien, wo Leihmütter billiger zu haben sind als etwa in Kalifornien. Da Indien und Thailand wegen der Auswüchse kürzlich restriktivere Gesetze erlassen haben, weiten sich die Märkte in Zentral- und Südamerika aus.

Leihmütter gehen auch in den USA oft Verträge ein, deren Risiken sie nicht voll und ganz einschätzen können. Eine Stichprobe für den Bericht für das Europäische Parlament bei kalifornischen Agenturen hat ergeben, dass 90 Prozent aller Verträge die Auszahlung der Gebühren erst dann festlegen, wenn die Frau schwanger ist. Darüber hinaus sei das psychologische Screening in erster Linie dazu da, um Wuncheltern unerwünschte Verhaltensweisen zu ersparen, nicht um die Leihmutter über mögliche Folgen ihres Handelns aufzuklären. Auch die Bedingung, dass die Leihmütter bereits ein Kind haben müssen, wird von Paaren und Ärzten immer als Qualitätsmerkmal hervorgehoben. Diese Frauen wüssten schließlich, was Schwangerschaft und Geburt bedeuten. Doch in erster Linie sichern sich die Agenturen damit ab, denn es zeigt, dass sie bereits eine Schwangerschaft »erfolgreich« absolviert hätten, und wegen ihrer Kinder würden sie nicht so leicht abspringen, weil sie das Geld schließlich brauchen. US-Leihmütter können ihre Schwangerschaft in vertrauter Umgebung erleben, doch sie sind ebenso einer rigorosen Überwachung unterworfen.

Der Vertrag mit einer US-Leihmutter, den ich zu Gesicht bekommen habe, umfasst 22 Seiten. Es wird alles bis ins letzte Detail geregelt: Die Leihmutter und ihr Ehemann müssen zustimmen, dass sie vor dem Transfer des Embryos bis zur Bestätigung einer Schwangerschaft keinen Geschlechtsverkehr haben, danach dürfen sie wieder, aber nur innerhalb ihrer Beziehung und wenn der Arzt keine Einwände hat.

Kein Tabak, kein Passivrauchen, kein Alkohol, nur einmal am Tag Koffein, kein Whirlpool, kein rohes Fleisch und kein Fisch. Auf die Bitte der Auftraggeber muss die Leihmutter Drogen- und Alkoholtests absolvieren. Kein neues Tattoo, kein Piercing, kein Botox, keine Reisen ins Ausland, ab der 20. Woche auch nicht mehr außerhalb von Kalifornien, keine schweren Dinge heben (»inklusive Kinder«), keine Katzenstreu, keine Selbstbräuner und keine Bräunungsstudios, kein Insektenspray. Auf Haarspray und Nagellack ist auch zu verzichten. Sie muss die Auftraggeber regelmäßig über die Schwangerschaft auf dem Laufenden halten, mailen, anrufen, treffen, Fotos schicken. PID und Pränataldiagnostik sind selbstverständlich. Mehrlingsreduktion und Abtreibung sind zwar nicht verpflichtend, außer der Arzt hält es für unerlässlich, nicht nur, weil das Leben der Frau gefährdet ist, sondern weil das Kind eine Behinderung hat.

In dem Buch »Surrogacy Was the Way« beschreibt Autorin Zara Griswold neben 19 anderen Frauen ihre Geschichte: Sie schweigt sich darüber aus, wie viel sie der Leihmutter gezahlt hat, schildert aber detailreich, was für ein langwieriges, hochemotionales Unterfangen das für sie gewesen sei. Sie ließ sich Medikamente gegen Panikattacken verschreiben, so sehr nahm sie die Schwangerschaft einer anderen Frau mit. Dass die Leihmutter während der Schwangerschaft mit »ihren« Zwillingen gerne einen Kurs besucht hätte, zu dem sie abends mit dem Auto fahren hätte müssen, kann sie nicht dulden. Der Arzt empfiehlt der Frau, die letzten Monate im Bett zu verbringen. »Wir waren froh, dass sie zu Hause festsaß.« So viel zur unbegrenzten Freiheit einer US-amerikanischen Leihmutter.

LEIHMUTTER VIA INTERNET

Frauen bieten sich auch trotz nationaler Verbote an, wie etwa auf der Forumseite der Kinderwunschklinik Chiemsee. »At your fingertips« sind Leihmütter aus aller Herren Länder verfügbar, heißt es auf der Website www.findsurrogatemother.com. Meldet man sich dort an und kontaktiert Frauen, trudeln rasch Nachrichten aus aller Welt ein. Sie versichern, gesund zu sein, Nichtraucherin, keinen Alkohol zu trinken, Vitamintabletten zu nehmen und bereits erfolgreich Schwangerschaften hinter sich gebracht zu haben – und sie betonen, gerne helfen zu wollen. Die Zahlen nehmen stetig zu: Mehr als 1400 Frauen bieten sich als Leihmütter an. 175 Agenturen sowie 51 Kliniken werben für ihre Dienste. Die Registrierung ist kostenlos, sie liefert den Agenturen wertvolle Daten von Interessierten. So erhält man auch laufend und ungebeten Werbung von Kliniken aus aller Welt: »Wir sind eine erfahrene Leihmütter-Agentur hier in Malaysia, und wir haben eine ausgezeichnete Erfolgsbilanz. Wir haben derzeit Frauen aus Indien, Malaysia, China, Kasachstan, Japan und Thailand verfügbar. Unsere Frauen sind für die Leihmutterschaft sofort verfügbar, und wir können Anfragen sehr kurzfristig behandeln. Die Frauen sind sehr gepflegt und werden professionell behandelt.« Aus Kanada kommt eine Nachricht von Canadian Fertility Consulting, die versichert, den Suchprozess so »leicht und stressfrei wie möglich« zu gestalten. Man habe »derzeit großartige Leihmütter im Programm«. Schöne neue, unappetitliche Einkaufswelt.

Zwischen Bankfiliale und Fastfood-Kette beim Unirea-Einkaufszentrum in Bukarest warte ich im Nieselregen auf eine Frau, die sich im Internet anbietet. Aus der grauen, vorbeieilenden Menge löst sie sich: »Hi, I am Elena«, sagt sie. Erst vor einigen Monaten hat sie sich auf der Website registriert. Innerhalb von wenigen Tagen bekam sie Dutzende Anfragen aus aller Welt. Aus Kanada, Großbritannien, den USA, China, aus vielen europäischen Ländern, Ehepaare, homosexuelle Paare, alleinstehende Männer. Da waren selbst ihre Finger nicht flink genug, um allen eine Antwort zu schreiben, lacht sie und tippt auf der Tischplatte im Café wie auf Computertasten. Wenn alles passt, will sie gemeinsam mit dem Paar zu einem Arzt gehen. Mit Geld lasse sich alles regeln, betont sie. Sie verlangt für ihre Schwangerschaft und Geburt 8000 Euro. »Das Leben ist einfach sehr hart hier, die Preise sind hoch, das Einkommen ist sehr gering. Es ist eine Möglichkeit, Geld zu verdienen. Wir sind natürlich wegen des Geldes dazu bereit. Das ist doch verständlich, oder?« Elena hat auch über eine Eizellspende nachgedacht, aber sie hat sich bisher nicht genauer erkundigt. Auch das könne sie in Rumänien machen. Auf den Einwand, dass kommerzielle Spenden verboten sind und Leihmutterschaft unreguliert, macht sie nur eine wegwerfende Handbewegung: »Natürlich ist es verboten, aber Rumänien ist wie ein wilder Dschungel. Es macht alles nichts, es geht immer nur ums Geld, alles andere ist egal.« Doch die ärmere Frau hat einen Trumpf: Sie »kann« etwas, was die besser situierte Frau nicht kann, nämlich schwanger sein. Und das ist eine Fähigkeit, die auch überlegen machen kann. Das schwingt zumindest bei Elena mit. Die Behörden interessieren sich für diese Vorgänge offenbar nicht, denn das rumänische Gesundheitsministerium meint, man habe keine Kenntnis davon, dass diese Praktiken in Rumänien vorkommen. Es gebe dazu keine Statistiken und Studien. Allerdings wurde im Juni 2014 bekannt, dass die rumänische Behörde gegen organisiertes Verbrechen ein Netzwerk von illegalen Leihmüttern bei Timișoara auffliegen ließ. Die Frauen kamen nicht nur aus Rumänien, sondern auch aus Ungarn und der Slowakei. Sie erhielten 300 Euro für Eizellspenden und 350 Euro pro Monat, wenn sie ein Kind austragen.

AUTONOMIE ADE

»Wenn ich von moralisch abstoßenden Dingen höre, die andere mir als Ausdruck von Würde verkaufen wollen, dann stelle ich die Frage: Wem nützt das? Wer hat hier die Macht?«, so der Philosoph Peter Bieri. Wer hat bei der Leihmutterschaft die Macht, wer profitiert? Um die Würde der Leihmütter kümmert sich kaum wer. In Europa hört man meist nur aus kirchennahen Kreisen Kritik. Die Ethikerin Susanne Kummer spricht auf *Radio Vatikan* von einer »kolonialistischen Ausbeutung«. In ärmeren Ländern ist die Sicht glasklar: »Es gibt einen dringenden Bedarf, einen Diskurs über ein kritisches Verständnis von kommerzialisierter Leihmutterschaft zu initiieren, die das Ausmaß einer transnationalen Industrie angenommen hat und gegen die eine kollektive, feministische Antwort zu geben ist«, fordern die indischen Sama-Frauen.

Aus Europa war dazu bisher fast nichts zu hören. Die Französinnen retten unsere Ehre: Der Verein Collectif pour le Respect de la Personne hat sich im März 2015 mit der European Women's Lobby und dem Center for Bioethics and Culture in den USA für die Abschaffung des »baby business called euphemistically ›surrogacy‹« ausgesprochen. Auf den Plan gerufen hat sie das Vorgehen der Haager Konferenz, die bereits 2012 über eine globale Konvention zur Leihmutterschaft diskutierte, um ähnlich wie bei der internationalen Adoption Mindeststandards zu schaffen. Doch es besteht wohl ein ethischer Unterschied zwischen beiden Vorgängen, insofern ist es ethisch anspruchslos, fragwürdige Praktiken wieder einmal nur pragmatisch zu regeln, statt sie zu verbieten. In einer kapitalistischen Gesellschaft liegt es auf der Hand, dass man nichts dabei findet, wenn eine Frau Geld für die Schwangerschaft verlangt oder eine Frau die Schwangerschaft gegen Geld auslagert. Doch nicht alles auf der Welt darf ein Preisschild haben. Deshalb sollte man sich besser für ein internationales Verbot der Leihmutterschaft einsetzen, auch weil es Kinderhandel ist, der nach Artikel 35 der Kinderrechtskonvention zu unterlassen ist.

Feministinnen und Linke hatten bereits zuvor gegen die Rechtsprechung des EGMR protestiert, als Frankreich verurteilt wurde, weil es einem Kind aus einer Leihmutterschaft die Staatsbürgerschaft verweigert hatte. In einem offenen Brief an Staatspräsident Francois Hollande kritisierten prominente Sozialisten wie Lionel Jospin und Jacques Delores, Forscher und Feministinnen wie Marie-Georges Buffet das Urteil als Aushöhlung des Verbots. Sie sehen Leihmutterschaft als Ausbeutung der Frau und als Degradierung des Kindes zur Ware: »Es sind Menschen, keine Sachen.« Auch das Schweizer Bundesgericht hat erst im Mai 2015 festgehalten, dass aufgrund des verfassungsrechtlich verankerten Verbots der Leihmutterschaft nur der leibliche Elternteil eines Kindes, das durch eine Leihmutter im Ausland zur Welt kam, rechtlich anerkannt wird.

Der Protest aus Frankreich ist ein längst fälliger Aufschrei, denn allenthalben wird für »reproduktive Rechte und Autonomie« und »Reproduktionsarbeit« getrommelt. Die Autorin Sarah Diehl fragt in *Jungle World*: »Sollte Schwangerschaft als körperliche Schwerstarbeit nicht entsprechend anerkannt und entlohnt werden, wenn man diese Arbeit an eine Dienstleisterin delegiert?« Das Problem liege in der Verhinderung der Selbstbestimmung der Frau – »aus ›humanitären‹ Bedenken oder durch die Regulierung seitens des Staats, der Kliniken und der Agenturen. In einer patriarchalen und kapitalistischen Welt können Frauen nicht frei entscheiden, wie sie diesen Beruf gestalten und welchen Wert sie ihm und damit auch sich selbst als Ausführenden geben«, so Diehl. Erstaunlich: Wieso ist sie hier gegen staatliche Regulierungen? Würde es sich in dem Artikel um Praktiken von Konzernen handeln, der Ruf nach Grenzen wäre sehr laut. Schwangerschaft als »Beruf« zu sehen ist abenteuerlich. Alles muss zu Geld gemacht werden, alles muss für Geld zu haben sein – und das verlangt hier nicht ein Kapitalist, sondern eine linke, feministische Autorin. So führt das Schlagwort »Der Bauch gehört mir« zu einer totalen Liberalisierung des »Eigentums Körper«.

Eine Leihmutter kann nicht autonom und selbstbestimmt agieren, ganz im Gegenteil: Sie braucht immer einen medizinischen Apparat. Am ehesten autonom ist sie als »freie« Leihmutter via Internet. Allerdings muss auch sie häufig viele Kompromisse eingehen, wenn sie zu ihren Bedingungen nicht die geeigneten Wunscheltern findet. Bei einer Agentur hat sie außerdem die Sicherheit, am Ende ihr Geld zu bekommen – zumindest wenn alles gutgeht. Ohne Medizin ist es nur dann möglich, wenn sie zum Geschlechtsverkehr mit dem Auftraggeber oder Insemination per »Bechermethode« bereit ist, doch dann ist es auch genetisch ihr Kind. Die Autonomie-Anhänger sind hier noch aus einem anderen Grund auf dem Holzweg: Schwangerschaft schließt ein hohes Ausmaß an Fremdbestimmung mit ein. Eine Frau kann eine Schwangerschaft abbrechen, aber sie hat keinen Einfluss darauf, wie schnell oder langsam der Embryo wächst, und wenig Einfluss darauf, wie ihr Körper reagiert, wann die Wehen einsetzen. Der

Autor Andreas Kuhlmann bezeichnet Leihmutterschaft treffend als »freiwillig eingegangene Sklaverei« und zitiert John Stuart Mill, die Galionsfigur der Liberalen, der betont hatte, dass die »autonome« Entscheidung, sich versklaven zu lassen, die Voraussetzung für Autonomie zunichtemacht und deshalb verboten bleiben sollte.

Die Frage ist: Sollen wir nicht besser die soziale Lage von ungezählten Frauen kritisieren, das Ausnutzen dieser Lage, als in das Gerede von Selbstbestimmung einzustimmen? Nur damit niemand ein schlechtes Gewissen zu haben braucht? Wieso sind die Redeführerinnen nicht selbst begierig darauf, Eizellen zu spenden oder die Kinder für andere auszutragen? Ist doch eine gute »Arbeit«! Warum tun das meistens nur ärmere Frauen? Diehl, die sich stets für das Recht auf Abtreibung einsetzt, übersieht auch, dass just bei Leihmüttern dieses Recht ausgesetzt ist. Denn welches Paar bezahlt eine Frau für die Schwangerschaft, wenn es darüber nicht bestimmen kann?

Wenn man es schon als »Reproduktionsarbeit« betrachtet, die zu bezahlen ist, dann müssten Leihmütter zudem nicht nur für die Geburt des Kindes honoriert werden, sondern bereits für die mühselige »Arbeit« davor, damit es überhaupt zu einer Schwangerschaft kommt. Doch das ist nicht vorgesehen, denn das würde Auftraggeber, die meistens mehrere Jahre vergeblicher Versuche hinter sich haben, abschrecken. Sie wollen ein Ergebnis für ihr Geld, deshalb gibt es die Bezahlung erst bei erfolgreicher »Lieferung«. »All-inclusive-packages« sind nicht im Interesse der Gesundheit der Frauen, sondern ausschließlich im Interesse der Eltern und der Kliniken. In der gesundheitlichen Versorgung herrscht ein doppelter Standard: erste Klasse für die Paare, letzte Klasse für die Leihmutter. Leihmutterschaftsverträge verdienen auch deshalb die Bezeichnung »Arbeitsvertrag« nicht, so die Expertin Melinda Cooper von der Universität Sydney, weil die Auftraggeber stets ein Zugriffsrecht auf das Kind haben, während die Frau aus dem Vertrag nicht aussteigen kann. Von »Arbeit« könne auch deshalb nicht gesprochen werden, weil das Kind keine austauschbare »Ware« ist.

Eine autonome Entscheidung setzt Information, Optionen und einen bestimmten Grad an Freiheit voraus sowie ein Urteilsvermögen über Risiken, ohne von einem kurzfristigen Gewinn geblendet zu sein, heißt es in einem Bericht der UNO und des Europarats. Die Autoren üben Kritik an der Annahme, dass Menschen »freiwillig« Teile ihres Körpers wie Organe oder auch Eizellen »spenden«. Wenn man dringend Geld braucht, um seine Familie ernähren zu können, und Wohlhabende wedeln mit einem Bündel Geld, mag es eine rationale Entscheidung sein, aber es sei keine freie. Selbst wenn die finanzielle Kompensation relativ hoch sei, seien nur wenige Personen in wohlhabenden Ländern dazu bereit. Das Vorgehen sei auch nicht mit einer medizinischen Ethik vereinbar, die das Prinzip »do not harm« hochhält, also Gesunden nicht zu schaden. Ärzte sind dabei behilflich, dass sich Frauen selbst schädigen, nur um Geld zu verdienen. »Ist das die Rolle, die das Gesundheitspersonal ethisch wirklich gutheißen kann?«, fragen die Experten.

Eine Notlage auszunutzen ist nicht besonders ehrenvoll. Um nicht in die moralische Bredouille zu geraten, wird der Vorwurf, Ungleichheit zu verstärken und Ausbeutung mitzutragen, in das Gegenteil verkehrt: Kinderwunschtourismus als Entwicklungshilfe. Wunscheltern präsentieren sich als Wohltäter, die armen Frauen zu ihrer Emanzipation verhelfen. Leihmutterschaft wird als Lösung statt als Symptom für soziale und ökonomische Ungleichheiten dargestellt. Es sei eine absolute Win-win-Situation für alle Beteiligten, betont ein Paar, das die Leihmutterschaft verteidigt. »Die Frauen können damit ihre eigene Familie ernähren, Kindern die Schulbildung ermöglichen. Wenn eine Frau sagt, ich will das tun, aus welchen Gründen auch immer, ist das ihr gutes Recht«, meint die Frau. Ihr Mann ergänzt: »Kann man es einer Frau übelnehmen, wenn sie es aus rein finanziellen Gründen macht, wenn es eben so ist, dass sie ihre Kinder nicht ernähren kann? Ähnlich ist das bei Kinderarbeit. Es gibt Kinder in Indien, die neben der Straße verhungern, sie haben eine Chance zu leben, wenn sie arbeiten. Das ist fürchterlich und traurig, aber wenn die Alternative der Tod ist, dann ist Kinderarbeit besser als zu sterben. Ich will das nicht verurteilen, wenn das jemand dort macht.«

Leihmutterschaft ist wie Kinderarbeit ein Phänomen der Armut.

Niemand, der bei Sinnen ist, macht den Frauen und Kindern Vor-
würfe, die Kritik gilt ausschließlich den Profiteuren. Würde man den
Frauen die Möglichkeit eröffnen, sinnvolle, erfüllende Aufgaben anzunehmen, mit fairen Arbeitsbedingungen und akzeptablen Löhnen,
würden sie wohl zugreifen. Die Realität ist, dass sie diese Möglichkeiten nicht haben. Diese Tatsache mit dem Gerede von Altruismus
oder Autonomie zu beschönigen, ist unverfroren und zynisch.

Es mögen durchaus altruistische Eizellspenden oder gar Leihmutterschaft vorkommen, doch ihr Anteil ist marginal. Eine Eizellspenderin, aber noch viel mehr eine Leihmutter setzt sich meistens wegen Geld Risiken aus, die, wenn es zu Folgeschäden kommt, durch
kein Geld der Welt gerechtfertigt sind. Eine Frau trägt und gebiert ein
Kind auch im Jahr 2015 und trotz Hightech-Medizin unter Einsatz ihres Lebens und ihrer Gesundheit. Selbst wenn das Geschäft fair ausge-
handelt ist, ist es ein Geschäft. Selbst wenn Babys fair gehandelt werden, sind es gehandelte Babys. Auch wenn man es rechtlich reguliert,
wird die Würde des Kindes und der Frau verletzt. Nach Immanuel
Kant hat alles entweder einen Preis oder Würde. Es sei auch daran erinnert, dass »die Menschenwürde nicht von den Eliten, sondern von
denjenigen als Anspruch formuliert worden ist, denen man ein men-
schenwürdiges Leben abgesprochen hatte«, schreibt Philosoph Konrad Paul Liessmann. Nicht die Privilegierten und ihre Kinderwünsche
sind in erster Linie zu schützen, sondern jene, die keine Stimme, kein
Geld, keine Rechte haben.

ALLEIN ZUM KIND

Ob sich ein Kinderwunsch umsetzen lässt, hängt für viele von einer
stabilen Beziehung ab. Aufgrund brüchiger Beziehungen, vorherge-
hender Abbrüche, zunehmender Verzweiflung angesichts der verrin-
nenden Zeit und des gesellschaftlichen Drucks setzt sich bei manchen
Frauen eine »Na, dann eben allein«-Haltung durch. Für sie bieten sich
Social Egg Freezing und Samenspenden an. Frauen hätten eine ge-

ringere Verhandlungsmacht, weil sie Bindung wollen und nicht ewig Zeit haben, Männer können gelassener sein, erklärt die Soziologin Eva Illouz. Der ewig kinderlose Junggeselle hat es leichter als die kinderlose »Junggesellin« – es gibt nicht einmal ein gängiges Wort dafür. Denn er kann schließlich bis ins hohe Alter noch Vater werden, glauben viele. Die alten Väter bestätigen aber nur, dass es mehr Spermien als Eizellen gibt und dass damit einen Treffer zu landen einfacher ist. Außerdem zeigt es, dass ein Mann mit Rang, Namen und gut gefülltem Portemonnaie alles haben kann. Denn welche junge Frau würde mit einem alten, armen Schlucker noch ein Kind zeugen wollen?

Männer zögern zunehmend die Familiengründung hinaus. Just zu einem Zeitpunkt, wo mehr Einsatz bei der Kinderbetreuung eingefordert wird. Männer wundern sich über Frauen, die, kaum haben sie sie kennengelernt, schon die Kinderfrage stellen. Antworte man nicht gleich mit einem klaren Ja, sei man raus, erzählt einer, der sich auf Partnerbörsen umschaut. Es soll auch vorkommen, dass Frauen die Möglichkeit, zur Samenbank zu gehen, als Druckmittel einsetzen. Zudem muss es die beste Wahl sein, denn der Nächstbeste taugt nicht als Vater für das so kostbare Kind. Via Samenbank allein ein Kind zu bekommen mag cool und modern wirken, aber es hat auch eine einsame, traurige Seite. Und wie sehr geben Frauen ihren Stolz und ihre Würde ab bei der Suche nach einem Kindsvater?

Untermauert wird die Forderung nach der Samenspende für Alleinstehende mit dem Argument, dass es bereits so viele Alleinerziehende gebe. Viele leisten hier sehr viel und bieten ihren Kindern ein gutes Zuhause. Doch die meisten Frauen haben sich anderes erträumt. Die grüne Abgeordnete Daniela Musiol fordert dennoch ultimativ: »Ich fordere die Regierung hiermit auf, ihre tradierten Familienbilder endlich abzulegen und alle Frauen hinsichtlich ihres Kinderwunsches gleich zu behandeln.« Es so dazustellen, dass es nur um die Aufrechterhaltung von »tradierten Familienbildern« gehe, ignoriert Kritik, die aus anderen Gründen geübt wird. Erstens hat ein Kind ein Recht auf beide Eltern, und zweitens ist es besser, wenn die Verantwortung für ein Kind geteilt wird. Grünen-Chefin Eva Glawischnig echauffierte

sich dennoch in einer TV-Debatte darüber, dass es »ja wohl überhaupt keine Frage« sein könne, dass eine alleinstehende Frau eine
Samenspende in Anspruch nehmen dürfen soll. Sonst müsste »sie sich
ja irgendeinen Mann schnappen, der sich am nächsten Tag wieder
verabschiedet«, argumentiert sie etwas niveaulos. Alleinstehend sei
schließlich kein »biologisches Merkmal«, sie könne ja auch schwanger oder mit Kind noch einen Mann finden, ein Partner könne auch
sterben. Doch das eine ist ein tragisches Lebensschicksal, das andere
ist konstruiert.

Die geplante Vaterlosigkeit ist sicher weniger dramatisch als der
Vaterverlust durch Tod oder Trennung. Doch ob man bei Samenspendern immer auf ideale Exemplare stößt, ist fraglich: Auf der Plattform
www.spermaspender.de findet sich auch der 66-jährige »Spendendok-
tor« aus Wien, der um 1800 Euro eine Samenspende anbietet. Er habe
promoviert und sei Gynäkologe. Neben Angaben über Körpermerk-
male schreibt er: »Biete ärztliche Samenspende, gesetzeskonform.« Es
stellt sich heraus, dass es sich um einen Arzt der Wiener Wunsch-
baby-Klinik handelt. Mit dem Inserat lockt er potenzielle Kundinnen an. Die großzügigsten Herren der Schöpfung nehmen angeblich
gar kein Geld, wollen aber oftmals eine »natürliche Zeugung«. Andere bieten ihre kostbare »Spende« um 100 bis 600 Euro an. Auf der
Website www.samenbank-samenspende.de wird betont, dass ein jähr-
liches »Einkommen« von rund 2600 Euro möglich sei. »Der Arbeits-
aufwand hält sich in Grenzen, wodurch der Nebenjob Samenspender
eigentlich für jeden gesunden Mann ein Traum ist.«

Obwohl Samenspenden auf dreimal gesetzlich limitiert sind und
bei Übertritt eine Verwaltungsstrafe von mehr als 7000 Euro droht,
scheinen manche davon beflügelt zu sein, möglichst viele Frauen zu
beglücken. Eine lesbische Frau erzählt von einem Wiener mit ge-
fälschtem Namen, der mehrere Kinder mit lesbischen Paaren hat, und
von einem Münchner, der schon so viele Kinder hat, dass sich die
Paare sicher sein könnten, dass er sich nicht »einmischt«. In Spanien
gebe es laut einem Arzt das Problem, dass Kliniken Spenden an bis
zu 40 Paare verschicken. Weder die Paare noch die Spender, noch die

Kinder wissen davon. Die Wirtschaftswissenschaftlerin Debora Spar kommentiert die Lage so: »Für den Handel mit Gebrauchtwagen gibt es mehr Regeln als für den mit Samen.« Es sind keine Beschwerden zu vernehmen, dass bei der Berliner Samenbank etwa Schwule und Männer, die selbst aus Samenspenden stammen, nicht zugelassen sind. Dass eingefrorenes Sperma deutlich geringere Schwangerschaftsraten hat, wird ebenso häufig verschwiegen. Auch bei einer natürlichen Zeugung mit »frischem« Samen liegt die Wahrscheinlichkeit, schwanger zu werden, bei einer gesunden, jungen Frau um die 25 pro Zyklus bei etwa 20 bis 25 Prozent, im Schnitt braucht sie bis zu sechs Monate. Je älter, desto länger. Mehrere Versuche privat zu Hause oder beim Gynäkologen sind eher die Regel als die Ausnahme.

Und warum steht eine Frau mit Kinderwunsch so unter Druck, dass sie sich »irgendeinen Mann schnappen« müsste, wenn sie nicht das Recht auf einen Samenspender hat? Sollte man sich nicht dieser Frage ausführlicher widmen, als die Umsätze von Samenbanken zu steigern? Die Grünen forcieren mit solchen Forderungen zwar ihre Gleichstellungspolitik, aber auch Wunsch- und Konsumdenken. Denn das Recht auf allergrößte Wahlmöglichkeit ist ein untrügliches Merkmal der Kommerzialisierung der Fortpflanzung.

Der größte Spermahändler der Welt ist Cyros International Sperm Bank mit Sitz in Kopenhagen. Die Firma liefert über Nacht, weltweit, bis zu 30 000 Spermienampullen pro Jahr. Genaues Screening, bei Bedarf anonym, das liberale dänische Gesetz macht vieles möglich, was das Kundenherz begehrt. Die Kundin soll die Gewissheit haben, nur den allerbesten Samen zu bekommen, der das allerbeste Kind zeugen wird. Besonders begehrt sind Akademiker und sportliche Männer. Wie sehr eine Konsumhaltung vorherrscht, zeigt der Fall einer lesbischen Amerikanerin, die eine Klinik auf »Schadenersatz« von 50 000 US-Dollar verklagt hat, weil sie ein Kind mit dunkler und nicht wie gewünscht mit heller Hautfarbe bekam. Der Anwalt kritisierte die Samenbank, da die Frau dort nicht angerufen und eine Pizza bestellt habe, sondern Spendersamen. Hier dürfe kein Fehler passieren. Das mag schon sein, doch die Kundin agiert wie beim Pizzabestellen.

»Viele Frauen, die auf Biegen und Brechen auch alleine ein Kind wollen, wissen nicht, worauf sie sich einlassen«, sagt eine dreifache Mutter. »Ich würde nie freiwillig alleine ein Kind erziehen wollen. Auch wenn man sich ein Kind noch so sehr wünscht, kommt man oft an Grenzen, und es ist immer ganz anders, als man es sich vorher vorstellt.« Die umfassende Idealisierung ist verblüffend, während wir doch wissen, wie sehr Alleinerziehende finanziell, zeitlich und kräftemäßig am Abgrund tänzeln. Auch wenn es mehr Kindergartenplätze gibt, mehr Geld, ist es nicht einfach, die Verantwortung für ein Kind allein zu tragen. Es gibt schöne Momente, aber wohl jede wünscht sich, dass einer kommt und ihr das Kind abnimmt, für ein paar Stunden, um zu schlafen, in Ruhe duschen zu können, die Wohnung aufzuräumen. Dann wird gerne als Argument vorgebracht, viele hätten doch »ein großes Netzwerk«, das sie unterstützen könnte. Ja, wird schon sein, doch die Regel ist das leider nicht. »Manche Leute haben schon nach drei Wochen bei Facebook mehr als 250 digital existente ›Freunde‹, aber wenn es darum geht, auch mal ganz analog einzukaufen und der jungen Mama eine Suppe zu kochen, dann hat keiner Zeit«, erzählt Hebamme Livia Görner.

Der Gang zur Samenbank, der auf den ersten Blick so frei und selbstbestimmt wirkt, wird als neue Facette der Emanzipation gefeiert. Vielleicht ist es das, aber es hat auch etwas Selbstherrliches. Es bedeutet auch, für das Kind zu entscheiden, dass es keinen Vater hat. Wozu auch? Hauptsache, ein Kind. Eine Bemutterung reicht offenbar aus, die Vaterlosigkeit wiegt nicht so schwer. Eine nicht sehr feministische Sicht, die die weibliche Zuständigkeit für die Kinder bestätigt. In Russland haben alleinstehende Frauen übrigens schon länger das Recht auch auf IVF-Behandlung. Allerdings wird das von Forscherinnen wie Olga Brednikova nicht als großartige Autonomie der Frau eingestuft, sondern als »normative, ja fast obligatorische« Bedeutung von genetischer Mutterschaft.

TIEFGEFRORENER KINDERWUNSCH

Junge Frauen können ihre Eizellen auch einfrieren lassen und sich später – wenn ein Kind in die Lebensplanung »passt« – einsetzen lassen. Der Arzt Wilfried Feichtinger hält das für »sehr vernünftig«. Grundsätzlich war diese Methode für krebskranke Frauen vorgesehen: Ihnen wurden Eizellen vor einer Chemotherapie entnommen und bei minus 196 Grad Celsius eingefroren. Nun wird es auch gesunden Frauen angeboten. Der Vorarlberger Arzt Nicolas Zech nennt es »Eizellvorsorge« und wirbt auf der Website www.ovita.eu ungeniert dafür, obwohl es in Österreich verboten ist. Heute muss man für alles vorsorgen, Alter, Hochwasserschaden und eben auch für den Fall, später noch ein Kind zu wollen. Nun winkt das gut verdiente Geld von Tausenden beruflich erfolgreichen Frauen. Da das Verschieben des Kinderwunsches, die Lockerheit, notfalls medizinische Hilfe in Anspruch zu nehmen, zunimmt, tut sich ein enormer Markt auf, der bedient werden will. Die Antibabypille verhindert eine ungeplante Schwangerschaft, »social freezing« bietet scheinbar eine haargenau geplante Schwangerschaft. »Heute schon an morgen denken«, wirbt der Münchner Arzt Jörg Puchta auf seiner Website. »Alles zu meiner Zeit«, gibt Zech aus.

Bedauerlicherweise bekommen die Marketingstrategien der Wunschmedizin Unterstützung von Politikern. »Aus meiner Sicht ist die Freiheit ein großes Element. Wenn eine Frau um die 50 sagt, ich möchte ein Kind haben aus einer Eizelle, die mir mit 30 entnommen wurde – warum nicht? Ob ich das mit 79 noch machen kann, ist eine andere Frage«, meint Alois Stöger, Vorgänger der jetzigen Gesundheitsministerin. Zu seiner Ehrenrettung: Stöger ist kein Arzt, mittlerweile ist er Verkehrsminister. Wie meistens bei diesem Thema findet man differenziertere Meinungen in den öffentlichen Spitälern und nicht in den privaten Kliniken, wo sich vieles so locker und flockig anhört. Thomas Strowitzki, Fertilitätsexperte an der Uniklinik Heidelberg, betont, dass es nötig sein könne, bis zu 50 Eizellen einfrieren zu lassen, um genügend zu haben, um später schwanger werden zu

können. 50 Eizellen – das bedeutet: hormonelle Stimulierung, Eizell-
punktion, mehrmals, denn pro Zyklus können zehn bis 15 Eizellen
geerntet werden, meistens auch nur bei Frauen zwischen 25 und 30.
Für 25 Eizellen können bei Frauen um die 35 drei, vier Zyklen nötig
sein. Damit kommt man auf etwa 9000 bis 12 000 Euro. Für die Lage-
rung der Eizellen sind 20 Euro im Monat zu veranschlagen, plus etwa
3000 Euro für die künstliche Befruchtung später. Kombinierbar ist
das natürlich auch mit dem Engagement einer Leihmutter. Kostbare
Eizellen einfrieren und dann auch die Schwangerschaft auslagern: ein
Programm für die Elite.

Christiane Druml ist der Ansicht, Frauen seien mündig genug,
um über ihre Eizellen selbst entscheiden zu können. Ein Verbot von
Social Egg Freezing hält sie für zu stark. Frauenministerin Gabriele
Heinisch-Hosek äußerte sich so: »Als Feministin sage ich: Mein Körper gehört mir, ich mache damit, was ich will. Ich möchte aber hinzu-
fügen: Man sollte nie die soziale Komponente vergessen. Das ist der
weiße Mittelschicht-Feminismus: Wer sich das leisten kann, macht's.
Die soziale Komponente sollte im Vordergrund stehen – neben einer ethischen. Nicht jede Frau verfügt über die finanziellen Mittel.«
Also »soziales« Einfrieren als Programm des Sozialstaats? Ich mache
mit meinem Körper, was ich will? Fakt ist, ich übergebe meinen Körper hier der Medizin. Dass es bei allen Methoden soziale Gerechtigkeit geben müsse, sieht Christiane Woopen, Vorsitzende des Deutschen Ethikrats, nicht so: »Wer in einem kleinen, alten Auto sitzt, hat
schlechtere Chancen, bei einem Unfall zu überleben, als jemand in einem großen, sicheren Auto. Aber ist es eine staatliche Aufgabe, jedem
ein großes Auto zur Verfügung zu stellen? Die drängendere Gerech-
tigkeitsfrage scheint mir in der Vereinbarkeit von Familie und Beruf
zu liegen.«

Der Autor Jan Fleischhauer schreibt im *Spiegel* positiv über die
Methode: »Das Leben als Frau erfüllt sich nicht allein in der Mutterschaft, aber der Wunsch nach eigenen Kindern ist ein mächtiges
Programm, das sich nicht mal eben außer Kraft setzen lässt, jedenfalls
nicht ohne den Preis der Reue. Wie eng der Zeitrahmen ist, den die

Natur setzt, wird vielen Frauen erst bewusst, wenn sie sich dem Ende
nähern.« Für die meisten Paare, die ohne Nachwuchs geblieben sind,
sei Kinderlosigkeit keine Lebensentscheidung, sondern ein großes
Unglück. Wenn man gegen Social Egg Freezing sei, müsse man auch
gegen Pille und künstliche Befruchtung sein, denn der medizinische
Fortschritt sei noch nie an natürlichen Grenzen stehen geblieben. Im
Jubel über diese Methode wird leider ausgeblendet, dass die Grenzen
nur verschoben, nicht aufgehoben werden – das kann der tollste Fortschritt nicht. Der Zeitrahmen der Natur ist auch nicht wirklich so
eng, es ist die Kultur, die ihn so knapp bemessen hat. Immerhin kann
eine Frau ab der ersten Regelblutung bis Mitte 40 theoretisch Kinder
bekommen. Das sind 30 Jahre, 360-mal die Möglichkeit, schwanger
zu werden.

Zu verkünden, Social Egg Freezing sei besonders feministisch, ist
meiner Meinung nach falsch. Es passt nur herrlich in eine turbokapi-
talistische Welt, die verlangt, verfügbar und einsatzbereit zu sein.
Es ist kein Wunder, dass gerade Facebook und Co. solche Trends unterstützen, schließlich sind es jene Konzerne, die auch sonst alles unter Kontrolle haben wollen, was wir tun und was wir nicht tun. Das
kommunistische Magazin *Volksstimme* nennt das Vorgehen »eiskalte
Planwirtschaft«. Anstatt Frauen in ihren fruchtbaren Jahren Kinder
zu ermöglichen, wird ein gesellschaftlicher Missstand elegant um-
schifft. Völlig gesunde Frauen begeben sich ohne Not in Behandlung,
um dann später den Arzt damit zu beauftragen, die Eizellen wieder
aus dem Gefrierfach zu holen. Der ganze Aufwand, die damit verbundenen Kosten, das zusätzliche Geschäft für die Ärzte, all das, nur
weil wir es nicht schaffen, uns zu entscheiden, oder Familie und Beruf
unter einen Hut zu bringen. Das ist keine heilende Medizin mehr,
sondern Wunschmedizin par excellence, eine Medizin, die gesunde
Frauen behandelt.

Die Autorin Sarah Elizabeth Richards, die die Methode genutzt
hat, schreibt, dass sie dadurch mehr Selbstbewusstsein entwickelt
habe, nicht mehr unter Zeitdruck stehe und mehr Freiheit empfinde.
Wenn sie einen Mann treffe, strahle sie nicht mehr Verzweiflung aus.

Das Gefühl der größeren Freiheit glaube ich ihr gerne, aber ob sie sich dann auch noch so frei fühlt, wenn sie mehrmalige Versuche hinter sich hat, eventuell Mehrlinge im Bauch und einen selektiven Fetozid machen muss, Fehlgeburten erleidet und einen Kaiserschnitt hat? Das ist nun das Worst-Case-Szenario, doch das könnte sie in ihrer generalstabsmäßigen Planung durchaus auch berücksichtigen. Auch dass deutlich jüngere Eizellen nun mal besser sind als eingefrorene, 34-jährige, wie jene 16 Zellen der deutschen Journalistin Nicola Abé. Sie meint, es bestehe dank der verbesserten Medizin eine »gute Chance«, dass daraus ein Kind entsteht – »wenn ich es will«. Verbessert hat sich aber nur eines: die Gefriertechnik. Abés momentane Entspannung ist teuer erkauft. Sie fragt, ob es denn besser sei, die 3000 Euro für einen Bausparvertrag zu verwenden. Ja, eigentlich schon. Bei den Zinsen kann man sich nicht sicher sein, aber die 3000 Euro bekommt sie garantiert zurück, außer die Weltwirtschaft kollabiert. Auch die vorgeschlagene Alternative, mit 3000 Euro in die Karibik zu reisen, finde ich erheblich attraktiver. Man lebt schließlich nur einmal, und vielleicht findet sich ja dort ein toller, potenzieller Kindsvater. Beim Social Egg Freezing bekommt sie garantiert weder das Geld zurück, noch ist ihr ein Kind sicher.

Es ist nicht so, dass sich hier »überspannte Mitdreißigerinnen« das Geld von »geschäftstüchtigen Ärzten« aus der Tasche ziehen lassen, wie Fleischhauer richtigerweise feststellt. Die Frauen sind keine hilflosen Opfer, sie glauben an die Machbarkeit von allem. Vorübergehend tickt die Uhr leiser, doch in ihrer kühlen Berechnung blenden sie die Wahrscheinlichkeitsrechnung aus und glauben dennoch, einer nüchternen Planung zu folgen. Eine 38-Jährige, die ebenfalls ihre Zellen im Stickstoff-Container hat, meint in einem *GEO*-Bericht: »Im Zeitalter von Interkontinentalflügen, Schichtarbeit und Erreichbarkeit rund um die Uhr hält man sich ohnehin nicht an die Rhythmen der Natur.« Ja, wenn man das alles für normal erachtet, spricht auch nichts mehr gegen das Einfrieren der kostbaren Fracht und eine späte Schwangerschaft. Sie wolle nicht die 40 überschreiten und »tatenlos« zusehen wie so viele andere Frauen. Sie könne später sagen, dieses

Kind sei aus Liebe entstanden und nicht aus Torschlusspanik. Viel Glück, kann man da nur wünschen! Hoffentlich finden diese Frauen später den einzig Richtigen, der ihre Eizellen erfolgreich befruchtet, hoffentlich hat die Klinik keinen Stromausfall und ein Notstromaggregat, und hoffentlich fällt keinem Laborassistenten die Kanüle mit den kostbaren Eizellen aus der Hand und schlittert in den Ausguss. Die Hoffnung stirbt zuletzt. Absolute Sicherheit gibt es um kein Geld der Welt, schon gar nicht um läppische 3000 Euro.

Arzt Nicolas Zech, der Social Egg Freezing für Österreicherinnen in Liechtenstein oder in der Schweiz um 3000 Franken erledigt, findet, dieses Angebot habe nichts mit Ethik zu tun, er versuche den Frauen nur bei ihrer Lebensplanung zu helfen. »Wir wissen einfach, dass es heutzutage kein Problem mehr für Frauen darstellt, auch mit fortgeschrittenem Alter ein Kind zu bekommen«, behauptet er. Wenn Ärzte nichts mehr von Ethik hören und keinerlei Probleme sehen wollen, dann ist klar, worum es geht: ums Geschäft. Hier geben sich Feminismus und Kapitalismus die Hand, denn Frauen, vornehmlich gebildete, erfolgreiche Frauen, sollen beweisen, dass der feministische Traum wahr ist, dass alles vereinbar und möglich ist, etwa aus Krisengebieten zu berichten und später ein Kind zu bekommen, und dass der kapitalistische Traum wahr ist, dass alles jederzeit für Geld zu haben ist. »Man müsste schon die Märkte leerfegen, um an der Logik etwas zu ändern, die Frauen dazu bringt, ihre Eizellen einzufrieren«, konstatiert Autorin Antonia Baum in der *FAZ* unter dem treffenden Titel »Gib alles!«. Die Botschaft ist: Wir brauchen euch in euren besten Jahren, später, wenn ihr alles gegeben habt, könnt ihr Kinder in die Welt setzen.

In einer TV-Diskussion meint der Journalist Michael Hesse, dass sich bei bioethischen Fragen eine »Empörungskultur« entwickelt habe und kaum darüber nachgedacht werde, welche Möglichkeiten und Freiheiten sich durch neue Methoden auch ergeben. Frauen müssten es ja nicht machen, aber wenn es solche Methoden gebe, sollten sie legal sein. Es sei schließlich legitim, dass Frauen ein Leben führen könnten wie Männer. »Aber ist das erstrebenswert?«, fragt ihn die Ethikerin

Christiane Woopen zu Recht. Die Gesellschaft habe ein Problem mit der Vorstellung, dass Frauen »autonom« über ihren Körper entscheiden, weil sie den Körper der Frau immer schon kontrollieren wollte, meinen manche Feministinnen. Mag sein, dass auch das eine Rolle spielt. Doch wenn Kinderkriegen ein gut vorbereitetes Projekt sein muss, dann muss man dafür den richtigen Zeitpunkt und den richtigen Mann wählen und nichts dem Zufall überlassen. Social Egg Freezing vermittelt, man habe für die Sondierung der Angebote, für die perfekte Wahl und Vorbereitung mehr Zeit. Es kann eine Einzelfalllösung sein, aber es ist keine gesellschaftliche Lösung, eher schon ein Zeichen gesellschaftspolitischer Resignation.

Kronzeugin für diese Resignation ist Anne Marie Slaughter, früher im Planungsstab der Ex-Außenministerin Hillary Clinton. In ihrem Essay »Warum Frauen immer noch nicht alles haben können« hat sie erklärt, warum sie ihren hochdotierten Job für ihre pubertierenden Kinder aufgegeben hat. Slaughter bereut ihre Entscheidung nicht, spät Kinder bekommen zu haben, aber sie idealisiert es auch nicht. Letztendlich sieht sie es als vorteilhafter an, früh Kinder zu bekommen, aber sie hat einen nüchternen Blick auf den Arbeitsmarkt, wo eine Mutter mit 43, deren Kinder aus dem Gröbsten heraus sind, kaum noch groß Karriere machen könne. Aber anstatt wie die SPD-Politikerin Gesine Schwan den Vorschlag zu machen, die »rush hour« des Lebens zu entspannen, indem Familien mehr Zeit gegeben wird und auch ältere Menschen zunehmend Karriere machen können sollten, meint sie, »so wie unsere Arbeitswelt heute funktioniert, rate ich, sich erst beruflich zu etablieren, aber trotzdem zu versuchen, Kinder vor dem 35. Geburtstag zu bekommen – oder Eizellen einzufrieren.« Ein bitterer Befund.

Autorin Susanne Fischer, die Frauen, die das tun, »weise Voraussicht« attestiert, ist begeistert und meint, dass diese Empfehlung in Deutschland einen Aufschrei nach sich zöge, »gilt die assistierte Reproduktion vielen doch als Teufelszeug, erst recht, wenn sie von Frauen gezielt eingesetzt wird, um ihr Zeitfenster zum Kinderkriegen zu verlängern«. An den Teufel glaube ich nicht, doch daran, dass es besser wäre, den Druck auf das Diktat des Marktes zu erhöhen, anstatt einen gesellschaftlichen Missstand mit Werbeeinschaltungen für die Medizin zu zementieren. Eine Buchseite später erklärt sie, dass die Frage der Vereinbarkeit von Familie und Beruf kein individuelles Problem sei. Wenn ich aber das Dilemma mit Social Egg Freezing zu lösen versuche, mache ich es genau zu einem individuellen Problem. Was jammern die Frauen über mangelnde Vereinbarkeit, über ungewollte Kinderlosigkeit, sie brauchen ja nur zeitgerecht ihre Eizellen einzufrieren. Dann ist nicht einmal mehr Kritik daran erlaubt, weil es ja »höchstpersönliche Entscheidungen« sind.

Hält man sich noch ein wenig an Lebensphasen, sollte man dafür plädieren, möglichst früh Kinder zu bekommen und die Bedingungen dafür zu schaffen, anstatt Frauen an die Hightech-Medizin zu verweisen. Wir zahlen einen hohen Preis, wenn alles der Wirtschaft untergeordnet wird. Wenn wir nicht bereit sind, uns gegen diese Vorgaben zu stemmen, dann werden sich solche Methoden durchsetzen. Den Männern verschafft Social Egg Freezing Spielraum, Frauen mit Kinderwunsch hinzuhalten. Die ganz Nüchternen werden sich aber ohnehin nicht mit paarungsunwilligen Männchen aufhalten, sondern zur Samenbank schreiten. Es ist auch absurd, wenn die Journalistin Elisabeth Raether meint, dass bereits bei der Antibabypille eine gesellschaftliche Realität mit einer Technisierung gelöst wird. Das ist ein unzulässiger Vergleich, weil der Aufwand ungleich massiver ist, als jeden Morgen eine Pille einzuwerfen. Es trifft auch nicht zu, dass »Männer von einer lebenslangen Fruchtbarkeit profitieren« würden, da »sie quasi bis ins Grab Kinder zeugen« können, wie Raether meint.

Social Egg Freezing bürdet den Frauen weiterhin auf, dass sie Familie und Beruf unter einen Hut zu bringen haben, nun eben in fortschrittlichem Kleid. Es wird ihnen vermittelt, dass Kinder ein Karrierekiller sind und bleiben. Social Egg Freezing ist Optimierungsdenken. Das Optimum ist die Mutterschaft; wenn der optimale Zeitpunkt für ein Kind da ist, werden die Eizellen aufgetaut – dann wird natürlich auch nur die optimale Eizelle ausgesucht und der optimale Embryo eingepflanzt. Dann ist keine Zeit mehr für Fehlversuche. Es ist ein effizientes Denken: Während die Frau eine Ausbildung macht, sich im Beruf etabliert und Karriere macht, gerade keinen Mann an der Hand hat, altern ihre Eizellen nicht einfach so vor sich hin, sondern liegen auf Eis, schockgefroren im jugendlichen Alter, verschont von lästigen Umweltfaktoren, die ihnen zusetzen könnten.

»Eine Frau wäre schwanger mit einem Kind, das aus einer Eizelle entstanden ist, die vielleicht 15 Jahre jünger ist als die Frau selbst und doch von ihr stammt. Eine Revolution! Die Frauen dieser Welt können sich dann ganz entspannt mit der Entscheidung für ein Kind Zeit lassen.« Bei aller Euphorie, die der Genetiker Markus Hengstschläger hier verbreitet, sollte man die Kirche im Dorf lassen. Die Entspannung wird spätestens dann zur Ernüchterung, wenn der Körper nicht mehr mitspielt oder die Eizellen nicht mehr so brauchbar sind wie erhofft. Die gepriesene Effizienz der Methode wird ziemlich mager, wenn man sich die Erfolgsraten vergegenwärtigt. Zwar überstehen rund 90 Prozent das Auftauen, aber nicht alle lassen sich befruchten, nicht immer wächst ein Embryo heran. Pro Eizelle liegt die Chance auf ein Kind derzeit bei nur acht bis zehn Prozent. Die Zahlen rasseln mit den Schritten der künstlichen Befruchtung nur so in den Keller. Laut einem Bericht in *Human Reproduction* blieben von 1087 aufgetauten Eizellen 760 erhalten. 687 konnten befruchtet werden, daraus entstanden 368 Embryos, 331 konnten transferiert werden, 145 nisteten sich ein, nur 18 Schwangerschaften entstanden. Am Ende kamen 13 Kinder auf die Welt.

Die Embryologin Helena Angermaier sagt: »Meines Erachtens ist das bislang kein verlässliches Verfahren. Im Moment wird es eher von IVF-Zentren ins Spiel gebracht, die damit einfach Geld scheffeln wollen.« Es gebe zwar Erfahrungswerte, aber nur bei kurzer Konservierung und vor allem mit gespendeten Eizellen junger Frauen. Aber keiner könne im Moment sagen, wie die schockgefrorenen, älteren Eizellen nach vielen Jahren reagieren. Denn bei diesem Prozess wird die Eizelle physikalisch gesehen zu Glas, und bei Minusgraden können sich im Lauf der Jahre Haarrisse bilden. Wenn so ein Haarriss durch eine Eizelle geht, ist sie beim Auftauen zerstört. Von einem

Standardverfahren sei man noch »weit, weit entfernt«, wer heute das Gegenteil behaupte, sei »unseriös oder sogar kriminell«.

Dass Social Egg Freezing ein so großer Trend wird, glaubt der Gynäkologe Martin Langer nicht, weil die Frauen jung sein sollten, wenn sie ihre Eizellen einfrieren. Das setzt voraus, dass sie sich bereits mit Mitte 20 mit ihrem Kinderwunsch auseinandersetzen. Erfahrungsgemäß werden solche Frauen ohnehin früh Mutter. Das Problem, mit Ende 30 kinderlos dazustehen, haben eher Frauen, die sich jahrelang nicht damit auseinandergesetzt haben. Sie haben dann auch nicht mit Mitte 20 vorgesorgt.

ALTER? NIE EIN HINDERNIS!

Die Elternzeitschrift *Nido* macht Werbung für späte Mutterschaft: »Das Glück der späten Mütter. Warum es egal ist, in welchem Alter man Kinder bekommt.« Es ist natürlich nicht egal. Im Magazin *Emma* hält die Schweizerin Dominique C. auf einem Foto glücklich lächelnd ein kleines Mädchen im Arm. Wie Oma und Enkelin, meint man, doch es ist eine 67-jährige Mutter mit ihrer einjährigen Tochter. Die italienische Sängerin Gianna Nannini, die mit 54 Tochter Penelope bekam, läuft fröhlich und agil ihrem kleinen Mädchen hinterher. Süß sind sie, die Kleinen. Das Glück sei den Frauen vergönnt, doch diese Bilder haben auch etwas Beklemmendes. Dass sie sich dafür der Medizin ausliefern müssen, wird in den Berichten beschönigt. Die Risiken einer späten Mutterschaft sind genauso wenig Thema wie die Rolle und Risiken der Eizellspenderin, die für so späte Schwangerschaften schließlich nötig ist.

Martin Langer, Gynäkologe im AKH, ist zunehmend mit Schwangeren jenseits der Menopause konfrontiert. Es ist eine hochriskante Angelegenheit: Die Gebärmutter bleibt zwar bis ins hohe Alter einsatzfähig, doch sie ist nicht mehr so gut durchblutet. Der Mutterkuchen baut sich nicht mehr optimal auf, sodass die Kinder mangelernährt sein können. Die Einnistung des Embryos ist schwieriger,

Hormonbeigaben sind nötig, um die Schwangerschaft überhaupt zu halten. Die Wahrscheinlichkeit von Gendefekten, Diabetes, Fehl- und Frühgeburten ist eklatant höher. Durch Hormone und das höhere Alter ist die Mehrlingsrate erhöht. »Der Organismus der Frau an sich ist bereits durch eine Schwangerschaft belastet, das Herz-Kreislauf-System zum Beispiel. Doch bei einer 59-Jährigen kann es zu massiven Herzproblemen kommen, wie bei einem Fall vor einigen Wochen«, so Langer. Es besteht erhöhte Gefahr von Bluthochdruck, Nachblutung, Gestose (früher »Schwangerschaftsvergiftung«), nachgeburtlicher Depression, chronischer Erschöpfung, Kaiserschnitt. Das kann der Preis sein, den diese Frauen offenbar zu zahlen bereit sind.

Risiken kann man ausblenden, aber sie verschwinden deswegen nicht. Auch nicht die Tatsache, dass der Trend zu später Mutterschaft zu mehr pränatalen Tests und Auslese von Ungeborenen führt. »Der Staat trägt das Risiko und die Folgekosten der IVF/ICSI-Behandlung, gerade von älteren Frauen. Wir stehen nachts vor den Monitoren und überwachen die Frühchen, passen auf sie auf, päppeln sie auf, damit sie durchkommen. Wir wachen die Nächte durch. Wir müssen die späten Mütter durch die Schwangerschaft bringen. Die IVF-Zentren tragen keine Verantwortung und null Risiko, wir hingegen tragen 100 Prozent Risiko«, kritisiert eine Krankenschwester die Entwicklung. Gianna Nannini behauptet, keine Hormone genommen und nur »ganz wenige Untersuchungen« gehabt zu haben. Wie soll das möglich sein? Ohne Medizin geht in Nanninis Alter normalerweise gar nichts mehr. Eine Frau hat nach der Menopause keinen Eisprung mehr, und selbst wenn sie noch vor der Menopause ist, ist die Qualität der Eizellen ab 40 durch Umwelteinflüsse, Alter und durch den Zyklus an sich schlecht. Ausnahmen gibt es immer wieder, aber im Normalfall ist die Chance auf eine Schwangerschaft um die 45 minimal.

Der Kinderwunsch mag auch mit der Angst vor der Menopause zu tun haben. Frauen verlieren ihre Fruchtbarkeit, es ist Zeit, sich auf eine neue Lebensphase einzustellen. Viele tun sich mit der Akzeptanz dieser Grenze schwer. Es hängt auch mit der Verherrlichung von

Jugend zusammen. Das Alter kann auch mit einem Kind bekämpft werden, weil es beweist, dass man noch nicht zum alten Eisen gehört. Denn kleine Kinder werden mit jüngeren Frauen assoziiert. Autorin Susanne Fischer meint, die späte Mutterschaft sei eine Antwort auf die Frage, ob Frauen alles haben können: »Wann wir welchen Teil von diesem ›alles‹ wollen, entscheiden wir!« Bis zu einem gewissen Alter, muss man anfügen, dann müssen wir uns wohl oder übel die Eizelle einer jüngeren Spenderin kaufen, um »alles« haben zu können.

Ob man späte Mutterschaft als so großen »Akt der Emanzipation« feiern soll, wie die Ethikerin Claudia Wiesemann, weil »Frauen Entscheidungen über ihr eigenes Leben treffen und sich dabei über Rollen-Vorgaben hinwegsetzen«, ist zweifelhaft. Sie räumt zwar ein, dass es besser wäre, früher Kinder zu bekommen und dies mit dem Beruf zu vereinbaren, aber solange das nicht gut möglich sei, »kann ich Frauen zu später Mutterschaft nur ermuntern«. Solche Ermunterungen führen in den meisten Fällen in die Klinik. Denn ein zunehmend großer Teil der Patientinnen landet bei der IVF, nicht weil sie von vornherein unfruchtbar waren, sondern weil sie zu lange gewartet haben. Dann ist fraglich, ob man zwischen Hormonen, Embryonentransfer und Eizellspende noch einen »Akt der Emanzipation« ausmacht. Was ist das überhaupt für eine Gleichberechtigung, wenn jede Anmaßung der Männer aus Prinzip auch den Frauen möglich sein muss?

Betont wird in der Debatte auch, die Natur werde schon dafür sorgen, dass eine Mutter auch mit 50 ihr Kind gut versorgen kann. Frappierend, dass man sich hier auf die Natur verlässt, die man sonst mit allen möglichen Methoden auszutricksen versucht. Es ist freilich ein Unterschied, ob eine Frau natürlicherweise noch ein Kind empfängt oder dafür eine Eizellspende braucht und ihren Körper hormonell auf Schwangerschaft programmieren muss. Beliebt ist auch das Argument, dass auch Großeltern Kinder gut aufziehen können. Dass Großeltern ihre Enkelkinder aufziehen, hat das Spiel des Lebens so gefügt, nun sind wir es selbst, die das Spiel betreiben. In schicksalhaften Konstellationen bleibt die Oma in der Großmutterrolle, auch wenn die Mutter zum Beispiel sterben sollte. Mit der Kraft ist es auch so eine Sache, wenn man 60 und mehr Jahre am Buckel hat. Die 66-jährige Adriana Illiescu sieht ihr Alter dennoch als Vorteil an: »Ich muss keine Karriere mehr machen und nicht mehr mit Männern flirten. Diese komplette Aufmerksamkeit könnte eine junge Mutter ihrem Kind nicht schenken.«

»Eltern müssen für die Zeit der Kindheit verlässlich sein. Mindestens ein Elternteil sollte theoretisch in der Lage sein, sich 18 Jahre lang um das Kind zu kümmern«, argumentiert Wiesemann. Das kann sich natürlich auch bei einer 60-jährigen Mutter ausgehen. Doch Eltern nur auf eine Versorgerrolle zu reduzieren, wird dem Thema nicht gerecht. Eltern sind ein Leben lang mehr oder weniger bedeutsam. Die Beziehung zu ihnen kann sich über die Jahren wandeln: vom anhänglichen Kind zum rebellischen Teenager, zur jungen Erwachsenen, die ihre eigenen Wege geht, bis zu einem Alter, in dem man wieder anders auf sie blickt, nachsichtiger, dankbarer, warmherzig. Eine 40-Jährige, deren Mutter 42 und der Vater über 50 war, als sie zur Welt kam, sieht späte Elternschaft nicht so idyllisch. »Es hatte auch Vorteile, dass meine Eltern älter waren. Doch nun mit 40 sind beide schon seit Jahren tot, ich habe auch keine Geschwister, und meine Großeltern konnte ich nicht kennenlernen. Das ist sehr schade. Es wäre schön, wenn ich auch jetzt noch Eltern hätte.«

Es gab schon immer ältere Mütter, von den fünfziger bis in die siebziger Jahre aufgrund der höheren Fertilität sogar mehr als heute, auch bei den 40- bis 49-Jährigen. Der Unterschied ist, dass diese Frauen bereits Mütter waren und spät noch einen Nachzügler bekamen. Heute sind die Älteren Erstgebärende. Nicht nur das Alter an sich, sondern auch diese Tatsache kann vermehrt zu Komplikationen führen. In den Jubel des Soziologen Hans Bertram über die späten »besseren Eltern« vermag ich nicht einzustimmen. »Je gefestigter Mütter und Väter sich in ihrer Biografie fühlen, desto stabiler sind das Wissen und die Werte, die sie vermitteln. Dass sie ein erfolgreiches Bild der Lebensbewältigung widerspiegeln, stimuliert zudem die Leistungsbereitschaft ihrer Töchter und Söhne.« Die Entwicklungspsychologin Sabine Walper betont: »Ihr innerer Freiraum für die umfassende Verpflichtung, die Elternschaft bedeutet, ist groß. Sie empfinden ihr bisheriges Leben als gelungen – und nun kommt, wie der i-Punkt auf dem Glück, zu guter Letzt das Kind.« Häufig bewahre es sie auch vor der Leere, die um sich greifen kann, wenn sich beruflicher Erfolg abnutzt, die Welt bereist ist und die Sehnsucht nach elementarer Bindung wachse. »Für späte Eltern ist ein Kind oft die letzte Möglichkeit, der Verdinglichung des Lebens zu entgehen – der Selbstdefinition allein über Leistung und Besitz«, meint auch Soziologe Johannes Huinink. Die Leere sollen sie füllen, Sinn sollen sie geben, Glück sollen sie bringen. Manchmal wäre es wohl besser, als Kind schreiend davonzulaufen.

Ich glaube, es ist müßig, darüber zu diskutieren, wer die »besseren Eltern« sind, die jungen oder die älteren. Vielleicht können wir uns drauf einigen, dass es auf das Alter nicht in erster Linie ankommt. Es ist gut und schön, wenn Eltern in ihrer Biografie und in ihren Werten gefestigt sind, doch merkwürdig ist der Anspruch, dass Kinder zu »mehr Leistung« bereit sind, wenn die Eltern »erfolgreich ihr Leben bewältigt« haben. Frühe Elternschaft gehe einher mit »schlechter Ressourcenausstattung«, mit geringem Einkommen, weniger Bildung und instabilen Partnerschaften, heißt es. Es ist erstaunlich, wie schnell hier sogenannte »bildungsferne« Schichten als schlechtere Eltern eingestuft werden. Jeder Handwerker, jede Landwirtin ist so gesehen eine Zumutung für ein Kind.

Die Eltern selbst sehen nicht nur Vorteile in der späten Elternschaft: Ein 50-jähriger Vater kommt bei den launischen Gefühlsausbrüchen seiner vierjährigen Tochter kaum hinterher, ein 56-Jähriger befürchtet, die Gedankenwelt seines Sohnes nicht mehr nachempfinden zu können, eine 44-Jährige hat den Eindruck, zu viel um ihre kleine Tochter zu kreisen. Die Autorin Petra Fosen-Schlichtinger, die mit dem Gebäralter von 39 zwar medizinisch als späte Mutter gilt, gesellschaftlich aber nicht mehr, sagt: »Wenn Sie meinen Sohn fragen, was er von den grauen Haaren seiner Mutter hält, wird er Ihnen eine andere Antwort geben als ich. Jede Frau muss das grundsätzlich für sich selber entscheiden. Wenn eine Frau mit 50 oder 65 sagt, ich will noch ein Kind, und es funktioniert dank IVF, und sie hat die Nerven dazu, und der Körper hält das alles aus, dann kann ich nur sagen, gratuliere.«

Zweifler werden gern als konservativ und frauenfeindlich abgetan. Schließlich werden Männer auch noch sehr spät Väter. Sie werden dafür – seltsamerweise – auch bewundert. Geld und Prestige des Mannes machen es in den meisten Fällen möglich, dass sich junge, hübsche Frauen auf ein Babyprojekt einlassen. Man könnte auch die Rolle dieser jungen Frauen hinterfragen. Doch die Ethikerin Claudia Wiesemann ist für »strikte Geschlechtergerechtigkeit«: »Wenn wir akzeptieren, dass 70-jährige Männer Kinder mit halb so alten Frauen bekommen, dann muss das auch umgekehrt möglich sein.« Allerdings geht es hier nicht nur um gesellschaftliche Akzeptanz: Den Unterschied hat nicht ein Gesetz, auch nicht eine Religion festgelegt, sondern die Evolution. Wenn Frauen später Kinder bekommen wollen, brauchen sie die Medizin dafür, Männer fallweise, doch ihre Samenzellen werden auch im hohen Alter immer »frisch« produziert. Die Gleichstellung ist biologisch nicht machbar, sondern nur mithilfe der Technik bedingt herstellbar.

Hier noch ein Beitrag zur »Geschlechtergerechtigkeit«: Auch das Alter des Vaters ist nicht unerheblich. Acht Prozent der 25-Jährigen scheitern beim Zeugen eines Kindes innerhalb eines Jahres, bei den 35-Jährigen sind es bereits doppelt so viele. Es steigen auch die Risiken einer Fehlgeburt, von Diabetes, Multipler Sklerose und Schizophrenie.

Der salomonische Spruch, dass alles seine Zeit hat, scheint ad acta gelegt zu sein. Nun muss immer Zeit sein, und wir bestimmen, wann es Zeit ist. Wir sprengen die Grenzen von Lebensphasen: Ältere, die im Herbst ihres Lebens sind, wünschen sich ein Kind und können sich wieder wie im Frühling fühlen. Nur: Sie sind nicht mehr im Frühling.

FRAGWÜRDIGE STAATLICHE FÖRDERUNG

In Deutschland werden 50 Prozent der Kosten bei zwei Versuchen ersetzt, in einigen Bundesländern gibt es Zuschüsse. Österreich ist erstaunlich großzügig und ersetzt zu 70 Prozent die Kosten von vier Versuchen. Wenn durch vier Versuche eine Schwangerschaft herbeigeführt wurde – unabhängig davon, ob sie zur Geburt eines Kindes führt oder nicht –, besteht erneut Anspruch auf weitere vier Versuche. Insgesamt sind 16 Anläufe möglich. Eine IVF-Behandlung beläuft sich ohne Medikamente auf etwa 3500 Euro, eine ICSI-Behandlung, die mittlerweile meistens vorgenommen wird, macht rund 4600 Euro aus, Insemination mit Fremdsamen etwa 1300 Euro. Die Allgemeinheit trägt nicht nur einen Großteil der IVF-Kosten, sondern auch der Intensivmedizin für die oftmals Frühgeborenen und Mehrlinge. Zwar ist der Beitrag zur IVF/ICSI aus dem staatlichen Budgettopf im Vergleich zu anderen Leistungen eher gering, doch die Ausgaben steigen deutlich an. Von 2009 bis 2013 wurden laut Rechnungshof mehr als 66 Millionen Euro aufgewendet. Der Beitrag ist eine Leistung der Krankenkasse, aber auch eine familienrelevante Leistung, weil er zur Familienbildung führen *kann*. Insofern befremdet es umso mehr, dass Adoptionen nicht finanziell unterstützt werden. 2011 merkte das Institut für Höhere Studien kritisch an, dass auf »künftige Entwicklungen Bedacht zu nehmen« sei, da man kaum Einfluss auf die Höhe der Beträge habe. Mit der Ausweitung der Zielgruppe und neuen Angeboten wie der PID werden die Kosten noch steigen. Eine IVF-Behandlung samt Eizellspende wird übernommen, wenn die Voraussetzungen gegeben sind, die Kosten für die Stimulation und Eizellentnahme bei der Spenderin sind jedoch privat zu tragen.

Da Kinderlosigkeit keine Krankheit ist, ist die Frage berechtigt, warum die Allgemeinheit dafür zahlen soll. Die künstliche Befruchtung umgeht die Unfruchtbarkeit mithilfe der Technik, stellte das deutsche Bundesverfassungsgericht fest, die Behandlung sei daher ein »eigenständiger Versicherungsfall«. Dass Kosten erstattet werden, ist eine Privilegierung, vor allem, weil Maßnahmen normalerweise wirksam und wirtschaftlich sein müssen, um von den Kassen unterstützt zu werden. Angesichts des erheblichen finanziellen Aufwands und der niedrigen Baby-Take-Home-Raten kann man das nicht behaupten. Die Sonderstellung ermöglicht zudem die staatlich geförderte Behandlung von Paaren, bei denen keine konkrete Ursache für Kinderlosigkeit gefunden werden kann, oder von Paaren, die älter als 35 sind, wenn also eine nachlassende Fruchtbarkeit nicht krankhaft, sondern ganz normal ist. Insofern ist es, unter dem Aspekt der sozialen Gerechtigkeit, nur eine Frage der Zeit, dass auch die finanzielle Unterstützung für lesbische Paare – nicht nur bei einer IVF-Behandlung – oder Alleinstehende gefordert wird.

FEHLENDE UNABHÄNGIGE BERATUNG

Der Euphemismus »Kinderwunschbehandlung« erhöht den Erwartungsdruck auf Paare, alles zu versuchen. Die ART ist laut Soziologin Sarah Franklin eine »Hoffnungstechnologie«, die garantiere, dass alles einen Sinn hätte. »Ich kann keine Kinder bekommen«, das Wörtchen *kann* suggeriert, dass man es vielleicht lernen kann, mit viel Ausdauer und Übung. Doch so läuft es nicht. Es ist ein mühsamer Weg, der voller Schweiß, Tränen und Schmerzen sein kann. Schwanken zwischen Hoffnung und Trauer, Fokussierung im Alltag auf die Behandlung, neben der Butter Hormonpräparate im Kühlschrank, Spritzen in der Schublade, Tabellen, Kontrollen, belastete Beziehung, Lügen am Arbeitsplatz, körperliche Belastungen. »Man nimmt den hormonellen Apparat der Frau in die Zwangsjacke«, erklärt ein Arzt. Die Eizellentnahme ist »für die Frau eine Rosskur«. Frauen, die die Hilfe der Medizin in Anspruch nehmen, fühlen sich wegen der moralischen Verurteilung der Branche diskriminiert. Hebammen berichten, dass sich »IVF-Mütter« von vornherein rechtfertigen würden. Patientinnen erzählen, dass besonders andere Eltern sie nicht verstehen würden. Jemand, der ganz selbstverständlich Kinder bekommt, kann sich nur schwer vorstellen, was Unfruchtbarkeit bedeuten kann.

Der Arzt Christoph Kindermann weiß, dass »irgendwann bei allen eine Leidensschwelle erreicht ist, und sie beginnen nachzudenken. An dem Punkt ist sicher auch die Psychotherapie gefragt, doch das wird von uns Ärzten ziemlich wenig forciert, weil es, ich sag es ketzerisch, geschäftsschädigend sein kann. Denn viele, die sich auf Psychotherapie einlassen, merken oft, das ist gar nicht unser Weg. Sie nehmen wahr, wie gewaltig die Belastung ist, wie die IVF-Behandlung das Leben und die Beziehung beeinträchtigt.« Er sieht die systemimmanenten Probleme: »Die Struktur einer IVF ist Planung und Kontrolle, das ist verlockend und beruhigend. Das heißt aber auch, dass man Patienten teilweise ihre Mündigkeit nimmt. Doch Versuche scheitern, relativ häufig, dann ist der Kontrollverlust oftmals unaufhaltsam. Das ist eine große Gefahr, deshalb verfolge ich die Linie, auch auf Alternativen hinzuweisen. Es ist wichtig, sich mit der Frage zu konfrontieren: Was passiert mit meinem Leben, wenn ein Kind ausbleibt?« Viele Betroffene fordern mehr bezahlte IVF/ICSI-Versuche. Ohne finanzielle Grenze kann es aber noch schwieriger sein, aus den Behandlungen auszusteigen. Zudem sinkt ohnehin die Wahrscheinlichkeit, schwanger zu werden, zumindest mit eigenen Eizellen. »Nach vier Versuchen sind etwa 80 Prozent der Frauen schwanger, aber bis dahin ist das ein steiniger Weg. Jeder weitere Versuch hat nur noch eine Erfolgsrate von weniger als zehn Prozent. Diese Angaben beziehen sich aber nur auf Frauen bis 40. Nach einer holländischen Studie werden etwa 60 Prozent der Frauen zwischen 40 und 45 Jahren schwanger, aber erst nach acht Versuchen!«, so Kindermann.

Unabhängige, seriöse Beratung wäre wesentlich. Eine ehemalige Patientin schildert, sie habe den Eindruck, dass grundsätzlich rasch IVF angeboten werde, ohne dass alle diagnostischen Möglichkeiten ausgeschöpft werden. Bei ihr wurde erst spät eine Blutgerinnungsstörung entdeckt. Hätte sie nicht von vornherein klargestellt, dass sie keine IVF will, wäre sie so behandelt worden, obwohl ihr Problem anders lösbar war. Gesundheitsministerin Sabine Oberhauser lässt auf *PULS 4* eine sonderbare Vorstellung von guter Beratung durchblicken: Die meisten Paare seien »sehr gut aufgeklärt durch diverse

Foren«, und auch weil die Behandlung so viel Geld koste, würden sie sich gut informieren. Bei den Ärzten gebe es eine »wirklich fundierte Aufklärung«. Zwar sei sie noch nie bei einem Gespräch dabei gewesen, aber sie kenne viele Mediziner. Dass eine verantwortliche Ministerin so darüber sprechen kann, unwidersprochen, sagt viel aus. Auch in einem Hintergrundpapier der ÖVP wird behauptet, dass eine Eizellspende nur »nach umfassender rechtlicher, medizinischer und psychologischer Beratung« erlaubt sei. Das trifft nur teilweise zu, denn eine psychologische Beratung ist nicht verpflichtend. Mangelhaft ist offenbar auch das Aufzeigen von Grenzen. »Sie muss beraten werden, aber letztendlich, wenn die Frau das will, wer hat das Recht, anstelle der Frau das zu entscheiden?«, so der Arzt Matthias Bloechle. Auch wenn sie 20 Versuche machen will? Wenn sich jemand letztendlich selbst schädigt, ist es sehr wohl die Pflicht eines Arztes, eine Grenze zu ziehen. Nach einer Studie der Universität Bochum (2011) fühlt sich eine Mehrheit der Patientinnen allein gelassen in der Entscheidung über ein Ende der Behandlungen.

Conclusio der Studie war obendrein, dass eine unabhängige psychologische Beratung selten stattfindet, weder im Vorfeld noch während oder nach der Behandlung. Die grüne Familiensprecherin Daniela Musiol beharrt dennoch: »Es gibt schon jetzt eine psychologische Beratung, bei IVF-Eingriffen wird die miterledigt.« Miterledigt. So nebenbei also. Expertinnen, die mit Patientinnen regelmäßig zu tun haben, sehen das anders: Fehlende Beratung führe dazu, dass der große Leidensdruck oft unthematisiert bleibt. Besonders nach mehreren Fehlversuchen seien die Frauen erschöpft, sie wollen eine Lösung, und wenn ihnen dann die Eizellspende angeboten wird, sehen sie unter dem großen Druck oft nicht, dass sie nach einer Eizellspende etwas anderes bekommen, als sie sich ursprünglich gewünscht haben, betont die Psychologin Karin Tordy. Sind Psychologen nicht standardmäßig in die Behandlung miteinbezogen, werde ihre Beratung selten in Anspruch genommen; einer Befragung zufolge aus folgenden Motiven: »vielleicht den Eindruck von Unsicherheit zu erwecken«, »die Behandlung zu verzögern«, »als komplizierte Patientin zu gelten«, »noch mehr finanzielle Ausgaben zu haben«, »verunsichert zu werden«. Tordy ist kritisch: »Es wird so getan, als ob Paare die Behandlung so reflektiert angehen. Doch wir erleben viele Paare, die überhaupt nicht mehr persönlich kommunizieren, sondern nur noch über Organisatorisches, Behandlungstermine, Erfolgschancen reden. Manche Männer machen mit, weil sie überzeugt sind, ›dass es eh nichts wird‹. Dabei dünnt die Beziehung aus. Es gibt kaum ein Innehalten mit Fragen wie: ›Wollen wir das wirklich, mit allen Konsequenzen? Oder sind wir da unbemerkt in einen Strudel geraten?‹ Ich finde es bedenklich, dass Reproduktionsmediziner nur auf der medizinischen Handlungsebene agieren und ein psychologisches Gespräch nicht zum Standardprozedere gehört.«

Besonders beruflich erfolgreiche, gebildete IVF-Patientinnen mit Ende 30 sind eine spezielle Risikogruppe für postpartale Depressionen. So paradox es sich anhört, wenn man jahrelang vieles für ein Kind getan hat, aber genau das ist die Erfahrung der Psychiaterin Claudia Reiner-Lawugger von der Spezialambulanz für Mütter im Otto-Wagner-Spital. »Vor allem Frauen, die mehrere Versuche gemacht haben, sind durch die Behandlung traumatisiert. Es ist einfach eine extreme Belastung, sowohl körperlich als auch seelisch. Bis zur Geburt haben sie Angst, dass noch einmal was passiert. Nach der Geburt kann es dann zu der paradoxen Situation kommen, dass sie mit dem Kind überfordert sind. Die narzisstische Reproduktion, der Kinderwunsch, der Plan ist so in den Vordergrund gerückt, dass sie das Ziel verloren haben, wenn das Kind dann tatsächlich da ist. Zu mir kommen natürlich nur jene, die Probleme haben, aber es gibt auch Extremfälle, die große Schwierigkeiten mit dem Baby haben.« Für ein Kind werden Beziehungen geopfert, Kredite aufgenommen, wird die Gesundheit riskiert, so die Ärztin. Viele Phänomene seien ein »deutlicher Hinweis« darauf, dass vor der Behandlung viel zu wenig darauf geschaut wird, wie die psychische Ausgangssituation ist.

Tordy spricht sich für eine verpflichtende Beratung als »integralem Bestandteil« der Behandlung aus, und zwar *vor* dem Entschluss, besonders bei einer Eizellenspende. »So unreflektiert, wie sie jetzt angewendet wird, ist es meiner Erfahrung nach oft zum Schaden der Beteiligten.« Sie habe immer wieder mit Frauen zu tun, die nach einer Eizellspende im Ausland aufgrund von Komplikationen im AKH behandelt werden müssen. »Weil die Behandlung so teuer und der Kinderwunsch so groß ist, wollen sich die Frauen ihre ambivalenten Gefühle, die Zweifel und Ängste gegenüber einer fremden Eizelle nicht eingestehen«, erklärt sie. »Aber nicht umsonst wird bei der Adoption von fremden Kindern viel in die Vorbereitung der Adoptiveltern investiert. Eine Eizellspende ist innerpsychisch ein ähnlicher Vorgang: Die Eizelle einer fremden Frau und damit deren Eigenschaften, genetische Ausstattung etc. müssen ›adoptiert‹ werden, da das so gezeugte Kind Wesensmerkmale dieser Spenderin haben wird. Diese Auseinandersetzung mit dem Unbekannten, das das Kind mitbringen wird, muss – auch im Interesse des Kindes – ausführlich und professionell im Vorhinein geführt werden.«

Gefühle wie Eifersucht gegenüber der fremden Spenderin, plötzliche Ablehnung des ersehnten Kindes, bei Mehrlingen das Gefühl, zu viele fremde Kinder in sich zu haben, registriert die Expertin. »Manchmal freut sich der Vater, die Frau hingegen kann keine Gefühle für das Kind entwickeln – und hat auch keine Ansprechpartner für diese unerwartete Situation. Da gibt es auch sexuelle Phantasien über die fremde Frau und den eigenen Ehemann. Die Spenderin, die jung, hübsch, gescheit und fruchtbar sein und damit dem Kind eine gute genetische Ausstattung mitgeben soll, aber dadurch eben auch genau jene Eigenschaften besitzt, die die Empfängerin nicht oder nicht mehr hat. Das alles ist doch ein sehr komplexes Beziehungsgefüge, dem in der Vorbereitung überhaupt nicht Rechnung getragen wird.«

Es gibt äußerst problematische Fälle: Eine 45-jährige Schwangere erkrankt an einer akuten Psychose, sie verhält sich aggressiv gegenüber dem Ungeborenen mit Schlägen auf den Bauch. Aus medizinischen Gründen wird die Schwangerschaft abgebrochen. Eine 52-jährige Patientin wird per Kaiserschnitt von Zwillingen entbunden. Sie verweigert die Anwesenheit der Kinder in ihrem Zimmer: »Ich hab mir alles so schön vorgestellt. Jetzt bin ich noch nicht so weit.« Eine 49-jährige

Frau beklagt sich, weil sie keine »Bilderbuchschwangerschaft hatte wie meine Freundinnen«. Eine 57-jährige Patientin hat bereits zwölf Abbrüche hinter sich. Ihr einziger Sohn ist vor kurzem verstorben. Sie »möchte wieder ein Kind, um nicht allein zu sein«. Tordy erzählt von einer Frau, der eine fremde und eine eigene befruchtete Eizelle eingesetzt wurden. »Der Arzt sagte ihr, falls Sie schwanger werden, glauben Sie einfach, dass es von Ihnen ist.« Die Psychologinnen können hier nur noch Krisenintervention betreiben, weil die Frauen »auf Durchhalten programmiert« seien.

Die Motive für Eizellspenden seien nicht nur der dringende Kinderwunsch, wie meistens medial vermittelt wird, sondern auch der Druck der Familie nach Erben, nach Enkeln. Oder das Bedürfnis, den jüngeren Partner durch ein Kind an sich zu binden oder vom Ehemann nicht verlassen zu werden, sich wieder jung und unverbraucht zu fühlen. »Auf die Bedürfnisse des Kindes wird meist nicht geachtet«, bemerkt Tordy. Es ist, besonders bei älteren Schwangeren, eine Rollenumkehr zu beobachten: Die Kinder sollen eine Lücke füllen und für Glück sorgen. Spätestens im jungen Erwachsenenalter werden diese Kinder ihre Eltern versorgen müssen. Die wenigsten werden über ihre Herkunft Informationen erhalten, auch, weil die Eizellspende in den meisten Ländern anonym ist, obwohl von der Adoptionsforschung bekannt ist, wie wichtig dieses Wissen für die psychische Entwicklung eines Menschen ist.

Viele Probleme haben auch mit der Zersplitterung der Medizin zu tun. Die Reproduktionsmediziner wollen eine Schwangerschaft erreichen, doch sie betreuen dann die Schwangere nicht und sind nicht bei oder nach der Geburt dabei. Auch in Spitälern gibt es keine Besprechung von Geburtshilfe und IVF-Abteilung, obwohl dieselben Patientinnen zeitversetzt betreut werden. Durch die Teilung ist es der Reproduktionsmedizin möglich, negative Aspekte ihres Vorgehens auszublenden.

»MODERNE« FAMILIEN SIND
ZIEMLICH RETRO

Die »heteronormative Kleinfamilie« steht am Pranger, als ob sich diese Norm ausschließlich kulturell gebildet hätte. Dass Kinder nun mal aus heterosexuellen Verbindungen entstehen, ist keine kulturelle Norm, sondern eine natürliche Gegebenheit. Selbst bei Befruchtung im Labor. Erstaunlich ist, wie oft mit dem Brustton der Überzeugung dargestellt wird, wie sich die Gesellschaft in Zukunft entwickeln wird, dass die traditionelle Familie nur noch eine »Karikatur« sei, dass immer mehr Menschen selbstbestimmt ihre Familien basteln werden, dass die künstliche Befruchtung die natürliche Zeugung womöglich ohnehin ablösen werde. Wir wissen sehr, sehr wenig, wohin bei solchen Themen der Hase läuft. Wir können nicht sicher vorhersagen, wie Individuen oder Gruppen in bestimmten Situationen agieren werden. Eine Gesellschaft lässt sich nicht im Labor nachstellen.

Sosehr die »Vater-Mutter-Kind«-Familie als einzig selig machende Version kritisiert wird, so sehr wird auch bei neuen Familienformen alles getan, um deren tradierten Strukturen zu entsprechen. Sie passen sich der Norm an, weil sie sich davon maximale Anerkennung versprechen. Trotz der anderen Beteiligten bei der Zeugung eines Kindes sehen Familienfotos aus wie eh und je, zwei Eltern mit Kind. Die Mutter- oder Vaterrollen sind doppelt besetzt, aber die anderen Beteiligten fehlen. Ehrlicher ist da schon jenes Bild eines US-amerikanischen Paares in der *Geo*-Reportage »Der gekaufte Bauch«: Die soziale Mutter mit den Zwillingen am Schoß sitzt im Vordergrund, die zwei Leihmütter stehen neben dem Ehemann hinter ihr. Zwar fehlt die Eizellspenderin, aber immerhin wird so die tatsächliche Familienbildung offengelegt.

Dass sich überkommene Strukturen als so stark erweisen, habe damit zu tun, dass Familien eine Balance halten müssten zwischen Grenzen und Gemeinsamkeiten, schreiben die Autorinnen Dorett Funcke und Petra Thorn. Auch »neue« Familien würden nur nach außen hin anders aussehen, innerlich würden alte Strukturen in Bezug auf Polarität, Dauer, Exklusivität, Verbindlichkeit bestehen. Es werden Unterschiede eingeführt, indem lesbische Paare einen Samenspender aussuchen, der der sozialen Mutter möglichst ähnlich schaut. Oder es kristallisiert sich eine »Breadwinner-Funktion« heraus, einer übernimmt die Ernährerrolle, der andere die Kinderbetreuung. Oftmals versucht der soziale Elternteil durch die Herstellung von Nähe den biologischen »Mangel« zu kompensieren und bleibt beim Kind. Die sozialen Elternteile werden nicht Tante oder Onkel oder beim Vornamen genannt, denn sie sollen nicht außerhalb platziert werden. So gibt es Mami und Mama, Papi und Papa. »Das Paar kann, auch wenn es das Kind nicht über den natürlichen Prozess gemeinsam gezeugt hat, gegenüber dem Kind seine Gemeinsamkeit, nämlich für es Eltern zu sein, vertreten.«

Biologische Elternschaft hat nicht die zentrale Bedeutung, die ihr oftmals zugewiesen wird, aber sie löst sich auch nicht in Luft auf. Deshalb hat es auch keinen Sinn, dem Kind diese Tatsache zu verschweigen. Indem der biologische Beitrag aber als irrelevant für die zukünftige Familie abgetan wird, können die Grenzen der trauten Kleinfamilie gewahrt bleiben. Auch die »neuen« Familien glauben, dass Offenheit allen Beteiligten gegenüber die Familie ins Wanken bringt. Die Psychologin Lisa Green meint, anonyme Spenden würden »maximalen Schutz« vor Erkrankungen bieten und eine Elternschaft zu zweit sichern. Darum ging es auch immer heterosexuellen Paaren, die eine Fremdsamenspende in Anspruch nahmen. Lesbische Paare wenden sich lieber an eine Samenbank, als ein Pflegekind aufzunehmen. Experten vermuten, dass sich Frauen schwertun, eine Mutterrolle einzunehmen, nicht nur neben einer zweiten Frau, sondern auch noch neben der leiblichen Mutter. Zudem wollten sie schwanger sein.

Die Publizistin Sibylle Hamann fordert die ÖVP in der *Presse* auf, doch keine Angst vor solchen Familien zu haben: »Hier stehen nämlich Menschen, die aus ganzem Herzen Eltern werden wollen. Die Mut und Liebe und Motivation mitbringen und noch viel mehr. Menschen, über deren Existenz man in einer Kindermangelgesellschaft eigentlich froh und dankbar sein müsste.« Abgesehen davon, dass auch sie den schrecklichen »Kindermangel« nicht einschneidend beheben werden, weil sie eine kleine Minderheit, selbst in der Homo-Szene, darstellen, ist es beachtenswert, wie sehr die Gründung von Familien von einer feministischen Autorin als Ideal angesehen wird. Sonst donnern Rechte, Konservative und Nationalisten, dass wieder mehr Kinder gezeugt werden müssten, um dem Kindermangel gegenzusteuern. Nun schicken sich Homosexuelle an, dieser Forderung nachzukommen, was die Rechten zwar keineswegs freut, aber offenbar die Linken. Und die Kleinfamilie wird auch von alternativen Politikern überhöht. Die grüne EU-Abgeordnete Ulrike Lunacek meinte im *ORF*: »Ich verstehe nicht, wieso sich gerade die ÖVP, die sich so als Familienpartei aufspielt, so davor fürchtet, wenn endlich Frauen und Männer sagen, sie wollen Kinder und Familie haben, und sich nicht wie viele heterosexuelle Paare scheiden lassen oder nicht mehr heiraten wollen. Sie müssten froh sein, dass es Leute gibt, die Familie wollen.« So ist es nur konsequent, dass die Propagierung der Familienidylle Hand in Hand mit der Forderung nach einer »Homo-Ehe« geht. Dadurch werden die Ehe und die mit ihr verbundenen Werte wie Verbindlichkeit, Exklusivität und Langfristigkeit als höchste Norm beworben, weil nur von dieser Rechtsinstitution maximale Anerkennung erwartet wird. Wer hätte gedacht, dass dieses vor Jahrzehnten für viele noch spießige, bürgerliche, religiöse Konzept im Namen der Gleichstellung nun so begehrt ist? Die Eingetragene Partnerschaft rechtlich völlig mit der Ehe gleichzustellen, sie auch für Heterosexuelle zu öffnen, würde eine neue Möglichkeit neben der Ehe eröffnen und ihre Bedeutung relativieren. Doch dafür setzt sich politisch niemand mehr ein. Von einem »Rückzugsgefecht« der Konservativen ist oft die Rede, doch konservative Modelle scheinen sich zu stabilisieren. Sowohl die Grünen als auch die Sozialdemokraten haben ihre Konzepte analog zum französischen zivilen Solidaritätspakt oder die »Ehe light« ins Archiv verräumt.

Der Wunsch, als »normal« zu gelten und entsprechend der geltenden Normen anerkannt zu sein, scheint größer zu sein als Vielfalt und Differenz – trotz IVF und mehreren Elternteilen. Medial werden

»ganz normale Familien« präsentiert, die sich immer »mit zwei Kindern sahen, in einem hübschen Haus mit Garten und Hund«. Die
»ganz normale« Idylle, auch wenn es eine weitere Beteiligte gab, ohne
die diese Idylle nicht stattfinden würde. Doch die Eizellspenderin
bleibt unsichtbar. Noch viel stärker fällt das bei gleichgeschlechtlichen
Familien auf. Trotz des politisch formulierten Anspruchs, die heteronormative Kleinfamilie zu durchbrechen und sich von traditionellen Wertvorstellungen zu lösen, präsentieren sich viele medial höchst
konservativ: ein Männerpaar mit Hund, Katze, zwei Kindern im Haus
im idyllischen Mühlviertel, dazu noch eine altkatholische Taufe; ein
strahlendes Frauenpaar mit dem Baby am Schoß, vom Freund, der als
Samenspender Einsatz zeigte, keine Spur, weder auf dem Foto, noch
wird er namentlich erwähnt. Es ist kein Ausbruch aus der Kleinfamilie
zu bemerken, sondern ganz im Gegenteil ein biedermeierlicher Rückzug. Wurde die Familie einst als Hort der Ideologie und als Gefäng-
nis enttarnt, wird sie nun wieder verklärt. Ein Grund dafür könnte
die gefühlte Ohnmacht in einer unüberschaubarer, komplizierter ge-
wordenen Welt sein. So versuchen wir eben zumindest unsere Familie
massiv selbst zu bestimmen.

DIE AUSLESE

Über das Leben wird verfügt, statt dass
man sich ihm zur Verfügung stellt.

Joseph Duss-von Werdt

ELTERN ERZÄHLEN

27 Zentimeter, 378 Gramm, geboren am 19. Dezember 2013. Fridolin (*alle Namen geändert*) lebte, als er geboren wurde. Nach einer Dreiviertelstunde schlief er friedlich in den Armen seiner Eltern ein. Die Ärzte unternahmen nichts, sie ließen ihn sterben. Sein Tod war so geplant. »Die Zeit, die wir mit ihm hatten, war wunderschön. Das will ich nicht missen«, sagt seine Mutter Gudrun. Auf einem Foto sieht er aus wie noch nicht von dieser Welt: die großen Augen geschlossen, die dünne Haut bläulich vom Sauerstoffmangel, so fragil und klein. Zehen, Finger, alles da. Im Vorzimmer der Wohnung hängt eingerahmt eine Handzeichnung von Fridolin. Daneben ein Familienfoto mit der kleinen Tochter: Im Kindergartenalter und mit Stofftier in der Hand lacht sie mit ihren Eltern in die Kamera.

»Spina bifida« war die niederschmetternde Diagnose. Die Eltern entschieden sich schweren Herzens in der 21. Woche zu einem Abbruch. Im Zuge des Organscreenings wurde bei Fridolin ein offener Rücken entdeckt. Ein Arzt hat Gudrun untersucht, schweigend und konzentriert sei er gewesen, als er die Ultraschallsonde über den Bauch gleiten ließ. Danach meinte er ernst, dass es leider eine Anomalie gebe. Tausend Gedanken und Fragen schossen ihr durch den Kopf. Im Gespräch mit dem Arzt, zu dem auch ihr Mann Martin herbeigeeilt war, stand die Option eines Abbruchs im Raum. Sie wurden zur weiteren Abklärung ins AKH überwiesen, wo eine Psychologin bereits auf sie wartete. Drei weitere Tests, inklusive einer MRT, sorgten für Klarheit. Es sei keine Fehldiagnose, die Beeinträchtigung schwer: Die Nerven, die sich normalerweise im Wirbelkanal befinden,

würden außen anwachsen, was bedeute, dass Wachstumsschübe mit
höllischen Schmerzen verbunden wären. Durch den Austritt von Rü-
ckenmarkflüssigkeit entsteht Unterdruck, wodurch es das Gehirn in
den Wirbelkanal zieht. Querschnittslähmung zu 100 Prozent, über
Organe wie Blase und Darm keine Kontrolle. Sofort nach der Geburt zwei Operationen, zudem bräuchte das Kind einen Shunt im
Gehirn, eine Verbindung, um das Hirnwasser abzuleiten. Der Bub
würde seine ganze Kindheit mit Operationen verbringen, die Wahrscheinlichkeit einer Beeinträchtigung des Gehirns liege bei 20 bis 30
Prozent. Nichts wäre mehr wie vorher, sagte der Arzt, weder für die
Eltern noch für ihre fünfjährige Tochter.

Der Schock saß tief, die Angst auch. »Es ist schlimm genug, sich
hier entscheiden zu müssen. Letztlich haben wir unser Kind umge-
bracht, um uns zu schützen, auf das läuft es im Endeffekt hinaus.
Deshalb habe ich gehofft, hier eine klare Diagnose zu haben. Ich habe
kurz überlegt, eine Behindertenorganisation zu kontaktieren, aber ich
habe mich informiert gefühlt, der Arzt hat uns gut beraten. Das Baby
hat sich im Bauch bewegt, es war schrecklich. In so einer Situation
moralisch zu diskutieren, das hätte ich nicht ertragen. Man muss auch
seine Grenzen kennen. Es ging um die ganze Familie. Auch der Gedanke, dass er so leiden muss und wir ihm das ersparen wollen, war
entscheidend«, erklärt Gudrun.

Nach einer Bedenkzeit wurde ein Termin für den Spätabbruch vereinbart. Die Psychologin erklärte ihnen den genauen Ablauf. »Es war
die Hölle«, sagt Gudrun. »Die Beschreibung, wie das ablaufen wird.
Es war für mich wie eine Fahrt durch die Nacht. Es war für mich
zuerst völlig unklar, muss das Kind ausgeschabt werden, wird er um-
gebracht, muss ich es gebären? Dass man hier eine normale Geburt
hat, mit allem, was dazugehört, mit Einleitung, mit Wehen, Schmerzen, mit Milcheinschuss, Hormonen, ist niemandem klar, mir war
das auch nicht klar. Die meisten haben eher die Vorstellung einer Art
Fehlgeburt, dass das Kind einfach abgeht.« Sie erfuhren, dass es sehr
wichtig sei, Abschied zu nehmen, auch sei positiv, wenn das Kind
nach der Geburt Lebenszeichen hat und nicht tot wie bei einem Feto-

zid zur Welt kommt. Auch wenn man weiß, dass es bald sterben wird, sei die Zeit mit dem lebenden Kind wertvoll. Im ersten Schock sei es undenkbar, das Kind »normal« zur Welt bringen und es schließlich sterbend im Arm zu halten. Doch gerade der Geburtsvorgang und die kurze Zeit danach ist ein wichtiger Teil des Abschieds und der Trauer. Diese Momente sind die einzigen, die die Eltern mit ihrem Kind haben. Die Geburt wurde mittels Wehenmittel eingeleitet und war eine vollwertige Entbindung. »Die Wehen waren nicht weniger schlimm, Wehen sind Wehen. Ein Unterschied war nur bei den Presswehen, das ist leichter, weil das Baby kleiner ist. Ich habe mir alle Schmerzmittel geben lassen. Ich habe gekotzt, geweint, geschrien.« Die Tränen sind nahe, wenn sie davon erzählt und wenn sie die wichtigen Momente beschreibt: »Seine Augen blieben geschlossen, er hat sich ein wenig bewegt, ab und zu, ich habe ihn gestreichelt. Als er auf die Welt gekommen ist, hat er ein bisschen gewimmert. Wir haben viel geweint, er war mal bei mir, dann bei Martin, wir haben ihm vorgesungen. Plötzlich habe ich gespürt, er ist weg.« Martin streicht ihr über den Rücken und ergänzt: »Die Dreiviertelstunde, die er da war, war sehr schön. Man freut sich, dass das Kind da ist. Es ist seltsam. Ich musste mir dann immer in Erinnerung rufen, dass das ein Ablaufdatum hat.«

Man stehe unter Schock, professionelle Hilfe sei dann Goldes wert. »Als klar war, dass wir ihn gehen lassen müssen, haben wir uns nur gedacht, wir fahren ins Spital, bringen das schnell hinter uns, und dann fahren wir nach Hause und vergessen alles. Dann geht das Leben weiter. Das ist der erste Impuls. Doch letztlich funktioniert das so nicht. Wir haben schließlich beschlossen, das schaffen wir gemeinsam. Das tun wir noch für ihn.« Gudrun wendet sich am Tag danach an die Hebamme und Psychotherapeutin Renate Mitterhuber. Dass sie sich so rasch gemeldet hat, sei sehr wichtig. »Das machen die wenigsten Frauen. Zu viele bleiben in ihrer Not alleine.« Nach dem Abbruch nach Hause zu kommen, die Fragen älterer Kinder, Freunde und Eltern beantworten zu müssen, das vorbereitete Kinderzimmer zu betreten, das Entsetzen und die Sprachlosigkeit, wenn man erzählt, dass das Kind gestorben ist, sind schwer zu bewältigen. Gudrun litt unter tiefer Trauer, viele, viele Tränen habe sie vergossen, viele Wochen lang. Zudem ist der weibliche Körper auf Baby eingestellt, ist überschwemmt von Hormonen, die Milch tropft. Der Gedanke, das Kind beerdigen zu müssen, an den kleinen Sarg, habe ihr die Luft zum Atmen geraubt. Martin kämpfte mit dem Gefühl, so kaltherzig zu sein und den Tod seines eigenen Kindes entschieden zu haben. Für all diese Fragen ist eine Begleitung wesentlich, jemand, der einem Tipps geben kann, der zuhört, der auch die Trauer der Eltern in einem geschützten Rahmen ermöglicht. Denn sonst trifft diese Trauer auf wenig Verständnis, wenn sie länger anhält. »Sie muss genauso unsichtbar sein, wie es das Baby war«, so Gudrun. Beim Begräbnis waren Familienangehörige da, sie haben Luftballons steigen lassen. Die kleine Tochter hatte ein Bild gezeichnet, das sie dem Bruder mit einem Luftballon geschickt hat. »Wir konnten uns leichter verabschieden, weil wir uns Zeit genommen haben. Die Gefühle, dass du ein Kind verloren hast, hat man ja, wenn die Zeit mit ihm, die Auseinandersetzung fehlt, von wem soll man sich verabschieden? Es ist dann viel schwieriger, die Trauer zu bewältigen.« Auf die Väter werde gerne vergessen, alles fokussiere auf die Mütter, die natürlich den schwersten Einschnitt erlebt haben, doch auch Väter trauern. »Man wird ständig gefragt, wie geht es deiner Frau, sehr selten wird gefragt, wie geht es dir?«, erzählt Martin.

Es ist ein großes Tabu. Das zeigt die Tatsache, dass keine öffentlich zugänglichen Zahlen über Spätabbrüche erhältlich sind, das zeigt die stille Trauer der Eltern. Sind Totgeburten und die Trauer um verstorbene Ungeborene ein Tabu, ist es die Entscheidung, sein Ungeborenes im Mutterleib aus wohlüberlegten Gründen töten zu lassen, noch viel mehr. Die Version vom Spätabbruch kennen nicht viele. »Ich will nie in die Verlegenheit kommen, mit Leuten, die mir nicht nahestehen, über unsere Entscheidung diskutieren zu müssen. Es ist auch nicht so einfach, man muss einiges erklären, wie wir zu unserem Entschluss gekommen sind«, betont Gudrun. Hilfreich wär, wenn es eine Art »Überlebenspaket« für Betroffene gäbe: Buchtipps, Adressen von Beratungsstellen und Selbsthilfegruppen, Beruhigungstropfen, Informationen über Mutterschutz und Beerdigung. »Wir würden uns wieder so entschieden«, sagen beide unisono. »Rational betrachtet war nie die Frage, ob es eine falsche Entscheidung war, aber natürlich hatten wir Gewissensbisse und Schuldgefühle. Das ist nicht zu vermeiden«. Sie sprechen nun darüber, weil sie begreiflich machen wollen, wie schwierig diese Erfahrung in ihrem Leben war und wie wesentlich Unterstützung dabei ist.

VON »ZELLHAUFEN« UND MENSCHEN

Hintergrund aller Debatten um die Präimplantationsdiagnostik (PID) und den Abbruch sind zwei zentrale Fragen: Wann beginnt menschliches Leben? Ab wann ist es schützenswert? Eine klare Grenze ist schwer zu ziehen. Für die einen beginnen das Leben und der Schutz bei der Vereinigung, für die anderen ab der Einnistung oder ab dem 40. Tag. Manche meinen sogar erst nach der Geburt – auch das gibt es. Die Journalistin Barbara Toth kritisierte im *Falter* die bisher verbotene PID: »Unsere Politik duckt sich weg, im Grunde seit 20 Jahren. Aus Angst, gegen Lebensschutzbeauftragte, christliche Aktivisten und Vertreter von Behindertenorganisationen argumentieren zu müssen, die immer noch vorbeten, dass das Leben mit der Empfängnis beginnt.« Ich denke nicht, dass es Angst war, sondern es ist nun mal auch so, dass manche Politiker bestimmte Werthaltungen vertreten und deshalb eben keine Änderung wollten. Die Aussage »noch immer vorbeten« hört sich so an, als ob es einen objektiven Richter gäbe, der uns diese Frage schon längst beantwortet hätte und die Kritiker es noch immer nicht zur Kenntnis nehmen wollten. Die Deutung, dass das menschliche Leben ab der Vereinigung beginnt und schützenswert ist, nur mit religiösen Prinzipien gleichzusetzen, verkennt die breite philosophische Debatte darüber. Es gibt keine richtige Antwort auf den Lebensbeginn und die Schutzwürdigkeit, weil es eine moralische Frage ist. Keine einzige davon kann absolut gesetzt werden, mit

Ausnahme der naturwissenschaftlichen Tatsache, dass pures, menschliches Leben mit der Vereinigung beginnt. Alle Grenzen, ab wann es zu schützen ist, sind willkürlich, nicht nur jene von »Lebensschutzbeauftragten«, sondern auch jene des Staats. Hier hat man sich auf einen Kompromiss demokratisch geeinigt. Aber die Grenze ist deshalb weder objektiv noch die einzige Möglichkeit.

Für viele ist der Embryo nur ein »Zellhaufen« oder ein »Achtzeller«. Für andere ist er bereits ein Kind. Indem der Embryo abgewertet wird, kann die PID oder der Abbruch als ethisch einwandfrei verkauft werden. Wenn der Medizinethiker Giovanni Maio von einem »Kind« im Kontext der PID spricht, dann wird die Auslese von Embryonen zu einer Tötung von Menschen. Ein Embryo muss nicht mit lebenden Menschen gleichgesetzt werden, aber werdendes Leben, egal ob behindert oder nicht, ist prinzipiell geschützt. Es ist eine Abwägungssache, diesen Schutz abzustufen. Wenn man den Embryo aber verdinglicht, man von einem Bakterium, einem »Achtzeller«, einem »Zellhaufen« spricht, dann steigen diese Kampfrhetoriker in die Denklogik der Reproduktionsmedizin ein. Den Embryo zu Abfall zu machen, zu einem Ding, ist kein unerfreuliches Nebenprodukt der Branche, sondern das Ziel, betont Soziologin Charis Thompson. Er wird zu einer Sache, die man bewerten, verwerfen oder eben verwenden kann. Das neue Leben ist mikroskopisch klein und kann im Ausguss weggespült werden. Was fast nichts ist, ist nichts wert. Geradezu im Akkord werden Embryonen hergestellt, in Containern lagern mit Stickstoff tiefgekühlt Tausende Embryonen. Die Bedeutung kann sich aber rasch ändern, obwohl er noch immer ein »Zellhaufen« ist: Blickt ein Paar auf den Embryo am Bildschirm des Arztes, aus dem das heiß ersehnte Kind werden soll, wird er kostbar. Einen ungeahnten Aufstieg macht der Embryo im Rahmen der Pränataldiagnostik: Der verschmähte »Zellhaufen« schafft es innerhalb kurzer Zeit zum ehrbaren Status eines Patienten. Ist der Embryo einige Wochen alt, wird er fotografiert, bestaunt und untersucht.

Wesentlich bei der Debatte ist ein korrekter Sprachgebrauch, damit vermeidet man auch Begriffe wie »Zellhaufen«. Vielleicht könnte man sich an ein Urteil des Europäischen Gerichtshofs in Luxemburg vom Dezember 2014 halten, das festhielt, dass jede menschliche Eizelle vom Stadium ihrer Befruchtung an als »menschlicher Embryo« anzusehen sei. Von »genetischem Material« zu sprechen entlarvt ein konsumorientiertes Denken. Denn über Material kann ich verfügen, wie ich will. Aber selbst wenn man sich in einem gewissen Ausmaß für die PID oder Spätabbruch ausspricht, sollte man dennoch den Preis dafür kennen, nämlich ungeborenes Leben in welchem Stadium auch immer zu opfern.

WAHLKIND DURCH PID

Die Präimplantationsdiagnostik bewegt die Gemüter. Dabei geht es grob gesagt darum, einen künstlich gezeugten Embryo einer genetischen Überprüfung zu unterziehen, bevor ihn der Arzt in die Gebärmutter einsetzt. Damit sollen genetisch bedingte Erbkrankheiten vermieden werden beziehungsweise mehrmalige Tod- und Fehlgeburten aufgrund genetischer Schäden des Embryos. Doch es bedeutet viel mehr: PID kann auch als »Lifestyle-Technik« Anwendung finden, beispielsweise, wenn das Geschlecht ausgesucht wird.

So wie in der Debatte provokant der Begriff »Zellhaufen« eingesetzt wird, hat auch das »Designerbaby« seinen Auftritt. Ein Kind durch Diagnostik und Auslese zu gestalten, ist bis jetzt jedenfalls unmöglich. Denn auch wenn Vermittlungsagenturen von Samen und Eizellen wie eine »Wünsch-dir-was«-Plattform wirken, so einfach ist es nicht. Körperliche Merkmale wie Augenfarbe oder Körpergröße sitzen nicht auf einem Gen, Eigenschaften wie Intelligenz sind auch durch Umwelteinflüsse bestimmt, betont Humangenetiker Hans-Christoph Duba. Klar ist aber auch, dass in diese Richtung eifrig geforscht wird. Bedenken über künftige »Designerbabys« werden mit Furor abgetan. Es besteht aber de facto ein großer Anspruch, ein Kind selbst schaffen und auch formen zu wollen, wie eh und je. »Wer ein Problem mit dem Begriff ›Designerbaby‹ hat, soll zu mir in die Praxis kommen«, sagt

der Kinderarzt Klaus Vavrik dazu. Nun will man bereits von Anfang
an Einfluss nehmen: In der Medizin wird versucht, die Embryonen
auszusieben, die unerwünschte oder schwere Gendefekte haben, und
in der Forschung wird versucht, Gene zu reparieren, also zu verbessern. Interessant ist, dass auf den Vorwurf, »Designerbabys« schaffen
zu wollen, stets die Feststellung kommt, das sei doch technisch gar
nicht möglich. Selten ist zu hören, das ist ethisch nicht vertretbar. Insofern kann man skeptisch bleiben: Was ist, wenn es technisch möglich ist?

Die PID ist definitiv ein Ausleseinstrument. Der Begriff »Diagnostik« verschleiert, dass es eben nicht um Therapie geht, sondern um
Auslese. Auch das Wort »Prävention« ist hier falsch, denn verhindert
werden nicht nur Leid und eine Krankheit, sondern der Embryo, der
die Krankheit trägt. Wenn Techniken nicht als das benannt werden
können, was sie sind, ist auch keine Debatte über ihre Vertretbarkeit
möglich. Wenn ich für Auslese aus guten Gründen bin, dann ist es
wohl das Mindeste, mit offenen Karten zu spielen, anstatt die Absicht
der PID zu vernebeln. Bei der Auslese sind Naturvorgänge Vorbild:
Die Natur liest auch aus, also warum sollen wir das nicht auch tun
dürfen? Die Natur wird zum Maßstab für moralisches Handeln er-
hoben. Es handelt sich hier um einen »naturalistischen Fehlschluss«,
denn nur weil etwas in der Natur passiert, ist es noch nicht für den
Menschen geboten, so zu handeln. Verführerisch ist aber auch der
»technologische Fehlschluss«: Weil es technisch möglich ist, soll daraus quasi ein Sollen abgeleitet werden. Wir können es technisch, also
dürfen wir es und ist es moralisch in Ordnung.

Ein Verbot der PID bedeute, so Eva Menasse, dass »gewisse Frauen
per Gesetz dazu gezwungen werden, vorhersehbare Fehlgeburten und
Spätabtreibungen zu erleiden. Dass gewisse Eltern ihre neun Monate lang getragenen, geborenen, aber dann nicht lebensfähigen Kinder sterben sehen müssen. Dass sie vielleicht nie ein gesundes Kind
bekommen. Obwohl das nicht sein müsste.« Es ist eine fast schon
ketzerische Frage: Wer zwingt wen zum Kinderzeugen, und wieso
muss man unbedingt genetisch eigene Kinder bekommen, vor allem,

wenn man vom Risiko weiß, eine Krankheit zu vererben? Kritiker wie Menasse gehen davon aus, dass der Wunsch nach genetisch eigenen Kindern absolut zu setzen sei und der Staat unterstützend zur Seite stehen müsse. Eltern die Alternativen von Adoptiv- oder Pflegekindern oder Kinderlosigkeit anzuraten, ist mittlerweile eine Anmaßung. Der Gynäkologe Christoph Kindermann erzählt von Patientinnen, die anders handelten: »Dass man Paaren die Möglichkeit zur PID gibt, dafür habe ich volles Verständnis, aber die Frage kann auch sein, wie gehe ich mit dieser Tatsache weiterhin um, dass ich Fehlgeburten habe? Gehe ich noch technischer vor, oder lerne ich es zu akzeptieren? Einige Patientinnen von mir haben sich für Letzteres entschieden, auch aufgrund des Verbotes in Österreich. Sie haben es als Entwicklungsschritt genommen.«

Im deutschen Gesetz steht zuerst das explizite Verbot, inklusive Strafandrohung, und dann werden die Ausnahmefälle angeführt. In Österreich hingegen fehlt im entsprechenden Gesetzesparagrafen das explizite Verbot, auch wenn das öffentlich stets so dargestellt wird. »Wir haben nun eine ähnliche Regelung wie in Deutschland, die aber in den einzelnen Punkten nicht ident ist. Es ist sicher eine weitgehende Einschränkung vorhanden, aber die Regelung ist auch nicht so restriktiv, wie behauptet wird«, so der Jurist Michael Mayrhofer. Das grundsätzliche Verbot der PID und des Screenings hätte man durchaus »besser formulieren« können.

In der Debatte wird stets die kleine Gruppe der Betroffenen mit erblicher Vorbelastung in den Vordergrund geschoben. Sibylle Hamann schreibt von ihnen als »besonders tragisches Beispiel«, Menasse nennt sie die »allerärmsten Paare«. Die Vorsitzende der Bioethikkommission Christiane Druml betonte bei einer Podiumsdiskussion unwidersprochen, dass es nur um »nicht-lebensfähige Embryonen« gehe. Und es ist alles andere als korrekt, wenn es auf der Website der Klinik »Goldenes Kreuz« heißt, »im Gegensatz zur öffentlichen Darstellung wird die PID in dieser Form zu keiner Selektion von lebensfähigen Embryonen führen, sondern ermöglicht, dass keine nicht-lebensfähigen Embryonen eingesetzt werden«. Tatsächlich werden auch lebens-

fähige Embryonen ausgelesen. Wieso wird das öffentlich falsch dargestellt, mit welchem Motiv?

Würde man den Zugang zur PID tatsächlich auf diese kleine
Gruppe der Paare mit erblichen Anlagen und auf nicht-lebensfähige
Embryonen einschränken, dann kann sie in bestimmten Fällen legitim sein. Deutschland versucht diese strenge Einschränkung, in
Österreich ist mehr möglich, in der Schweiz zeichnet sich eine noch
breitere Öffnung ab. International zeigt sich, dass es oft nicht bei einer engen Begrenzung bleibt. Wie in der Pränataldiagnostik kommt
es zur Ausweitung. Der Druck lässt nicht nach, dazu sind die ökonomischen Interessen zu groß. Eine Ausweitung ist in der Technik selbst
angelegt, und an Möglichkeiten wird mit einer Konsumhaltung her-
angetreten. Befürworter wollen »unnötiges Leid« ersparen und »Familien vor zerstörerischen Genen befreien«. Wenn die PID nur als »Akt
der Humanität« bezeichnet wird, weil man einer »Ethik des Helfens«
verpflichtet sei, ist es schwierig, eine Ausweitung einzudämmen. »Die
Deutsche Forschungsgemeinschaft befürwortet die PID; die Barmherzigkeit gehört nicht zu ihren Satzungszwecken«, so Autor Patrick
Bahners treffend.

Die internationalen Trends sprechen eine deutliche Sprache: Von
1997 bis 2007 hat sich laut ESHRE die Zahl der Zentren von 16 auf
57 erhöht, es wurden 27 000 Tests durchgeführt, mit steigender Tendenz. Davon dienten zwei Prozent der Geschlechterselektion, 61 Prozent Screening-Zwecken und nur 17 Prozent dazu, eine Erbkrankheit zu entdecken. Trotz der hohen Anzahl an Tests sind nur rund
5100 Kinder zur Welt gekommen. Auffällig ist die Ausweitung der
Indikationen, und zunehmend wird nicht die PGD (Preimplantation
Genetic Diagnosis) gewählt, sondern das PGS (Preimplantation Genetic Screening). Bei der PGD wird konkret nach einem schweren
Gendefekt gesucht, beim Screening hingegen wird das Genom des
Embryos unspezifisch durchleuchtet.

WAS IST »SCHWER«?

Eine Liste über Abweichungen als Indikation für die PID wird in Österreich offiziell nicht geführt. Wohl weil man sich zu sehr an dunkle Zeiten erinnert fühlt: Im Museum im Schloss Hartheim kann man sich die Liste der Nationalsozialisten zu Gemüte führen. Hier ging es um Selektion von lebenden Menschen, das ist ein wichtiger Unterschied, aber auf diesen Listen landeten Behinderungen und Krankheiten, die es zu vermeiden galt. Mit einer Krankheit wie Neurofibromatose zu leben und sie dann auf einer Liste zu finden ist für viele Betroffene schwer erträglich. Außerdem kann die Ausprägung einer bestimmten Krankheit sehr unterschiedlich sein. Der Autor Peter Radtke nimmt sich als Beispiel: »Ich selbst habe die Glasknochenkrankheit, und bin eigentlich nach der herkömmlichen Klassifizierung der schwere Fall. Der schwere Fall, der normalerweise nach drei Tagen stirbt. Und ich bin heute über 60 Jahre alt. Die Frage ist also: Inwieweit lässt sich dieser Schweregrad tatsächlich schon bei der PID feststellen?« Auf der Hand liegt zudem, dass für gelistete Krankheiten auch weiterhin nur schwer Gelder für die Forschung an Therapiemöglichkeiten lukriert werden können. Eine Liste würde auch offenlegen, dass eine Abgrenzung zwischen »leicht« oder »schwer« kaum möglich ist. Doch die Behauptung, dass die PID nur »sehr restriktiv« zugelassen worden sei, wie Gesundheitsministerin Sabine Oberhauser stets wiederholt, muss aufrechterhalten bleiben. Aber: Was ist Gesundheit? Ist Behinderung immer Krankheit? Was heißt »nicht lange lebensfähig«? Wer bestimmt, was lange ist? Wer entscheidet über die Lebensqualität eines anderen?

Über diese kniffeligen Fragen grübeln Gremien. Man habe mehrere regionale Ethikkommissionen eingerichtet, jeder Einzelfall werde geprüft, so das deutsche Gesundheitsministerium. Darstellungen von der Gesundheitsministerin abwärts, wonach das auch in Österreich so sei, muss man widersprechen. Denn ihre Beamten sagen etwas anderes: »Es ist ein Missverständnis, dass jedes Elternpaar eine eigene Zulassung benötigt. Die Regelungen des Fortpflanzungsmedizin- und des Gentechnikgesetzes sehen Einzelzulassungen für jede erlaubte Krankheit in jeder einzelnen Einrichtung, aber nicht für jedes einzelne Elternpaar vor.« Welche Krankheit ist »erlaubt«, welche nicht? Wenn einer Einrichtung die Lizenz durch die Gentechnikkommission erteilt wird, kann sie die PID für alle Patienten, die aufgrund des Gesetzes in Frage kommen, zur Verfügung stellen. »Eine Einzelzulassung wäre kontraproduktiv, da ein solches Verfahren den Patienten schon rein aufgrund der Verfahrensdauer in der gegebenen Situation nicht zuzumuten wäre.« Deutschen Paaren ist es offenbar schon zumutbar, in Österreich ist eine Einzelentscheidung auch für Paare beim Fetozid zumutbar. Wenn es bei der PID nur 20 bis 30 Fälle pro Jahr wären, wie stets behauptet wird, könnten diese natürlich ebenso einzeln und rasch geprüft werden. Doch da die Indikationen weiter gefasst wurden, sind es viel mehr Fälle.

Die Juristin Tanja Planer-Jirkovsky schlägt vor, eine Liste mit Indikationen nach dem Vorbild von Großbritannien zu erarbeiten und zu veröffentlichen: »Mit einer derartigen Liste könnte vielen Skeptikern vielleicht auch die Angst vor einer zu breiten Anwendung der PID genommen werden.« Das wäre definitiv nicht der Fall, im Gegenteil, sie würde die Kritik der Gegner bestätigen: Denn wenn man sich die Briten zum Vorbild nimmt, dann wird die Liste ziemlich lang. Mehr als 170 Erkrankungen gelten als Indikationen, darunter Phenylketonurie, Trisomie 21, Epilepsie, genetisch vererbbare Gehörlosigkeit, die Mutation des Brustkrebsgens, Chorea Huntington oder Alzheimer. Konsens besteht hierzulande *noch* darüber, dass man sich nicht aussuchen darf, ob Bub oder Mädchen, aber der Konsens ist äußerst brüchig, wenn es um Trisomie 21 geht oder auch um die Frage, was unter »schwere Erbkrankheit« fällt. Die Frage ist berechtigt: Nach welchen ethischen Kriterien erlauben wir die Auswahl des Geschlechts nicht, aber von Behinderungen schon? Warum ist das eine eindeutig eine Diskriminierung, das andere nicht?

Es gibt auch Genetiker, die die PID kritisch sehen, wie Martin Gencik: »Ich sehe PID primär als Luxusmedizin und einen sich öffnenden Markt der Reproduktionsmediziner an. Wer weiß, was alles in der Zukunft für PID indiziert und wonach selektiert wird, da dem Zellhaufen ja der Status eines Menschen aberkannt wurde.« Markus Hengstschläger mahnte 2003 in seinem Buch »Kranke Gene«: »Es soll darauf geachtet werden, dass Verharmlosung von Seiten der Naturwissenschaftler nicht ein Konzept zum Schutze vor kritischen Abwägungen werden kann.« Er betont, dass »alles unternommen werden muss, um zu verhindern, dass Gentestergebnisse zur Diskriminierung Einzelner oder eben bestimmter Bevölkerungsgruppen führen können«. Sein Wort in Gottes Ohr.

»SCHWANGERSCHAFT AUF PROBE«

Eva Menasse schildert im Kontext der PID den Vorgang eines Fetozids, also die Abtötung eines Ungeborenen nach der 22. Woche mittels Kaliumchloridspritze. Gerade jene Paare, die stets als Beispiel für die notwendige Freigabe der PID genannt werden, machen den Abbruch jedoch meistens viel früher, vor allem jene, die um ihre erblichen Anlagen wissen. Deshalb ist die Schilderung eines Fetozids eine unzulässige Dramatisierung. Denn bis zum dritten Monat ist es ein Abbruch, danach ein Spätabbruch mittels Wehenmittel bis zur 22. Woche. Natürlich ist das alles kein Spaziergang, aber ein Fetozid ist noch eine Steigerung. Das wichtigste Argument für die PID ist auch der Verweis auf die liberale Handhabung der Pränataldiagnostik (PND). Da die Belastung für die Schwangere bei einem Abbruch wesentlich größer sei als vor dem Embryotransfer, werde durch das Verbot der PID unnötiges Leid verursacht. Beim Fetozid müssen sehr schwerwiegende Schäden vorliegen. Insofern ist der Vergleich mit der Praxis beim Fetozid eigentlich eine Aufforderung, auch die PID nur in Ausnahmen zuzulassen. Fordert man hingegen eine liberale Praxis wie in der gesamten PND, kann man mit der PID ebenso alles untersuchen und auslesen. Doch nur weil bei der PND ethisch Bedenkliches passiert, muss man bei der PID nicht unbedingt nachziehen.

Bei der PID handelt es sich um eine Situation, die mit einem

Schwangerschaftskonflikt nicht vergleichbar ist. Es geht nicht darum, ob dieses eine Kind auf die Welt kommen soll oder nicht, wie nach einem auffälligen Befund in der Schwangerschaft. Bei der PID findet die Zeugung statt mit der Absicht, den gesündesten und besten Embryo unter vielen auswählen zu können. Die Motive beider Handlungen können zwar gleich sein und moralisch gleich bewertet werden, aber durch die PID wird der selektive Blick verschärft. »prenet« sprach sich deshalb dezidiert gegen die Zulassung der PID aus, auch dagegen, dass die Kosten der PID großteils vom Staat getragen werden. Die PID ist beschlossene Sache, pauschalisierte Zuschüsse dazu können künftig durch eine ministerielle Verordnung gewährt werden.

Frauenministerin Gabriele Heinisch-Hosek hat sich stets für die Zulassung der PID eingesetzt, was insofern bemerkenswert ist, weil sie Sonderpädagogin war und eine besondere Sensibilität für Menschen mit Behinderung hat. Fragen zu ihrer ethischen Haltung zur PID und zur PND wurden mir trotz mehrmaliger Bitten nicht beantwortet. »Schwangerschaft auf Probe geht gar nicht, finde ich«, meinte die Ministerin im *Standard*. »Es stimmt auch nicht, dass dann niemand mehr Kinder mit Behinderung bekommen würde. Ich habe selbst drei Jahre lang ein schwerstbehindertes Kind betreut. Das ist erfüllend, das war die beste Zeit meines Lebens.« So wird das stets dargestellt: »Schwangerschaft auf Probe« gibt es in der extremen Form natürlich nur bei Paaren, die um ihre Erbanlagen wissen. Doch heute ist nahezu jede Schwangerschaft aufgrund der PND bis zur Gewissheit eine Probezeit. Mitunter tage- und wochenlange Wartezeiten auf Testergebnisse sind belastend, zeigen Studien. Das kann die sonst für so wichtig gehaltene Mutter-Kind-Beziehung beeinträchtigen, da sich die Schwangere mit ihrer Freude auf das Kind zurückhält und auf Distanz zu gehen versucht, wie die Soziologin Barbara Katz Rothman dargelegt hat. Laut ESHRE variieren die Fehldiagnosen bei der PID zwischen ein und zwei Prozent. Paare, die eine bestimmte Krankheit ausschließen wollen, können also erst dann beruhigt sein, wenn ein pränataler Test die PID bestätigt. Abgesehen davon ist es auch nicht so, dass die Variante IVF/ICSI samt PID statt »Schwangerschaft auf

Probe« mühelos ist. Wohl auch deshalb zeigt sich in Großbritannien, wo die PID schon länger erlaubt ist, dass viele nach wie vor die billigere PND und dann einen Abbruch vorziehen, so die Juristin Emily Jackson.

Erstaunlich ist auch die Aussage der Ministerin, dass trotz PID weiterhin behinderte Kinder auf die Welt kommen würden. Behinderungen an sich wird es natürlich weiterhin geben, aber bestimmte Behinderungen sollen genau durch die PID verhindert werden. Der Rückgang der Down-Syndrom-Kinder ist bereits jetzt eine Folge der PND. Jene, die sich gegen diese Tests oder sich trotz Befund für ein Kind entscheiden, sind – entgegen der zur Beruhigung gedachten Behauptung der Gesundheitsministerin – nicht viele, sondern laut Pränataldiagnostikern eine äußerst überschaubare Gruppe. Das Vorgehen wird damit begründet, Eltern und dem Kind Leid zu ersparen. Wenn ein Kind schon Sand im Getriebe ist, ist es erst recht ein behindertes Kind. Den Eltern wird deshalb so viel Verständnis entgegengebracht, weil es auch im gesellschaftlichen Interesse liegt, »solche« Kinder zu verhindern.

SELTSAME DISKURSE

Ob Verbot oder Freigabe der PID – über alles kann man debattieren, nur wie der Diskurs darüber geführt wird, ist haarsträubend. Einige Beispiele: Die Juristin Gabriele Wadlig veröffentlichte ihr Plädoyer für die PID unter dem irritierenden Titel »Gendefekte: Implantieren, dann abtreiben«. Implantiert und abgetrieben werden nicht »Gendefekte«, sondern Embryonen mit Gendefekten. Auch gibt es keine »Behandlung von Gendefekten« durch PID, wie sie schreibt, denn die »Behandlung« heißt in dem Fall Auslese. Autorin Elfriede Hammerl kritisiert im *profil* die Ansicht, dass die PID und die PND eine Diskriminierung von Behinderten seien, und vermittelt, dass es nur um die Verhinderung von Behinderungen gehe: »Das Bemühen, Behinderung, Krankheit und Leiden von Menschen abzuwenden, bedeutet

nicht die Ablehnung von Behinderten, Kranken und Leidenden, sondern lediglich die Ablehnung von vermeidbaren schweren Belastungen. Nicht Betroffene sollen ausgegrenzt werden, sondern bestimmte
Krankheiten.« Das ist nur eine Seite der Medaille, denn de facto wird
nun mal das Ungeborene mit einer bestimmten Behinderung verhindert. Betroffene haben die Krankheit, das eine geht nicht ohne das
andere.

Der Arzt Wilfried Feichtinger begrüßt die PID, weil sie zum
Wohl des Kindes sei: »Es gibt in Amerika Kliniken, die können beim
Embryo Brustkrebs ausschließen, und dann kann man der Frau nur
einen Embryo einsetzen, der dieses Brustkrebsgen nicht hat. Na, das
ist doch zum Kindeswohl! Oder wollen wir Kinder zeugen, sodass in
der Familie weiterhin Brustkrebs auftritt? Es ist zum Wohl des Kindes,
dass man genetische Erkrankungen ausschließt!« Abgesehen davon,
dass das Problem nicht ein »Brustkrebsgen« ist, sondern eine Mutation davon, ist es eine Chuzpe, die Auslese von Embryonen als Kindeswohl zu sehen. Matthias Bloechle betont: »Ich entscheide nicht
darüber, was lebenswertes Leben ist und was nicht. Die PID gibt
Auskunft darüber, was lebensfähig ist und was todgeweiht.« Das ist
ebenfalls nicht wahr: Denn die PID kann eben auch über Embryonen
entscheiden, die geschädigt, aber lebensfähig sind. Natürlich findet
dadurch eine Wertung statt, was denn sonst?

Der Reproduktionsmediziner Leonhard Loimer hat im Frühjahr
2014 für Schlagzeilen gesorgt, als er ankündigte, dass in seiner Praxis
nun »neue, revolutionäre« Gentests am Embryo angeboten würden.
»Da die Technik sich in diesem Bereich international rasend schnell
weiterentwickelt, nutzen Ärzte der Kinderwunschklinik ab sofort die
neue Untersuchungsmethode ›Preimplantation Genetic Screening‹«,
heißt es in einer Presseaussendung via PR-Agentur. Er habe eine Ge-
setzeslücke ausgemacht. In Zeitungsberichten stand, dass der Embryo
dabei gänzlich unberührt bleibe und diese Untersuchung neu sei.
Wenn sich keiner genauer auskennt, kann man viele an der Nase her-
umführen: Dem Embryo an sich passiert beim Test zwar nichts, aber
es wird ihm insofern ein Haar gekrümmt, als er ausgelesen wird, wenn

ein Gendefekt festgestellt wird. Im deutschsprachigen Raum wird sowohl für »Preimplantation Genetic Screening« (PGS) als auch »Preimplantation Genetic Diagnosis« (PGD) die Abkürzung PID verwendet. Beide Tests werden am wenige Tage alten Embryo durchgeführt.
Das heißt: Loimer hat von nichts anderem als von der PID gesprochen, allerdings eben vom Screening. Zu dem Zeitpunkt war die PID
verboten, nun dürfte eigentlich nur die PGD durchgeführt werden.

Claas Röhl, Vater einer Tochter, die an Neurofibromatose leidet,
hat sich als Fallbeispiel in den Medien exponiert. Diese schwere, sel-
tene Erbkrankheit kann mehr oder weniger schlimm ausgeprägt sein.
Die Forschung über Heil- und Therapiemöglichkeiten steckt in den
Kinderschuhen. Deshalb hat Röhl den Verein »NF Kinder« gegründet, um für die Forschung Geld zu sammeln. Doch er unterhöhlt
seine wichtige Forderung, indem er für die PID wirbt. Beim zweiten Kind hat sich das Paar entschlossen, eine künstliche Befruchtung
mit PID im Ausland zu machen, als sich herausstellte, dass Röhl Träger der Mutation ist. Wenn die PID auch in Österreich erlaubt wäre,
könnte man so einen »krankhaften Zellhaufen«, der »ohnehin nicht
ewig weiterreift«, nicht mehr implantieren und müsste nicht erst in
der Pränataldiagnostik eingreifen, meinte er bei einem TV-Auftritt.
Der »krankhafte Zellhaufen« kann aber weiterreifen, sonst wäre seine
erste Tochter nicht auf der Welt.

Patrice Fuchs, Herausgeberin des Magazins *Family rockt*, hat auf
dem Sender *W24* neben Röhl als »Stargast« auch Heinz Strohmer
eingeladen. Sie stellt ihn vor als »Arzt, der viele Frauen und Männer
glücklich macht«. Lässig und leger wurde über das ernste Thema PID
geplaudert. »Es betrifft wirklich viele, viele Menschen«, so Röhl in
Hinblick darauf, dass in Europa etwa 40 Millionen Menschen mit
einer seltenen Krankheit leben. Wenn man Embryonen vorher »immer und standardmäßig genetisch testet, würde das dann bedeuten,
es gebe 40 Millionen weniger kranke Europäer?«, fragt Fuchs. Darauf Strohmer: »Wenn man das so weiterdenkt, ist das richtig.« Bisher
war man sich einig, davon zu sprechen, dass Krankheiten eingedämmt
werden sollen. Wenn man solche Äußerungen zu Ende denkt, wird es

unheimlich. Nicht mehr die Krankheiten sollen ausgemerzt werden, sondern es soll die Menschen mit solchen Krankheiten nicht mehr geben.

Der Abgeordnete Franz-Joseph Huainigg, der sich seit Jahren gegen die PID engagiert, rollte im Rollstuhl zum Rednerpult im Parlament, seine Assistentin hielt ihm das Mikrofon, und er fragte die Mandatare: »Wer von Ihnen allen ist perfekt? Wer perfekt ist, möge bitte die Hand heben.« Niemand hob die Hand. Er kritisierte die anwesende Gesundheitsministerin Sabine Oberhauser, die in der *Presse* gesagt hatte: »Ein perfektes Baby abzutreiben, ist verboten. Das ist ein Verbrechen.« Huainigg fragte sie: »Welches Baby ist perfekt? Viele Freunde von mir wären nicht auf der Welt, weil sie in den Augen der Ärzte nicht als perfekt gegolten hätten.« Es geht nicht nur darum, Leid zu vermeiden, wie stets betont wird, sondern Menschen müssen auch bestimmten Normen entsprechen. Der Fall eines gehörlosen, lesbischen Paares, das in den USA einen Embryo mit der genetischen Disposition Gehörlosigkeit auswählen wollte, wurde moralisch breit verurteilt. Hier wurde Kritik geübt, in anderen Fällen scheint die Auswahl legitim zu sein. Wenig hilfreich ist auch die Betroffenheitsmiene von Ministerin Oberhauser nach Huainiggs Rede und ihr »Respekt für seine Ansichten«, wenn sie bei nächster Gelegenheit im Fernsehen davon spricht, dass die PID keinerlei »Aussortiererei« sei und es nur um den »freien Willen der Eltern« gehe.

OPTIMIERTE FORTPFLANZUNG DURCH PID

Das Mantra, es seien nur so wenige Fälle, hätte alle stutzig machen müssen. Denn wieso wurde wegen einer Handvoll Paare so hoher Druck ausgeübt, die PID freizugeben? Wieso kommen nun mehr Fälle in Frage? Weil es gar nicht um diese kleine Gruppe geht, sondern um die zunehmende Gruppe der älteren Paare. Langfristig gesehen ist das Ziel ohnehin eine standardisierte PID vor jeder IVF. Markus Hengstschläger schrieb bereits 2006 in seinem Buch »Die Macht der

Gene«, dass eine künstliche Befruchtung ohne PID »kaum mehr« stattfinden werde. Das Ziel ist, den »besten Embryo« einzusetzen und Schwangerschaftsraten zu steigern. Natürlich ist das auch im Interesse der Paare, die sich ein Kind wünschen. Doch dass viele Versuche vergeblich sind, hat nun mal auch mit Faktoren wie Alter und Unfruchtbarkeit an sich zu tun. Es ist auch keine Neuigkeit, dass die Wahrscheinlichkeit, ein behindertes Kind zu bekommen, mit dem Alter zunimmt. Genau diese größer werdende Gruppe der älteren Paare haben geschäftstüchtige Ärzte im Blick, denn mit einer engen Beschränkung lässt sich nicht so viel Geld verdienen. Eine ICSI mit PID kostet in der Klinik von Herbert Zech mindestens 7800 Euro, ohne PID rund 4600 Euro – jeweils ohne Kosten für Hormonpräparate und andere Medikamente. Nimmt man diese ökonomischen Aspekte nicht zur Kenntnis und sieht nur den ehrenwerten Kampf um reproduktive Autonomie, macht man sich zum Handlanger von Profitinteressen.

Der Arzt Heinz Strohmer freut sich über den »spannenden Gedanken«, dass in Zukunft alle IVF samt PID wollen: »Die Paare werden auf die IVF-Paare schauen, die die Möglichkeiten bekommen, bei diesen Schwangerschaften auf verschiedene Faktoren Einfluss zu nehmen. Das wollen wir nun auch: Wir wollen das Geschlecht unseres Kindes aussuchen, wir wollen genauso sicher sein wie IVF-Paare, dass das Kind nicht Down-Syndrom hat.« Ob dieser Gedanke wirklich so spannend ist, sei dahingestellt, neu ist er jedenfalls nicht: Ähnliche Szenarien sind in Huxleys »Schöne neue Welt« nachzulesen oder im Film »Gattaca« zu bestaunen. Carl Djerassi hat immer wieder solche Gedanken zum Besten gegeben, und der IVF-Pionier Robert Edwards sah die Technik von Anfang an nicht nur als Therapie gegen Unfruchtbarkeit, sondern als Möglichkeit, nur mehr »gesunden« Nachwuchs zur Welt zu bringen. Hank Greely von der Standford Law School stellt die Prognose auf, dass in den nächsten 50 Jahren die Mehrheit der Babys in den entwickelten Ländern künstlich erzeugt werde, weil man nichts mehr dem Zufall der Natur überlassen wolle. Für geschäftstüchtige Ärzte kann das eine paradiesische Vorstellung sein, denn dann werden alle zu Kunden. Sexualität nur noch zur Be-

friedigung der Lust, Kindeserzeugung als kultureller, technischer Akt
mit allen Vorzügen der Zivilisation. Ein Elitenthema, eventuell eine
»alberne Phantasie«, wie Uta Wagenmann vom »Gen-ethischen Netzwerk« meint, weil die Mehrheit der Menschheit nicht das Geld dafür
hat. Aber eine konsumorientierte Kundschaft wird wohl vermehrt davon Gebrauch machen.

Stets wird auch betont, dass die PID zu mehr Schwangerschaften
führe. »PID wird weltweit erfolgreich zur Vermeidung von Schwan-
gerschaftsabbrüchen nach genetischer Diagnostik, zur Senkung des
Fehlgeburtsrisikos und zur Steigerung der Erfolgsrate der künstlichen
Befruchtung eingesetzt«, so der Genetiker Markus Hengstschläger.
Auf mehrmalige Nachfragen, auf welche Studie er sich beziehe, reagiert er zuerst nicht, dann verweist er auf die Stellungnahme der Bioethikkommission, die hier auch nicht weiterhilft. Höhere Raten werden derzeit höchstens durch die PGS, also das Screening, erzielt, nicht
durch die in Österreich erlaubte PGD. Die Universität Amsterdam ist
der Behauptung, die PGD führe zu höheren Raten, nachgegangen.
Die Studie kam zum Ergebnis, dass weder die Schwangerschaftsrate
noch die Geburtenrate bei der IVF mit PGD erhöht sei, im Gegenteil,
sie sei sogar niedriger. Das stand im Widerspruch zu anderen Studien
aus den USA. So trat die Fachgesellschaft ESHRE zusammen und ver-
glich die Studien. Ergebnis: Die Amsterdamer Kollegen hätten internationale Qualitätsansprüche nicht eingehalten. Laut ESHRE bewegen sich die Schwangerschaftsraten pro Embryotransfer nach PGD
in der gleichen Größenordnung wie nach IVF ohne PGD. Aber auch
hier: keine höheren Raten.

ESHRE berichtet regelmäßig über die Ergebnisse von weltweit
mehr als 50 Instituten, die PID vornehmen. Damit es überhaupt zu
einer Geburt eines Kindes kommt, müssen sich Patientinnen bis zu
fünfmal hormonell stimulieren lassen. Die Gründe dafür liegen teilweise in den physiologischen Bedingungen der Frau, teilweise sind sie
unbekannt. Pro geborenes Kind werden 60 Embryonen erzeugt und
davon 33 verworfen. Darunter fallen zwar auch jene Embryonen, die
sich von sich aus nicht weiterentwickeln, doch der Aufwand ist enorm.

Die Gründe für die niedrige Rate werden auch bei der Methode an sich vermutet. Möglich, dass die bisher übliche Zellentnahme bei einem drei Tage alten Embryo Schädigungen verursacht. Möglich auch, dass die entnommenen Zellen nicht immer den richtigen Befund über den Gesamtzustand liefern. Die Studienlage ist laut den britischen Genetikerinnen Jocye Harper und Rachel Brown dünn. Im aktuellen Fachbuch »Preimplantation Genetic Diagnosis in Clinical Practice« wird betont, die Einnistungsraten können je nach Indikation und Alter der Frau durchaus besser sein als ohne PGD. Aber pauschal könne nicht von höheren Schwangerschaftsraten gesprochen werden. Bei der PGS, dem Screening des drei oder fünf Tage alten Embryos, sollten höhere Raten erreicht werden können, heißt es. Das Screening wird in jenen Ländern, wo die PID schon länger erlaubt ist, häufig vorgenommen, Angaben der ESHRE zufolge etwa bei zwei Dritteln aller im Ausland durchgeführten PID. Ziel des Screenings ist die Verbesserung der Erfolgsquote bei einer Behandlung. »Dieses Ziel wird aber bisher in der Praxis nicht erreicht«, so der Deutsche Ethikrat.

Die Aussagekraft der PID bei Chromosomenanomalien wird von vielen Experten ebenfalls bezweifelt. Es könne später in der Entwicklung des Embryos noch biologische Kontrollmechanismen geben, die eine solche Fehlbildung auf natürliche Weise verhindern würden, wie der Gynäkologe Johannes Huber betont. »Der Organismus hat offensichtlich die Fähigkeit, nummerische und auch strukturelle Aberrationen zu eliminieren und nur die gesunden Blastomeren zu erhalten. Das gelingt nicht immer, aber doch öfter als man glaubt.« In der Debatte kommen häufig interessante Aspekte nicht vor, den Grund sieht Huber in einer »Dreierkoalition« von »großen Konzernen, bekannten Wissenschaftlern und unschlagbaren Medien. Wenn diese Koalition beschließt, etwas als wahr zu verkaufen, dann können Sie sicher sein, dass es auch wahr ist. Es ist eine große Herausforderung, dass angesichts der immer komplizierter werdenden Welt die Wirklichkeit und die Wahrheit von Pressure-Groups gemacht werden.«

LIBERALE EUGENIK

Die PID soll den »besten Embryo« garantieren, vor allem auch im Hinblick darauf, dass der Single-Embryo-Transfer (SET) forciert wird, um die hohe, riskante Mehrlingsrate zu senken. Doch der »vielversprechendste Embryo«, wie Barbara Toth im *Falter* im Kontext der PID meint, ist natürlich kein Embryo mit unerwünschter Genabweichung. Tatsache ist auch, dass mehr Embryonen nötig werden, um den besten auswählen zu können, doch oftmals gebe es gar nicht so viele Embryonen, aufgrund des Alters des Paares und der Unfruchtbarkeit, so Humangenetiker Hans-Christoph Duba.

Eugenik wird heute individualisiert, das Individuum und der Markt entscheiden. Obwohl betont wird, dass Leid von Eltern und Kindern abgewendet werden soll, überträgt man die Entscheidung dem Individuum, was zur Folge hat, dass bestimmte Behinderungen auch von der Gesellschaft abgewendet werden. Dass ein behindertes Kind auch mehr staatliche Kosten verursacht, wird gerne verschwiegen. Der Philosoph Jürgen Habermas nennt das »liberale Eugenik«. Wir sehen es als verwerflich an, dass von totalitären Staaten Eugenik betrieben wurde, doch dasselbe Denken auf einer individuellen Ebene ist für uns vertretbar. »Das sollen die Eltern entscheiden«, heißt es, doch die Eltern agieren nicht im luftleeren Raum, sondern richten sich auch nach Normen. Heute ist die Norm nicht mehr der »gesunde Volkskörper«, aber der möglichst »optimale« Mensch. Daran gilt es zu arbeiten, nun auch in genetischer Hinsicht. Embryonen werden in »Güteklassen« eingeteilt, nur die beste Qualität kommt zum Zug. »Den besten, optimalen Embryo auszusuchen und einzusetzen, ist selbstverständlich klassisches eugenisches Denken«, unterstreicht der Philosoph Konrad Paul Liessmann. Das Problem dabei: »Nie sind alle Menschen gleich optimierbar. Durch die Reproduktionsmedizin werden aber Erwartungen und Verantwortlichkeiten gefördert. Nach einer PID etwa können ›suboptimale‹ Embryonen aussortiert und das Optimale ausgewählt werden. Gemessen an dieser Erwartung wird das, was wirklich herauskommt, immer defizitär sein.«

Die strenge Kritik, dass es bei der PID zu einer Auswahl von »lebenswertem« und »lebensunwertem« Leben komme, schiebt der Philosoph Richard David Precht dennoch beiseite: »Vier- oder achtzellige Embryonen sind keine Personen. Und es ist nicht der Staat, der hier zur Tat schreitet, sondern es ist eine Auswahl durch künftige Eltern. Und womit – wenn nicht religiös – will man begründen, dass Paare kein Recht auf ein gesundes, nicht behindertes Kind haben?« Precht scheint weder die »liberale Eugenik« zu kennen noch die Menschenrechte, wo nirgends ein Recht auf ein gesundes Kind eingefordert wird. Auch der populäre Hinweis, Eltern wollen kein »perfektes Kind«, sondern einfach nur ein Kind, idealerweise ein gesundes, mag bei den meisten so zutreffen. Sie bewegt nicht das Motiv der Eugenik, sondern der dringende Kinderwunsch. Doch wenn entsprechende Methoden zur Auswahl und Verbesserung angeboten werden, dann werden sie zahlreich angenommen.

DAS GOLDENE ZEITALTER DER GENETIK

Es ist mittlerweile fast obsolet, sich noch über die PGD aufzuregen. Es gehen schon längst weitreichendere Dinge vor sich. Das befürchtete »Designerbaby« rückt näher. Intensiv läuft laut *Nature* die Forschung zu Genom Editing an Embryonen, zum Beispiel in China und in den USA: Dabei schneidet man mit molekularen Messern ein Genom punktgenau auf und verändert es an dieser Stelle nach Belieben. Beispielsweise könnte man ein mutiertes Brustkrebsgen herausschneiden. Die reparierten Zellen werden befruchtet, der Frau eingesetzt, und dann sollte das geborene Kind diese Mutation nicht mehr tragen. Kranke Embryonen, die bei einer herkömmlichen PGD verworfen würden, bekämen hier eine Chance, weil man sie »repariert«. Klingt positiv, aber es ist ein Eingriff in die Keimbahn, der in rund 40 Staaten verboten ist. Die Folgen dieser Technik sind unabsehbar, vor allem für die Kinder. Denn das Einschneiden könnte auch andere Stellen als die gewünschten betreffen. Den Forschern scheint ihr Tun selbst nicht mehr geheuer zu sein, denn im Magazin *Science* erschien ein Aufruf mit dem Hinweis »dringender Bedarf für einen Dialog über die Genom-Technik«. Man wolle zwar vorwärts schreiten, versicherten die renommierten Forscher, doch »ehe der Versuch gutgeheißen werden könne, Menschen – wenn überhaupt, dann zu medizinischen Zwecken – zu konstruieren, müsste die Sicherheit und Effizienz der neuen Technologien sorgfältig geprüft und verstanden werden«. Es wäre erst das vierte Mal in der Geschichte der modernen Forschung, dass sich Wissenschaftler selbst Grenzen setzen.

Als gute Konsumentin kann man sich mittlerweile auch an Firmen wie Genepeeks wenden, die mit der Manhattan Sperm Bank und der European Sperm Bank zusammenarbeiten. Sie screenen sowohl die DNA der Kundin als auch des Spenders. 1000 Genkombinationen werden mithilfe der Methode Next Generation Sequencing (NGS) untersucht. Der Ausschluss von 500 Krankheiten wird versprochen. Auf einer eigenen Liste werden sie genannt, ein Laie versteht nur Bahnhof, aber dem Laien helfen Babyfotos über die Fragezeichen im Kopf hinweg. Oder Werbesprüche: »Protecting your Baby is in your DNA« und »Because your protective instinct is right«. Eine wachsende Kundschaft der Firma sind lesbische Paare und Alleinstehende. Kostenpunkt im Jahr 2014: 1995 US-Dollar. Falls man das Geld nicht aufbringe, sei sie gerne bereit, über einen Rabatt zu sprechen, flötet Rebecca Silver, Leiterin des »Kundenservices«, ins Telefon. Am Internationalen Frauentag bietet sie einen Rabatt um 500 US-Dollar an. Die Firma agiert noch nicht weltweit, aber man arbeite hart daran, das »Service« auch außerhalb der USA anzubieten. Bedauert wird, dass viele Versicherungen derartige Methoden »nach wie vor als selektive Prozedur ansehen«, aber man beobachte einen positiven Trend, dass sich das bald ändern könnte.

Wie sinnvoll es ist, das Genom vor dem Transfer zu durchleuchten, wenn jedes Neugeborene laut Genetiker Duba bei der Geburt bis zu 40 Neumutationen haben kann, sei dahingestellt. Neue Methoden werden auch deshalb so bejubelt, weil noch viel Forschungsgeld nötig ist. Dennoch ist die Frage angebracht, was uns dieses Wissen wirklich bringen soll. Bis NGS massenhaft eingesetzt werden kann, wird noch viel Zeit vergehen, aber der »Siegeszug« dieser Technik sei unaufhaltsam, so der Biologe Cornelius Courts von der Universität Bonn. Sie biete auch viele Vorteile für personalisierte Medikamente, doch welche ethischen Probleme auf uns zukommen, will man sich lieber nicht vorstellen. Courts: »Man muss sich vergegenwärtigen, welche gewaltige Informationsmenge die Komplettsequenzierung des Genoms eines Menschen erschließt und dass darin alles über die genetischen Grundlagen eines Menschen zu finden ist, wenn man weiß, wo man schauen muss. Dazu gehören nicht nur Dinge wie Augen- und Haarfarbe, Geschlecht und Blutgruppe, sondern eben auch Anlagen für Krankheiten und in bestimmtem Ausmaß sogar für Eigenschaften.« Also doch »Designerbabys«? »Das kommt darauf an, was man darunter versteht«, antwortet Courts. »Man ist noch meilenweit entfernt davon, alle genetischen Anteile von Eigenschaften wie der Intelligenz oder musikalischem Talent gefunden und in ihrem Zusammenwirken verstanden zu haben, und erhebliche Anteile solcher Eigenschaften sind zudem durch Umwelteinflüsse bedingt. Aber grundsätzlich ist natürlich die Voraussetzung dafür, überhaupt genetisch bedingte Eigenschaften zu verändern, erst einmal zu wissen, wo und wie sie im Erbgut kodiert sind. NGS wird sicher helfen, dieses Wissen anzusammeln.« Allerdings: »Ein weitere erhebliche Hürde für die Herstellung von ›Designerbabys‹ ist die gezielte Veränderung des Erbguts eines Embryos, sodass die gewünschten Eigenschaften im geborenen Menschen auch tatsächlich entstehen können.« Sein Fazit also: »NGS und andere Techniken werden meines Erachtens eines Tages wahrscheinlich die technischen Möglichkeiten zur Erzeugung genetisch optimierter Babys begründen.« Bis dato gilt das Keimbahnverbot, doch wie lange noch?

Gravierend scheint auch die schleichende Ausbreitung des pränatalen Bluttests in der zehnten Schwangerschaftswoche zu sein. In Deutschland wird der Test öffentlich diskutiert, in Österreich nicht. Das Gesundheitsministerium verweist darauf, dass die Analyse im Ausland abgewickelt und hierzulande »nur Blut abgenommen« werde.

Zu 99,8 Prozent werde der betreffende Embryo entdeckt, betonen die Firmen. Das ist Musik in unseren sicherheitsorientierten Ohren. Da im mütterlichen Blut auch kindliche DNA schwimmt, kann nach Trisomie 21, 13 und 18 gesucht und auch das Geschlecht bestimmt werden. Die Pränataldiagnostikerin Katharina Schuchter findet die hohe Trefferquote im *Ö1-Radio* »sensationell«. Der Frau wird einfach Blut abgenommen, was während der Schwangerschaft nichts Besonderes ist, ins Firmen-Labor eingeschickt, und innerhalb einer Woche liegt ein Ergebnis vor. Es gibt kaum Studien dazu, wie viele Frauen nach einem positiven Testergebnis im Rahmen der Pränataldiagnostik einen Abbruch vornehmen lassen. Doch wenn man davon ausgeht, dass, wie Pränataldiagnostiker schätzen, bei einem positiven Ergebnis 90 bis 99 Prozent der Frauen beziehungsweise Paare einen Abbruch vornehmen lassen, ist hier das Schlagwort »Rasterfahndung« berechtigt. Der Test ist von der Intention her diskriminierend, aber es sei nicht möglich, ihn zu verbieten, sagen Menschenrechtsexperten. In Deutschland wird überlegt, ob man ihn in den Katalog der allgemeinen Krankenversicherung aufnimmt. Schließlich wurde die Entwicklung des Tests mit öffentlichem Geld unterstützt, es sollen 450 000 Euro geflossen sein. Erstaunlich ist die Sicherheit der Ärzte, denn bisher gibt es kaum umfangreiche, unabhängige Studien, ob der Test wirklich eine so hohe Trefferquote hat. Da Falschdiagnosen möglich sind – laut Bericht des Deutschen Ethikrats ein Viertel der Testergebnisse bei Frauen über 35, sogar zwei Drittel bei Frauen unter 35 –, werden weitere Tests nicht ersetzt. Doch viel wahrscheinlicher ist, dass die Frauen eine Bestätigung nicht mehr abwarten, sondern einen Abbruch in diesem frühen Stadium vorziehen. Dadurch kommt es auch zur Abtreibung völlig gesunder Kinder.

Von höchster politischer Stelle ist im Übrigen erwünscht, dass Krankheiten nicht weitervererbt werden sollten: Die EU-Kommission hielt dies bereits 1988 in der Präambel zum Genomprojekt fest. Umweltbedingte Risikofaktoren könnten in Zukunft nicht vollständig ausgeschaltet werden, deshalb sei es wichtig, dass wir »so viel wie möglich über Faktoren der genetischen Prädisposition lernen und somit stark gefährdete Personen identifizieren können«. Dies ziele darauf ab, »Personen vor Krankheiten zu schützen, für die sie von der genetischen Struktur her äußerst anfällig sind, und gegebenenfalls die Weitergabe der genetischen Dispositheit an die folgende Generation zu verhindern«. Die Begründung dafür ist, dass die menschliche Fortpflanzung ohne Verwendung genetischer Daten über die Risiken der Krankheitsübertragung mehr Sterblichkeit und höhere medizinische Kosten verursache als die Aufklärung und Ermutigung von Trägern potenziell schädlicher Gene. »Mit dieser Kosten-Nutzen-Rechnung haben die Reproduktionstechnologien eine eugenische und ökonomische Dimension erhalten«, so die Anthropologin Aurelia Weikert. 2009 hat auch das EU-Parlament die »Ausmerzung« von seltenen Krankheiten durch Embryonenselektion empfohlen. Der EU-Ministerrat folgte dem Antrag nach Protesten vorerst nicht.

Die Gendiagnostik macht uns krank, obwohl wir uns gar nicht krank fühlen: Ausnahmslos jeder von uns ist Träger von Gendefekten, laut *American Journal of Human Genetics* sind es 400 Genfehler, die in uns schlummern oder ausbrechen, mal früher, mal später. Denn Gene allein entscheiden nicht immer, sondern auch die Umwelt. Die Frage »Gene oder Umwelt«, über die stets begeistert gestritten wird, ist insofern unsinnig und »Schnee von gestern«, so der Neurobiologe Joachim Bauer. Beide funktionieren nur gemeinsam: Es wirken die Gene, aber auch die Epigenetik. Doch dieses Wissen gefährdet den Absatz von Gentests.

HAUPTSACHE GESUND,
ABER LIEBER EINEN BUBEN

Dass die PID viele Begehrlichkeiten weckt, ist nicht abzustreiten, so auch die Nachfrage nach Geschlechterselektion. Das Geschlecht ist ebenfalls eine »genetische Disposition«, die man wählen oder verwerfen kann. Natürlicherweise kommen mehr Buben zur Welt als Mädchen, aber die selektive Geschlechterwahl bereits mittels PND,

Abbruch und nun PID verschärft die Schieflage und führt in Asien, am Balkan und im Kaukasus zu einem Frauenschwund. Die UNO spricht von 100 Millionen fehlenden Frauen. Es scheint kein großer Aufreger zu sein, denn breit angeprangert wurde es bisher nicht. Falls Geschlechterselektion bei der PID Thema ist, dann wird es mit dem Begriff »family balancing« verharmlost. Blicken wir jedoch nach Asien, sehen wir dort eine »Diskriminierung«. Letztlich ist beides diskriminierend, auch das schöne »family balancing«.

Der Arzt Wilfried Feichtinger spricht sich für die Möglichkeit zur Geschlechterwahl mithilfe der PID aus. »Da bin ich hundertprozentig dafür. Warum nicht? Ein Landwirt war bei mir, der hat sieben Mädchen und wollte einen Buben. Ich darf das Paar in Österreich aber leider nicht behandeln.« Dumm nur, wenn der Sohn dann den Hof doch nicht erben will, sondern Künstler oder Banker werden will. Feichtinger ist aber nicht der Einzige: 2011 ergab eine Studie unter 224 Medizinern in Deutschland, Brasilien, Italien und Griechenland einen sehr hohen Wert der Befürworter, nämlich 76 Prozent. 2007 sprachen sich 13 Prozent von 742 befragten Bürgern in Deutschland für die Geschlechterwahl aus, wenn nur eine IVF-Behandlung dafür nötig ist und die Kosten von der Krankenkasse übernommen werden. Familien mit einem unausgeglichenen Geschlechterverhältnis wären zu 75 Prozent dazu bereit gewesen. Ein Gynäkologe in Österreich erzählt: »Ein Prominenter war bei mir und hat gemeint, schauen Sie, ich habe vier Töchter von drei Frauen, ich habe nun eine vierte Frau und will einen Sohn. Ich weiß, es ist verboten, aber ich zahle Ihnen alles dafür, dass Sie das machen. Er hat mir wirklich sehr viel Geld angeboten. Ich habe abgelehnt. Abgesehen davon, dass es verboten ist, entspricht das nicht meinen eigenen ethischen Grundwerten.« Dass sich viele eine Geschlechterselektion wünschen, kann man auf diversen Elternforen nachlesen. Das britische Gesundheitsministerium stellt veränderte Geburtenraten fest, hier zugunsten von Mädchen. Auch in Kanada und USA nimmt man Unregelmäßigkeiten wahr. Es ist also keineswegs nur ein Thema in Asien, und auch nicht nur eine Frage von fehlender Bildung. Die Journalistin Mara Hvistendahl hat durch ihre Recherchen die oft vorgebrachte Behauptung entlarvt, dass es sich in Asien um althergebrachte vormoderne Geschlechterordnungen handeln würde, die bei zunehmender Modernisierung und Säkularisierung von selbst verschwinden würden. Gerade die gebildete Mittel- und Oberschicht betreibt Selektion nach Geschlecht, mithilfe westlicher, moderner Technologie.

Der Genetiker Markus Hengstschläger behauptet, dass Geschlechterselektion mittels PID »in den meisten Ländern« nicht angewendet werde. Der Reproduktionsmediziner Anver Kuliev, der bei der WHO tätig war und eine Reihe von Büchern über PGD geschrieben hat, meint hingegen: »PGD zur Geschlechterwahl wird in vielen Ländern akzeptiert.« Neben den USA lassen es auch Israel, Jordanien, Belgien sowie Zypern zu. In vielen Staaten ist es nicht klar reguliert. Doch auch wenn es verboten ist, halten sich viele nicht daran. Wie etwa in Großbritannien die Rainsburg Clinic, die ungeniert damit wirbt. Laut dem Fachbuch »Preimplantation Genetic Diagnosis« würden britische Patienten zwar vorerst eine PGD wegen erblicher Vorbelastung durchführen lassen, doch würden sie auch eine Präferenz nach Geschlecht äußern, vor allem, wenn ein geeigneter weiblicher und männlicher Embryo vorhanden sei. Das European Center for Human Reproduction mit Filialen in Kiew, St. Petersburg und Moskau bietet Geschlechterselektion ebenfalls offen an. Es herrscht keinerlei Unrechtsbewusstsein, und die Kliniken haben offenbar auch nichts zu befürchten.

Die Errungenschaften im Namen der Selbstbestimmung der Frau wie PID, PND und der Abbruch führen weltweit dazu, dass Hunderttausende Mädchen nicht zur Welt kommen. Westliche Frauen-Organisationen haben das Thema aber nicht auf der Agenda, auch deklarierte Menschenrechts-NGOs sind stumm. Um nur ja nicht eine Diskussion über Abbruch vom Zaun zu brechen, wird es von ihnen ignoriert. Dass es damit medial ziemlich untergeht oder von religiösen Gruppen für Kampagnen gegen die Abtreibung genutzt wird, nimmt man in Kauf. Langsam tut sich aber einiges: Die UNO nimmt das Problem seit 2011 zur Kenntnis, konzentriert sich aber vorwiegend auf

Asien. Das Parlament in London hat 2013 einen Abbruch wegen des Geschlechts explizit für gesetzeswidrig erklärt. Der Europarat forderte 2014 die Staaten auf, entschlossen gegen den »Genderzid« vorzugehen.

WO BLEIBT DIE STATISTIK?

Es erscheint logisch, dass Spätabbrüche durch eine PID zurückgehen. Doch um das beurteilen zu können, wäre eine Abbruchsstatistik in Österreich nötig. Hier betritt man ein ideologisches Minenfeld, denn Vertreterinnen der Fraktion »Der Bauch gehört mir!« blockieren jede Diskussion über fehlende Statistiken. Kritik an dieser Lage und Fragen nach der Praxis des Spätabbruchs werden sofort als Anschlag auf die bestehende Fristenlösung und auf das Recht der Selbstbestimmung der Frau gesehen. Hier ist nicht weniger Ideologie am Werk als bei Abtreibungsgegnern, die den Fötus frei schwebend im All der Gebärmutter sehen und nicht akzeptieren, dass er nicht ohne Wohlwollen der Mutter gedeihen kann.

Abtreibungen finden statt, ob erlaubt oder nicht, ob früh oder spät. Es ist das Recht von Frauen, offenen Zugang dazu zu haben. Wie Freda Meissner-Blau in dem Film »Der lange Arm der Kaiserin« richtig sagt, »diese Qual durchzumachen, diesen Schmerz, diese Erniedrigung, dass man das Frauen zugemutet hat, dafür habe ich nur ein Wort, das ist Niedertracht«. In Österreich fehlt es nicht nur an einer Statistik, sondern auch an flächendeckendem Angebot. Außerdem gibt es keine finanziellen Hilfen für Schwangere in Not – in Deutschland existiert dafür ein eigenes Budget von 90 Millionen Euro jährlich. Da jede Debatte darüber im Keim erstickt wird, ist es nahezu unmöglich, über den Spätabbruch zu sprechen. Man schlittert sofort in eine grundsätzliche Abtreibungsdebatte hinein. Und die darf es unter keinen Umständen geben.

Im Frauengesundheitsbericht 2011 heißt es, es gebe deshalb keine Statistik, weil der Abbruch nicht von der Krankenkasse bezahlt wird: »Die zur Verfügung stehenden Daten deuten auf eine im westeuropäischen Vergleich eher überdurchschnittliche Anzahl an Abbrüchen hin.« Welche Daten stehen wo zur Verfügung? Woher weiß man, dass die Abbrüche in Österreich »überdurchschnittlich« seien? Und wieso gibt es auch keine Zahlen über Spätabbruch, dieser Eingriff wird ja von den Krankenkassen bezahlt? Das Gesundheitsministerium meint, die Frage nach Zahlen sei eine »FPÖ-Frage«, dann führt man aus, dass eine Erhebung lückenhaft wäre, weil private Ambulatorien nicht verpflichtet werden könnten und nicht alle öffentlichen Spitäler den Abbruch anbieten. Eine seltsame Argumentation, denn bei den ART-Daten werden solche Lücken in Kauf genommen. Das Ressort beklagt auch, dass diese Forderung immer wieder gestellt werde. Kein Wunder: Bereits beim Gesetzesbeschluss 1975 wurden Statistiken in Aussicht gestellt. Der Arzt Christian Fiala meint, es gebe »zuverlässige Schätzungen«, was ein Widerspruch in sich ist, und der Spätabbruch komme ohnehin nur sehr selten vor. Seine Schätzung sei fundiert, weil er seit 20 Jahren in dem Bereich arbeite und alle kenne, die in Österreich Abbrüche durchführen. Doch es ist unbefriedigend, sich nur auf seine Einschätzung zu verlassen. Auch Fiala hat Interessen, auch wenn er stets beteuert, nicht ideologisch sein zu wollen. »Seriös erhobene Zahlen sind besser als Kaffeesatzlesen oder Fabulieren über Dunkelziffern«, sagt die Mathematikerin Evelyn Laue vom Bundesamt für Statistik in Deutschland. Es ist in vielen Staaten absolut alltäglich, genaue Statistiken zu haben. Nirgends ist deswegen ein Unheil ausgebrochen. Die Politik geht vor radikalen Abtreibungsgegnern in die Knie, wenn sie nüchterne Zahlen aus Angst vor Missbrauch verweigert. Selbst im progressiven Bericht der EU-Abgeordneten Edite Estrela wird der legale Zugang zum Abbruch gefordert, aber auch die Führung von Abbruchstatistiken. Die WHO verlangt das sowieso.

Eine Statistik könnte die divergierenden Zahlen, die je nach Weltanschauung ins Treffen geführt werden, richtigstellen. Während die Abtreibungsgegner einen »Babyholocaust« ausmachen, werden von Befürworterinnen ebenso inkorrekte Zahlen transportiert. Die Journalistin Barbara Toth etwa fragt: »Muss Österreich eines der Länder mit der höchsten Abtreibungsquote sein, auf einem Niveau wie

Rumänien?« Aufgrund der fehlenden Daten lässt sich so eine Aussage
gar nicht treffen. Laut dem Bericht »Abortion Policies 2013« der UNO
gehört Rumänien zu den Ländern in Europa mit der höchsten Rate:
21 pro 1000. Nach Schätzung des Wiener Ambulatoriums pro:woman
liegt die jährliche Abtreibungsrate in Österreich bei zwölf pro 1000.
Toth meint auch, dass in Kanada die Rate durch die ersatzlose Strei-
chung des Gesetzes kontinuierlich abgenommen habe. Nun kann man
die dortige Lage als »25 Jahre reproduktive Freiheit« feiern, wie *Stan-
dard.at*, doch Kanada scheint laut der Universität Ottawa auf öster-
reichischem Niveau zu sein, zwischen zwölf und 15. Aussagen über
Abbrüche seien Canada Statistics zufolge aber »unzuverlässig«, weil
die meisten Kliniken keine Zahlen mehr melden. Aber auch wenn
genaue Statistiken vorliegen, kann man Halbwahrheiten verbreiten:
Alice Schwarzer behauptet, dass im Jahr 2005 »genau 171 Frauen«
einen Spätabbruch hatten. »In 80 Prozent der Fälle wäre der Fötus
außerhalb des Körpers der Schwangeren nicht lebensfähig gewesen.
Bleiben also zirka 30 Föten im Jahr, die theoretisch hätten ausgetragen werden können.« Wie Schwarzer auf die Annahme kommt, dass
80 Prozent nicht lebensfähig gewesen wären, ist nicht überprüfbar,
denn in der Statistik finden sich keine Angaben darüber. Schwarzer hätte auch die Zahl der Spätabbrüche bis zur 22. Woche nennen
müssen: 2049. 2014 gab es in Deutschland 2196 Spätabbrüche, davon
584 Fetozide. Nicht nur »wegen 30 Fällen« – wie Schwarzer despek-
tierlich schreibt – hat also die Regierung Änderungen überlegt und
2009 Bedenkzeit und Recht auf Beratung beim Spätabbruch gesetzlich verankert. Österreich ist hingegen seit Jahren säumig, hier Änderungen vorzunehmen.

　　Will man hierzulande Zahlen zum Spätabbruch, muss man viel
Geduld und Zeit haben. Schätzungen bekommt man nur, indem man
Kliniken einzeln kontaktiert. Zählt man alle Angaben zusammen, gab
es im Jahr 2013 etwa 180 Spätabbrüche bis zur 22. Woche und 70 Fetozide. »Die Zahlen, die nach außen gegeben werden, sind nicht immer
vertrauenswürdig. Da werden sechs gesagt und die Kolleginnen bestätigen mir intern, dass sie bereits 28 Spätabbrüche gemacht haben«,

meint Hebamme Renate Mitterhuber. Nur das AKH veröffentlich die Zahlen transparent im Jahresbericht. Auch untereinander wissen die Zentren nicht genau, wie viele Abbrüche stattfinden. Es findet keine wissenschaftliche Evaluierung statt. So könnte man erfahren, wie effizient die Pränataldiagnostik wirklich ist, wie viele behinderte Ungeborene diagnostiziert und abgetrieben werden. Es gibt zwar ein Fehlbildungsregister, aber das ist nicht vollständig, weil eine Meldung nicht verpflichtend ist. Aus historischen Gründen werden Behinderungen nicht erfasst, aber es gibt wohl auch deshalb wenig Interesse an der Dokumentation, weil »diese Zahlen und Fakten gesellschaftspolitische Sprengkraft« hätten, meint Mitterhuber.

»KEINER MACHT GERNE EINEN FETOZID«

»Es wird sehr viel diskutiert über wenige Fälle, aber das sind zugegebenermaßen sehr heikle Fälle«, meint Peter Husslein, Vorstand der AKH-Frauenklinik. Weil das Abtreibungsgesetz nicht angerührt wird, haben sich die Pränataldiagnostiker auf Richtlinien geeinigt. Es herrschte Handlungsbedarf, weil Kinder beim Spätabbruch nach der 22. Woche oftmals lebend zur Welt kamen und dies zu »entsetzlichen Situationen« für alle Beteiligten geführt habe. Die Geburt ist eine willkürliche Grenze: Bevor Wehen einsetzen, ist eine Tötung straflos, kurz danach ist es Mord und mit bis zu 20 Jahren Haft versehen. Bis zur 22. Woche wird der Abbruch mittels hoch dosierter Wehenmittel ausgelöst, danach wird ein Fetozid mit einer Kaliumchloridspritze mit Herzstich durchgeführt. Allerdings kann es auch vorkommen, dass Kinder in der 18. Woche lebend geboren werden.

Prinzipiell sieht das Gesetz vor, dass ein Abbruch wegen einer Behinderung bis vor der Geburt möglich ist, de facto setzen sich die Ärzte aber eine ethische Grenze. Ein Spätabbruch ist – anders als bei der Fristenlösung – nicht mehr nur eine Entscheidung der Frau. »Das Lebensrecht des Kindes nimmt im Verlauf der Schwangerschaft zu, die Autonomie der Frau nimmt ab.« Wichtig wäre, betont Husslein, dass man den Fachleuten vertraut, dass sie mit bestem Wissen und Gewissen handeln. Denn über einen Fetozid entscheidet kein einzelner Arzt, sondern ein multidisziplinäres Team. Derjenige, der ihn durchführt, muss ethisch dazu stehen können, angeordnet kann ein Fetozid nicht werden. Für die betroffenen Paare sei die Rückendeckung durch die Experten wichtig. In die Grauzone zwischen Dreimonatsfrist und 22. Woche, wo über einen Abbruch nur das Paar mit dem einzelnen Arzt entscheidet, fallen die meisten Trisomie-21-Fälle. Es gebe aber sehr wohl auch nach der 22. Woche Fälle, wo man nicht von schweren Behinderungen sprechen könne und trotzdem für einen Fetozid plädiert, etwa bei einer von Flucht traumatisierten Frau, die schwanger mit einem Trisomie-21-Kind war, berichtet der Arzt. In der Linzer Frauenklinik wird etwa die Hälfte der Anträge von Eltern auf Fetozid abgelehnt, vor allem bei Trisomie 21, so der Pränataldiagnostiker Wolfgang Arzt. »Bei Spätabbrüchen vor der 22. Woche geben wir Bedenkzeit von mindestens zwei Tagen, im besten Fall drei, doch Realität ist, dass nur eine Frau von 100 das Kind austrägt. Die stetigen Schuldzuweisungen an die Pränataldiagnostiker finde ich einseitig.« Durch die Rechtsprechung, die Paaren Schadenersatz zubilligt, wenn trotz Tests ein behindertes Kind zur Welt kommt, stehen die Ärzte »extrem unter Druck«, keine Fehler zu machen. »Doch wenn wir uns diesem Druck beugen, könnten wir gleich zusperren. Wir machen keine Sicherheitsabbrüche, da gehen wir lieber das juristische Risiko ein«, so Wolfgang Arzt. Der juristische Druck habe auch Positives bewirkt, meint er, nämlich eine Zentralisierung der Pränataldiagnostik. Es bedingt aber ebenso, dass sich Ärzte mit bis zu drei Millionen Euro gegen Klagen versichern.

»Keiner macht einen Fetozid gerne«, sagt der Arzt Josef Deutinger in einem Nebenraum auf der Station im AKH. Er beobachtet, dass sich viel verändert hat: Der Anteil der Frauen über 35 sei höher und damit das Risiko für chromosomale Anomalien. »Eine Frau bekommt im Schnitt 1,4 Kinder. Dieses eine Kind muss gesund sein. Das ist bei vielen gewünscht und verlangt. Wenn das nicht der Fall ist, dann ist jemand schuld.« Die Schadenersatzklagen beschäftigen ihn, besonders ein Urteil des Obersten Gerichtshofs. »In dem Fall wurde eine Spina bifida übersehen, und das Gericht meinte, das sei jedenfalls eine Indikation für einen Abbruch. Das muss man sich auf der Zunge zergehen lassen. Wenn das Gericht gesagt hätte, dass das eine Indikation ist, die Eltern über einen Abbruch zu informieren, dann wäre das in Ordnung. Aber so ist das unglaublich.«

Eine junge Hebamme, die heute in einem Ordensspital arbeitet, erzählt, dass sie in der Ausbildung ein traumatisches Erlebnis hatte. Es war ein Spätabbruch in der 21. Woche, das Kind lebte. »Die Hebamme hat es in eine Abstellkammer getragen, wo der Kühlschrank ist, Schüsseln herumstehen. Sie hat das Kind in die Spüle gelegt, es hat sich noch gerührt. Ich war total überfordert, ich habe das nicht fassen können, wovon ich hier Zeugin werde. Eine halbe Stunde später hat die Hebamme vorbeigeschaut und gesagt, es rührt sich noch immer. Ich habe überlegt, soll ich hingehen, damit das Kind nicht alleine ist, aber ich habe das nicht geschafft.« Mittlerweile hat sich im Umgang viel geändert: Standard ist heute, dass die Kinder Schmerzmittel bekommen, zugedeckt werden, im besten Fall sterbend bei den Eltern sein können. Der erst 2013 gegründete Verein »Pusteblume«, der sich für die professionelle Begleitung einsetzt, hat begonnen, an Spitäler Einschlagdecken und Mützen zu verteilen. Ehrenamtliche nähen kleinste Babykleidung. Ein Stoffherz, mit einer Sicherheitsnadel daran befestigt, wird den Eltern als Andenken mit nach Hause gegeben. Von jedem Kind gibt es einen Fußabdruck, Fotos und Kärtchen, wie bei Lebendgeburten.

Laut einer dänischen Studie, die die Gründe für Abbrüche in zwölf europäischen Ländern ausgewertet hat, sind die häufigsten Herzfehler, schwere Fehlbildungen im Kopfbereich, Spina bifida, bei den Chromosomenanomalien vor allem das Down-Syndrom. Die Forscher berichten, dass es aber sogar zu Abbrüchen wegen Lippen-Gaumenspalte komme. Das ist in Österreich nicht möglich, aber der Wunsch wird natürlich geäußert, wie Chirurgin Eva-Maria Baur von der Universitätsklinik Innsbruck berichtet. »Viele sind völlig aufgelöst, was ich auch verstehe, denn natürlich wünscht man sich ein Kind, wo alles dran ist, das ist normal. Die Schwierigkeit ist, ihnen klarzumachen, dass viele Fehlbildungen dennoch kein so großes Problem sind. Wir können nicht zaubern, aber doch einiges operieren. Die Kinder kennen es dann auch nicht anders und haben weniger Probleme damit als manchmal die Eltern.« Ihre Wahrnehmung ist: Die Anzahl von Kindern mit angeborenen Fehlbildungen nehme stetig ab. Vermutlich wegen der immer genaueren Pränataldiagnostik.

Christian Fiala behauptet, dass Paare, die sich nicht in der Lage sehen, ein »schwerst behindertes Kind« anzunehmen, und sich zu einem Abbruch durchringen, in Österreich nach der 24. Woche keinen Abbruch mehr bekommen würden, »außer es liegt eine Fehlbildung vor, die mit dem Leben nicht vereinbar ist und nach der Geburt unweigerlich zum Tod führt«. Bei anderen Fällen würden die Gremien gegen den Willen der Eltern entscheiden. »So sind jedes Jahr 100 bis 200 Frauen aus Österreich gezwungen, ins Ausland zu fahren, weil ihnen in ihrem eigenen Land die Hilfe verweigert wird«, wettert er. Die Betroffenen würden nach England und Holland ausweichen, die Zahlen habe er bei den Kliniken direkt recherchiert. Auf meine Anfrage antworten nur drei Kliniken, und zählt man ihre Schätzungen zusammen, kommt man im Jahr 2014 auf 75 Frauen. Alle Experten, mit denen ich gesprochen habe, haben mir versichert, dass ein Fetozid bei sehr schweren Fällen immer durchgeführt wird, aber beispielsweise bei Trisomie 21 nicht, außer es kommt noch anderes hinzu. Insofern trifft es zu, dass Paare, wenn sie den Abbruch dennoch wollen, ins Ausland gehen. Mir ist ein Fall in einem Spital bekannt: Das Gremium hat dem Wunsch der Eltern nicht entsprochen, weil die Diagnose Trisomie 21 lautete, bereits in der 24. Woche. Die Frau wich nach England aus, ließ das Kind töten, aus Kostengründen kam sie aber zurück nach Österreich, wo die Hebammen sie vom Kind entbinden mussten. Der Pränataldiagnostiker Wolfgang Arzt weist die Angabe von Fiala jedenfalls vehement zurück: »Das ist eine völlig unseriöse Angabe. Das stimmt zu 100 Prozent nicht«. Er betont, dass es höchstens »einzelne Frauen« seien. Allerdings gebe es immer wieder Frauen, die nach Ablauf der Fristenregelung einen Abbruch wollten, obwohl kein medizinischer Grund vorliegt, was in Österreich eben nicht möglich sei. Es finde auch ein »innerösterreichischer Spätabbruchtourismus« statt, weil manche Ordensspitäler zwar Pränataldiagnostik anbieten, aber die Folgen davon nicht tragen wollen. Er erzählt von einem Fall einer Frau, die wütend auf die Klinik gewesen sei, weil ein Fetozid ihres Kindes mit Down-Syndrom abgelehnt wurde. »Sie flog nach Barcelona und war dann so schockiert über den Umgang dort, dass sie wieder zurückgekehrt ist, das Kind bekommen hat, und uns erreicht nun jedes Jahr eine Karte von ihr. Sie schreibt uns, wie glücklich und dankbar sie sei, dass wir den Abbruch damals abgelehnt hätten.«

Ein Spätabbruch kann einige Tage dauern, weil der Körper noch nicht auf Geburt eingestellt ist. Das ist alles andere als harmlos, sondern für alle psychisch und physisch enorm belastend. »Es muss am Bildschirm genau beobachtet werden. Das dauert ein paar Minuten, bis das Herz zu schlagen aufhört. Da steht man da und starrt auf den Bildschirm. Wann hört das Herz endlich zum Schlagen auf!«, schildert eine Psychologin. »Es kostet mich immer sehr, sehr viel Überwindung«, sagt ein Arzt. Es sind ethische Grenzerfahrungen: »Bei einer Frühgeburt in der 24. Woche müssen Hebammen alles dafür tun, damit dieses Kind überlebt. Mit einer hohen Wahrscheinlichkeit bleiben diese Kinder ein Leben lang behindert. Dann muss die Hebamme ins nächste Zimmer, wo ein etwa gleichaltriges Trisomie-21-Kind abgetrieben wird. In diesem Spannungsfeld arbeiten sie, und das ist oft schwer erträglich. Man bringt ein Kind um, das für die Gesellschaft kein so großes Problem sein müsste, und das andere muss um jeden Preis überleben«, merkt Hebamme Renate Mitterhuber an. Es ist traumatisierend für das Paar, denn sie entscheiden und erleben die Tötung ihres Kindes, das im Unterschied zum frühen Abbruch gewollt war. Wenn das öffentlich als skandalöser Mord dargestellt wird, ist das zusätzlich belastend. Auch wenn die Spitalspsychologinnen unter schwierigen Bedingungen wichtige Arbeit leisten, nehmen Experten wahr, dass Paare selten auf psychosoziale Beratungsstellen verwiesen werden beziehungsweise sich nicht dorthin wenden wollen. Vonseiten der Linzer Frauenklinik heißt es, dass die Paare an die Beratungsstelle ZOE geschickt werden, doch ob sie dort ankommen, lässt sich nicht ermitteln. Es gibt dazu keine Auskünfte von der Stelle, weil das vertraulich sei. Das große Loch tut sich erst meist nach dem Eingriff auf. Hier fehlt Begleitung, wenn die Spitalspsychologinnen den nächsten Termin erst in sechs Wochen anbieten können.

Mitterhuber, die auf mehr als 25 Jahre Berufserfahrung zurückblickt, beobachtet, seitdem die Pränataldiagnostik so breit durchgeführt wird, eine Zunahme von Frauen, die einen Spätabbruch haben. Das Tabu bleibt aber: »Ich kenne einige Paare, die einen Fetozid gemacht haben, aber niemand outet sich. Wenn, dann wird darüber immer sehr eindimensional und wirklich seltsam diskutiert: Da sind die Religiösen, dort die Sozialdemokraten. Auf der Strecke bleiben dabei die Frauen.« Sie habe auch oft den Eindruck, dass es nicht die alleinige Entscheidung der Frau sei: »Nicht selten höre ich die Antwort: Ich weiß, mein Mann ist dagegen, der Arzt hat gesagt, meine Eltern helfen mir nicht, es bleibt an mir hängen, ich schaffe das nicht, ich habe schon zwei Kinder. Sie muss damit leben. Sie muss es machen. Diese Frauen sind isoliert, kaum jemand weiß davon, dazu haben sie noch Schuldgefühle, und das ist sehr schwer. Sie hadern damit, und das tut im Herzen weh. Es ist eine menschenunwürdige, fast unmögliche Entscheidung, und dafür gibt es kaum Begleitung. Das kreide ich massiv an.«

Nicht immer ist es auch nötig, einen Fetozid zu machen. Die Alternative wäre, das Kind vorgeburtlich zu operieren, oder wenn das nicht möglich ist, es einfach auszutragen und die Wehen natürlich kommen zu lassen. Sehr eindrucksvoll hat das die Hebamme und Filmemacherin Katja Baumgarten in dem autobiografischen Dokumentarfilm »Mein kleines Kind« thematisiert. Häufig wird diese Alternative den Frauen nicht angeboten. Mitterhuber erzählt von einer 28-jährigen Frau, die noch in der 33. Woche einen Spätabbruch machen ließ. »Das Kind hätte die Geburt wegen eines schweren Herzfehlers ohnehin nicht überlebt. Dass sie tagelang mit Wehen im Spital liegen würde, mit Schmerzen, das hat sie nicht geahnt. Ich habe sie gefragt, sind Sie nicht auf die Idee gekommen, die Schwangerschaft auszutragen?

Dann ist auch der Körper bereit, man kann diesen Prozess gestalten, sodass es auch heilsam und gut ist. Doch niemand hat sie darauf hingewiesen. Sie hat seit ihrer Pubertät Panikattacken und war immer wieder mal in Behandlung. Das wusste auch niemand. Man hat sie nach Hause entlassen, und es hat natürlich nicht lange gedauert, da hatte sie Panikattacken. In dieser Situation war ich bei ihr, und ich dachte mir, jetzt hätte ich gerne den Pränataldiagnostiker dabei, damit er sieht, was die Folgen sein können.«

DREI MINUS EINS

Ein finsteres Kapitel der Reproduktionsmedizin ist die Mehrlingsreduktion. Sie kaschiert im Grunde einen Behandlungsfehler: Durch den Transfer von zu vielen Embryonen, aber auch durch hormonelle Stimulierungen entstehen Zwillinge, Drillinge, Vierlinge oder gar Fünflinge, was ein hohes Risiko für Mutter und Kinder bedeutet. Die Mehrlingsrate ist europaweit seit dem Jahr 2000 wegen der Forcierung des Single-Embryo-Transfers (SET) gesunken, aber laut ESHRE mit rund 20 Prozent nach wie vor hoch. Schlimmer ist die Situation in den USA, wo sie bei 30 Prozent liegt. Zum Vergleich: Die natürliche Rate beträgt etwa 1,5 Prozent. Mehrlingsreduktion heißt: Gesunde Kinder werden getötet, weil sie zu viele sind und weil das Risiko zu hoch ist.

Wie das konkret abläuft, lässt einen sprachlos zurück: »Die Mehrlinge werden alle untersucht. Wenn bei der Nackenfaltenmessung festgestellt wird, dass ein Kind Trisomie 21 oder eine Fehlbildung hat, wird dieses Kind getötet. Wir reduzieren allerdings nur Drillinge auf Zwillinge. Wenn alle gesund sind, hängt es von der Lage ab. Was ich Ihnen jetzt sage, ist sehr, sehr hart, aber da zitiere ich Karl Popper, wonach man in heiklen Situationen scharf formulieren muss: Wir wählen denjenigen Embryo aus, der am leichtesten zugänglich ist, weil er näher an der Bauchdecke liegt. Das tote Ungeborene bleibt im Mutterleib, die Zellen werden abgebaut, oder sie verkleben mit dem

Mutterkuchen. Das ist eindrucksvoll, da ist relativ bald nichts mehr sichtbar«, erklärt der Arzt Peter Husslein. Bei der Geburt kommen das gesunde Kind zur Welt und das an der Nachgeburt »plattgedrückte« Geschwister. Wäre mehr Menschen klar, was aus welchen Gründen gemacht wird, hätte die Reproduktionsmedizin definitiv mehr Erklärungsbedarf.

Meistens wird die Reduktion in der 16. Woche durchgeführt, aber es kann auch später vorkommen, wenn eine Behinderung spät entdeckt wird. In Österreich gibt es keine genauen, offiziellen Zahlen, das AKH berichtet 2013 von fünf Mehrlingsreduktionen. In Deutschland kam es 2012 dem Deutschen IVF-Register zufolge zu 254 Reduktionen, bei denen insgesamt 380 Ungeborene reduziert wurden. Das ist seit 2004 der höchste Stand. Eine Reduktion von Zwilling auf Einling wird bei gesunden Kindern kaum mehr durchgeführt, bei der Reduktion von Drillingen scheiden sich die Geister: »Das sind Wellness-Reduktionen, das ist sicher kein Grund für einen Fetozid«, so Pränataldiagnostiker Wolfgang Arzt von der Frauenklinik Linz deutlich. Eine Ausnahme ist, wenn ein Kind behindert ist, dann spricht man vom »selektiven Fetozid«, der auch in Linz zwei- bis dreimal im Jahr vorkomme. Reduktionen sind manchmal auch deshalb notwendig, weil alle Kinder durch Unterversorgung sterben würden, wenn nicht eingegriffen wird. Manche Kliniken geben dem Ungeborenen Schmerzmittel, andere nicht, obwohl das Schmerzempfinden ausgereift ist, aber die Sorge um die anderen Kinder ist zu groß.

»Die Anzahl der Mehrlingsschwangerschaften geht nun langsam zurück. Wir konnten nicht mehr zuschauen, dass wir permanent Drillinge in der 25. Woche zur Welt bringen und keinen Platz auf der Intensivstation mehr haben. Die Kinder mussten dann in andere Spitäler verlegt werden«, schildert Husslein. Die Reproduktionsmediziner können sich so hinauslehnen und ein Kind versprechen, weil sie die Folgen nicht zu tragen haben. Wenn ein Kind stirbt oder behindert ist, werden die Geburtshelfer mit Klagen konfrontiert, nicht die IVF-Ärzte. An der Frauenklinik Linz gibt es nach wie vor regelmäßig einen Aufnahmestopp bei der Neonatologie. Die Liegedauer von Drillingen

ist um ein Vielfaches höher als etwa von Einlingen. Der Gesetzgeber
sei bisher »zu zurückhaltend« gewesen, kritisiert Husslein, Druck aus-
zuüben.

Die IVF-Mediziner einigten sich auf Initiative der Geburtshelfer
2011 in einer Leitlinie darauf, dass vermehrt der SET durchzuführen
sei. Ein ungelöstes Problem ist auch, dass in Österreich die Lizenz
der IVF-Institute an Schwangerschaftsraten von mehr als 18 Prozent
gekoppelt ist. Sie transferieren deshalb viele Embryonen, weil sie befürchten, zu geringe Raten zu haben, und im Hinblick darauf, dass
die Gruppe der älteren Frauen größer wird. Einen SET in jedem
Fall durchzusetzen würde bedeuten, dass sich viele Paare von ihrem
Kinderwunsch verabschieden müssten. Die IVF-Gesellschaften geben vor, dass ein Transfer von bis zu drei Embryonen – bei Frauen
bis 40 ab dem dritten Versuch, für Frauen ab 40 generell – weiterhin
vertretbar sei. Bisher sei es noch nie vorgekommen, dass ein Institut den Vertrag mit dem Ministerium verloren habe, weil die Vorgaben nicht eingehalten worden seien, betont der Arzt Wolfgang Urdl
von der Fachgesellschaft. Laut Rechnungshof wurde allerdings bereits
drei Kliniken eine Vertragskündigung angedroht, weil sie den Qualitätskriterien nicht entsprochen haben, dann konnte aber das Niveau
wieder gehoben werden. Dass drei Embryonen-Transfers »sicherlich
der Vergangenheit« angehören würden, wie Urdl sagt, kann anhand
der eigenen Empfehlungen und der IVF-Jahresberichte nicht bestätigt werden. Die Anzahl der Single-Embryo-Transfers nahm seit 2011
tatsächlich zu, die Transfers von zwei oder drei Embryonen sind klar
zurückgegangen, aber sie finden nach wie vor statt. Ein Qualitäts-
nachweis für eine Klinik wäre die genaue Angabe, wie viele Embryonen pro Zyklus transferiert werden. Weder wird das im IVF-Bericht
aufgeschlüsselt, noch findet man derartige Angaben auf den Websites.
Der Rechnungshof fordert dies in einem aktuellen Prüfbericht ein.
In Schweden ist der SET verpflichtend. Nur so könne er durchgesetzt
werden, Ausnahmen seien möglich, vorausgesetzt, die Risiken für
Zwillinge werden gering eingeschätzt, betont Bengt Rönngren vom
schwedischen Gesundheitsministerium.

Angesichts dieser Fakten ist erstaunlich, was in den Medien dazu
verbreitet wird. Der Arzt Andreas Obruca behauptete in einer *ORF*-
Debatte, dass ohnehin nur noch ein Embryo transferiert werde. »Viele
dieser Probleme, die heute immer wieder so plakativ kommen, sind
einfach überholt. Das Risiko der Frühgeburtlichkeit kam aus der Zeit,
wo noch sehr viele Embryonen transferiert wurden. Das machen wir
seit zwei Jahren nicht mehr. Seit zwei Jahren ist vom Gesetz her vorgeschrieben, dass wir zumindest bei den Paaren, die einen Kosten-
zuschuss bekommen, ganz wenig transferieren dürfen. Bei jungen
Frauen, die schöne Embryonen haben, wird ein Embryo transferiert.
Bei einem Embryo gibt es keine Mehrlingsschwangerschaft, da gibt es
keine Frühgeburtlichkeit.«

Bleiben wir bei den Fakten: Gesetzlich war und ist kein Single-
Embryo-Transfer vorgeschrieben. Die Ärzte sind allerdings bei Behandlungen, die mit dem IVF-Fonds abgerechnet werden, gesetzlich
verpflichtet, sich an die Richtlinien der Fachgesellschaften zu halten.
Während im IVF-Bericht 2010 noch in 3110 Fällen in privaten Instituten zwei Embryonen transferiert wurden, bei 317 Frauen drei, bei immerhin 28 vier und bei zwei sogar fünf, ist diese Statistik 2013 bei den
privaten Instituten zwar tatsächlich besser geworden, aber in einem
Fall wurden sogar vier Embryonen transferiert, in 99 Fällen drei. Die
Zahlen belegen zudem, dass die privaten Institute mehr Mehrlingsschwangerschaften verbuchen. Patienten verlangen oft auch deshalb
zwei Embryonen, weil Zwillinge ein positives Image haben und die
Hoffnung damit verbunden ist, keine weitere Behandlung mehr zu benötigen. Das Risiko ist ihnen nicht bewusst oder wird in Kauf genommen. Und entgegen Obrucas Aussage können auch aus einem Embryo
Zwillinge entstehen, da er sich bis zum neunten Tag teilen kann.

Die Frühgeburtenrate ist bei Mehrlingen *und* bei IVF-Einlingen
erhöht. Sie ist generell kaum zurückgegangen. Laut Statistik Austria
hat die Anzahl von Frühgeborenen von 2011 auf 2012 sogar zugenom-
men, auf 2013 nur minimal abgenommen. Der WHO-Bericht »Born
Too Soon«, publiziert 2012, berichtet von einer Rate von 10,9 Prozent
in Österreich. Das ist im Vergleich sehr hoch: Finnland weist eine

Rate von 5,5 Prozent auf. Laut Statistik Austria lag die Frühgeburtenrate 2013 bei 8,2 Prozent aller Lebendgeburten. Die Diskrepanz zu den
WHO-Angaben ergab sich durch ein Missverständnis bei der Daten-
übermittlung der Hebammen an die Statistik Austria, die diese an die
WHO weiterleitete. Ob nun fast elf Prozent oder acht: Die Rate ist
in beiden Fällen zu hoch. Die *ORF*-Moderatorin Lisa Gadenstätter
ergriff in der Debatte dennoch vorschnell Partei, indem sie Mitdisku-
tantin Martina Kronthaler von »Aktion Leben«, die sich in ihrer Kritik auf Kinderärzte berief, zurechtwies: »Aber Frau Kronthaler, hier
haben wir einen Arzt stehen.« Na dann.

DIE HEILIGE KUH DER BRANCHE

Dass und wie viele Embryonen übertragen werden, ist nur ein Grund
für Mehrlinge, ein gern verschwiegener, aber entscheidender sind
hormonelle Stimulierungen, mit oder ohne künstliche Befruchtung.
Das bestätigen ein Bericht des Hauptverbands der Sozialversicherun-
gen sowie ein Experten-Gutachten der Friedrich-Ebert-Stiftung. Die
Ärztin Dorothea Wunder berichtet, dass im Inselspital Bern zwischen
1995 und 2006 88 Zwillinge, 45 Drillinge und vier Vierlinge als Folge
dieser einfachen Fruchtbarkeitsbehandlung zur Welt kamen. Eine
gesetzliche Regelung wäre auch hier dringend geboten, denn jeder
Gynäkologe kann sie durchführen. Das Ausmaß ist nicht bekannt.
    Ein spektakulärer Fall war 2011 eine Fünflingsschwangerschaft in
Wien. Eine Frau ließ sich hormonell stimulieren, es reiften zu viele
Follikel heran, und sie wurde schwanger mit Fünflingen. Als die Kinder im AKH per Kaiserschnitt zur Welt kamen, setzte ein Medien-
hype um die »medizinische Sensation« ein. Ein mehrköpfiges Team
musste wochenlang für ihr Überleben sorgen. Peter Husslein ärgert
sich noch heute über Arzt Bassam Zaghluha, der betont, dass er dem
Paar geraten habe, keinen Geschlechtsverkehr zu haben. Doch sie hätten sich nicht daran gehalten. Die Vienna International Medical Clinic, dessen Fertility Center Zaghluha leitet, wirbt indes ungeniert mit

seinen Erfolgen bei der Steigerung von Schwangerschaftsraten von bis zu 58 Prozent. Da die Klinik keinen Vertrag mit dem IVF-Fonds hat, muss sie keine Daten melden.

»Die Frauen müssten genauer darüber aufgeklärt werden, was passieren kann. Auch durch das Einbringen einer befruchteten Eizelle in den Uterus kann eine Mehrlingsbildung nicht mit Sicherheit verhindert werden. Wenn Paare nur einen Einling wollen, dürfte man gar keine Übertragung machen. Das müsste thematisiert werden, was aber nicht passiert«, weiß die Juristin Barbara Breunlich, die sich im Rahmen einer Dissertation mit dem Thema aus medizinischer, psychologischer, ethischer und rechtlicher Sicht beschäftigt hat. Informationen über die möglichen Folgen wie Mehrlingsreduktion werden in Aufklärungsgesprächen kaum weitergegeben, man findet sie auch nicht in den Hochglanzbroschüren und auf den Websites der Kliniken. Ein Arzt meint lapidar: »Da würden Ihnen die Patienten ehrlich gesagt davonlaufen.«

Mehrlingsreduktionen sind unvorstellbare Situationen: Paare, die sich jahrelang ein Kind gewünscht haben, müssen sich dafür entscheiden, oder für höchstes Risiko für alle Kinder. Die Psychiaterin Katharina Leithner-Dzubias berichtet von einer qualitativen Befragung von 20 Paaren an der Wiener psychosomatischen Frauenambulanz. Zunehmende Tendenz sei, dass sich Paare für die Austragung von Drillingen entscheiden. Paare, die eine Mehrlingsreduktion durchführen ließen, sagen, dass sie es niemals wieder machen würden. Es gibt psychologische Studien, die belegen, dass es den Frauen danach sehr schlecht geht, schildert Breunlich. Bei einer Untersuchung 2007 in Deutschland war das Ergebnis, dass es zu psychischen Belastungen und Trauerreaktionen kam, und zwar bis zu zwei Jahre lang, unabhängig davon, ob die Kinder behindert waren oder nicht, ob die Mehrlingsreduktion spät oder früh durchgeführt wurde. Laut dem *Deutschen Ärzteblatt* drohe bei zehn Prozent der Schwangeren der vollständige Verlust der Schwangerschaft. Es kann auch Folgendes vorkommen: Die kleinen, fetalen Herzen sind so resistent, dass der tödliche Stich nicht immer letal ist und das Herz in drei, vier Stunden im Leib der Mutter wieder zum Schlagen anfängt. Dann muss die Prozedur wiederholt werden. Das wird in der Fachliteratur als »Lazarus-Phänomen« beschrieben.

SEHT, WAS DAS FÜR MENSCHEN SIND

Der Genetiker Markus Hengstschläger meint, es gebe international »überhaupt keine Anhaltspunkte«, dass die PID den Stellenwert von Menschen mit Behinderung untergrabe. Doch so einfach ist es nicht: Die empirische Forschung zu diesem Thema ist relativ dünn. Der Experte Wolfgang van den Daele ist zu dem Schluss gekommen, dass eine zunehmende Diskriminierung nicht belegbar sei, die Gesellschaft gehe humaner mit Menschen mit Behinderung um. »Mit den lebenden Behinderten geht die Gesellschaft humaner um«, betont Soziologe Alexander Bogner. »Man kann zudem das eine tun und das andere nicht lassen, also einerseits dafür sorgen, dass es lebenden Behinderten besser geht, und gleichzeitig dafür sorgen, dass Behinderte nicht mehr zur Welt kommen. Ich würde mit Blick auf die Pränataldiagnostik sagen, auf der symbolischen Ebene besteht hier natürlich eine Diskriminierung von Behinderten. Wir tun alles dafür, wir setzen jede klinische Forschung und alle verfügbaren diagnostischen Mittel ein, um der Frau die Entscheidung an die Hand zu geben, das Ungeborene abzutreiben oder auszulesen. Wir feiern nicht, dass wieder einmal ein Down-Syndrom-Kind auf die Welt kommen könnte, sondern wir sagen, Sie haben leider so ein Kind, und nun überlegen Sie es sich, ob Sie es wollen.«

In Österreich ist es legal, ein Kind bis zur Geburt abzutreiben, nur aufgrund einer Behinderung. In Deutschland wurde dieser Passus 1995 gestrichen. Ein Abbruch ist nur dann möglich, wenn bestätigt wird, dass der Frau ein behindertes Kind psychisch und körperlich nicht zumutbar ist. Abbrüche wegen Behinderung gehen nicht zurück, sondern fallen nun eben unter diese Indikation. Im September 2013 hat das UN-Behindertenrechtskomitee Österreich ermahnt, die Ungleichbehandlung zu überdenken. Behindertenanwalt Erwin Buchinger hält sie für eine »schreiende Ungerechtigkeit und Diskriminierung, die es seit 1975 gibt und die einfach so hingenommen wird«. Die anderen Parteien wären gesprächsbereit, doch von seiner Parteikollegin Sabine Oberhauser kam sofort ein deutliches Njet. Eine Fristverkürzung sei »nicht zu diskutieren«, hieß es. Man wolle nicht, dass Druck auf die Frauen ausgeübt und Schuldgefühle aufgebaut werden. Demokratiepolitisch bemerkenswert ist, dass nicht einmal darüber diskutiert werden darf.

Da pränatale Tests immer früher durchgeführt werden, meint Arzt Peter Husslein, dass bald nahezu alle wesentlichen Fehlbildungen innerhalb der ersten drei Kalendermonate diagnostiziert werden. Eine mögliche Lösung wäre, den Spätabbruch mit der Lebensfähigkeitsgrenze nach etwa 22 Wochen gesetzlich zu limitieren. Nur in Ausnahmefällen könnte man darüber hinausgehen – so wie es in der Praxis derzeit ohnehin bereits gehandhabt werde, aber gesetzlich nicht gedeckt ist. Das würde Kritikern den Wind aus den Segeln nehmen, wonach alle Ungeborenen mit Behinderung bis zur Geburt getötet werden könnten. Sich aber nur auf die möglichst frühe Diagnostik zurückzuziehen, ändert natürlich nichts an der Zielsetzung, geschädigte Ungeborene auszulesen.

Die UN-Konvention über die Rechte von behinderten Menschen haben Österreich und Deutschland ratifiziert, nun läuft die Umsetzung. Es geht mehr als schleppend voran. Bedauerlich ist aber auch, dass sich kaum jemand aus dem Menschenrechtsbereich zur PID oder zum Spätabbruch zu Wort meldet. Viele Organisationen haben nicht den Eindruck, dass sie dadurch Pluspunkte sammeln beziehungsweise mehr Spendengelder lukrieren könnten. Es hat auch mit dem moralischen Status eines Ungeborenen zu tun, der mit dem von Lebenden nicht gleichzusetzen ist. Dennoch erklärt das dieses Schweigen nicht ganz. Wenn man Menschenrechte nicht nur als das juristische Durchsetzen von Rechten begreift, sondern auch als Bewusstseinsbildung, dann müsste mehr drin sein. Einige der Experten, die ich befragt habe, wollten sich nicht namentlich dazu äußern. Eine meint: »Ich wundere mich über die Menschenrechtsszene, die nicht auf die Idee kommt, sich das anzuschauen. Das irritiert mich. Es ist feig, das nicht beantworten zu wollen.« Eine andere Expertin sagte mir, wenn sie ihre Meinung sagen würde, sei Feuer am Dach. Ein weiterer Kenner unterstrich, dass er durchaus die Dringlichkeit sehe, aber es fehlten die Ressourcen, um einen Standpunkt auszuarbeiten. Der Kinderrechtsexperte Helmut Sax betont unmissverständlich: »Der derzeitige rechtliche Unterschied ist heftig und problematisch. Auf der einen Seite nur in den ersten drei Monaten, auf der anderen bis zur Geburt.« In der Kinderrechtskonvention gibt es in der Präambel einen kleinen Passus zur Frage der Vorgeburtlichkeit, wo es heißt, dass »das Kind wegen seiner mangelnden körperlichen und geistigen Reife besonderen Schutzes und besonderer Fürsorge, insbesondere eines angemessenen rechtlichen Schutzes vor und nach der Geburt, bedarf«. Es gibt aber auf UN-Ebene keinen Konsens darüber, wie dieser Schutz vor der Geburt zu gestalten ist.

Für Menschenrechtsexpertin Marianne Schulze ist der Zusammenhang von gesetzlicher Diskriminierung beim Spätabbruch und gesellschaftlicher Meinung »überdeutlich«. »Das Menschenbild, das mit der NS-Politik kreiert wurde, ist zu hinterfragen, und man muss sich darüber klar werden, wie sich das unbewusst bis heute auswirkt.« Für sie ist auch das Argument, dass es nur um Fälle gehe, wo das Ungeborene schwerstbehindert und nicht lebensfähig sei, »hochkonstruiert«. Die Aussage, dass das Gesetz keinerlei Wirkung habe, weist sie kategorisch zurück: »Das halte ich für sehr anmaßend, unglaublich verletzend und diskriminierend. Das verkennt völlig, wie sehr solche Regelungen gesellschaftlichen Konsens widerspiegeln.« Amnesty-Chef Heinz Patzelt stellt ebenfalls klar: »Weil Spätabtreibung bei behinderten Ungeborenen möglich ist, prägt das unser Bild von Menschen mit Behinderung.«

Die direkt Betroffenen empfinden die gängige Praxis als diskriminierend, berichtet Schulze: »Es sagen viele, wenn ihre Eltern nicht den Mumm gehabt hätten, wenn die Ärzte nicht unterstützend gewesen wären, wenn sie nicht das Glück gehabt hätten, beim Ultraschall

durchgeschlüpft zu sein, würde es sie nicht geben. Dieses Gefühl zu
haben, da hätte es locker eine Option gegeben, dass es mich nicht
gibt, ist belastend.«

Schwerbehindert oder nicht, darüber wird bei der PID und beim
Spätabbruch sinniert, während gleichzeitig die UN-Konvention umgesetzt werden soll, wo es heißt, dass »Behinderung« drei Ebenen umfasst: eine körperliche Beeinträchtigung oder »Schädigung«, eine daraus folgende individuelle Einschränkung und eine gesellschaftliche,
die aus sozialen Normen hervorgeht. Wenn man Eltern zuhört, sagen
sie meistens nicht, dass sie mit ihren Kindern nicht klarkommen, sondern sie erzählen lang und breit von anderen Problemen mit Behörden, Schulen, Geld. Die Angst, mit einem behinderten Kind allein
und überfordert zu sein, ist real. Der Wunsch nach einem »pflege-
leichten Kind« ist groß, die Erwartungen ans Kind hoch. Es soll sich
möglichst reibungslos in die große Vereinbarkeits- und Organisati-
onsmaschinerie einfügen. Sowohl die Entscheidung für oder gegen
ein Kind ist legitim, egal ob behindert oder nicht. Doch klar ist, dass
es bei einem behinderten Kind stärkere gesellschaftliche Abwehrkräfte
gibt.

Die Bilder in unseren Köpfen sind auch vom Fürsorgedenken beeinflusst. »Behinderte bekommen ein Taschengeld, man streichelt sie,
und die Sache hat sich. Sie sollten anders präsent sein, in Medien,
Werbung, im Alltag. Doch sie leben im Dunkel, nur zu Weihnachten
geht einmal das Licht an«, glaubt die grüne Abgeordnete Helene Jar-
mer. Es genügt nicht, Mut zum Kind zu machen, sondern es braucht
eben auch Unterstützung. Und es muss klar gesagt werden, dass uns
Normen prägen und wir unser Verhalten danach ausrichten, was die
Mehrheit fordert. »Zu wollen, was man soll, hat nichts mit Selbstbestimmung zu tun. Die gesellschaftlich vorentschiedene Entscheidung wird aber als individuelle, autonome Entscheidung ›verkauft‹,
die daher auch individuell zu verantworten ist«, meint Expertin Andrea Strachota von der Universität Wien. Es ist nur ein Aspekt der
Selbstbestimmung, dass eine Frau nur das Kind bekommt, das sie will
und wann sie es will. Selbstbestimmung wäre auch, dass jede Frau frei

sein sollte von der Pflicht, Kinder zu bekommen, und zwar möglichst optimale Kinder. »Die vielzitierte Autonomie in der Medizin-Ethik täuscht über vieles hinweg«, so Alexander Bogner vom österreichischen Institut für Technikfolgenabschätzung. Denn die eigentliche Frage ist eine Machtfrage: »Wer pocht aus welchen Gründen und welchen Zielen für die Ausweitung oder Einschränkung von Selbstbestimmung? Welche Machtpotenziale sind im Spiel, welche Interessen, welche Definitionsmacht?«

Bei Behinderung gilt vieles nicht mehr als »zumutbar«. Im Vordergrund steht das Verhindern und nicht das Dasein und Begleiten. Es stellt sich die Frage: Ist es denn zumutbar, wie Menschen mit Behinderung in unserer Gesellschaft behindert werden? Warum ist diese Unzumutbarkeit so selten ein Thema? Gesundheit wird häufig mit Nicht-Behinderung gleichgesetzt, doch ein Kind mit Einschränkungen kann sonst »pumperlgsund« sein. Anna Wieser, Mutter einer Tochter mit Trisomie 21, hat sich gegen einen Abbruch entschieden. Bei der Geburt hat sie sich mit ihrem Mann über das Kind einfach gefreut, erzählt sie, und für Verwunderung beim Personal gesorgt. Sie berichtet von einem Arzt, der sie mit seiner Aussage positiv überrascht hat: »Seien Sie froh, dass Sie ein gesundes Kind haben.« Das Bemühen, Leid und Krankheit abzuwenden, ist ethisch richtig, aber das könnte auch mit mehr Forschung und dem Abbau von Barrieren, baulichen wie gedanklichen, erfolgen. Doch das ist aufwendiger und weniger profitabel, als eine genetische Auswahl zu treffen.

Als der Abgeordnete Franz-Joseph Huainigg im Parlament seine Rede zur PID hielt, zeigte sich, womit wir uns schwertun: Zuerst muss eine Rampe über die Stufen gelegt werden, alle müssen warten, bis er so weit ist. Im Plenum wird es währenddessen ruhig. Konzentriert müssen sie ihm zuhören, weil er aufgrund seiner Behinderung nicht so schnell und nicht immer auf Anhieb verständlich sprechen kann. Wenn sich ein Mensch mit einer schweren Behinderung dort hinbegibt und anklagt, dass schwerbehindertes Leben ausgelesen wird, beschämt uns das. Wir tun uns schwer mit diesem Anblick, wir tun uns schwer mit dieser Einschränkung, wir tun uns schwer, warten zu

müssen, konzentriert zuzuhören, zu schweigen. Das sind Fähigkeiten,
die wir zunehmend verlernen. Was bedeutet es für Menschen mit Behinderung, wenn in ihrer Anwesenheit ständig von »Leidvermeidung«
gesprochen wird? Ist es zu viel verlangt, sich in die Situation hinein-
zuversetzen, zu bemerken, wie dieser Diskurs auf sie wirken muss?
Wer bestimmt, was Leid ist? Die Betroffenen selbst oder die politische
Elite, die Mehrheitsmeinung, die Ärzte?

Eine sehr konkrete Auswirkung der PND ist der Rückgang von Tri-
somie-21-Kindern: Gerade die neuen, genetischen Bluttests empfinden Menschen mit Down-Syndrom als Angriff auf ihr Lebensrecht.
Gisela Höhne vom Theater »Rambazamba« sagt in der sehenswerten
ARD-Doku »Der Traum vom perfekten Kind« über den Bluttest gegen Down-Syndrom: »Mich macht es enorm traurig und auch wütend. Wir kämpfen mit allen Mitteln, guckt sie euch an, seht, was das
für Menschen sind. Denn letztlich ist ein Verbrechen. Es ist eine Art
Menschen, die besonders sind, die auch über das Down-Syndrom zu
definieren sind, und die gibt es dann einfach nicht mehr. Ich finde das
unerhört. Das gab es in der ganzen Menschheitsgeschichte nicht, dass
einfach eine Art Mensch, wenn man so will, ausgerottet wurde.«

Trisomie 21 sei der »Mercedes unter den Behinderungen«, sagt
Fotograf Philipp Horak, Vater einer Tochter mit Down-Syndrom,
sarkastisch. Das zeigt sich auch daran, dass Betroffene vor allem als
Schauspieler Aufmerksamkeit bekommen, wie das »Trisomie 21 Fes-
tival« in Wien in Kooperation mit dem Burgtheater zeigt. Was einerseits erfreulich ist, hat noch einen anderen Hintergrund: Was rarer
wird, wird kostbarer. In Österreich werden im Jahr etwa 77 000 Kinder geboren. Man schätzt, dass etwa 0,4 Prozent der jährlich geborenen Kinder das Down-Syndrom haben müssten. Das sollten rund 300
Kinder pro Jahr sein. Doch wie viele werden wirklich geboren? Laut
unvollständigem Fehlbildungsregister im Jahrbuch der Gesundheits-
daten 2013 waren es 2012 sechs Säuglinge, 2013 waren es nur drei. Die
Ärztin Bettina Baltacis von der Down-Syndrom-Ambulanz schätzt
die Anzahl pro Jahr in ganz Österreich auf etwa 80. »Was wäre besser,
wenn wir 300 mehr Kinder mit Trisomie 21 hätten? Wer sorgt für diese

Kinder? Was ist das Ziel?«, fragt der Arzt Christian Fiala provokant. »Alle sind betroffen, dass dramatisch weniger solche Kinder zur Welt kommen. Na und? Wie viele wären denn recht? Die Frage ist nicht, ob das Kind ein glückliches Leben führen kann, sondern wer begleitet dieses Kind?« Jene, die sich darüber empören, dass Frauen solche Kinder abtreiben, sollten solche Kinder aufnehmen und 20 Jahre lang für sie sorgen, fordert er. »Das wäre der einzig konstruktive Beitrag, aber sonst sind diese Diskussionen unehrlich.«

Fiala spricht aus, was viele wohl nur denken. Doch hier geht es um eine heikle Frage: Wer darf leben und wer nicht? Wer darf darüber entscheiden? »Wer findet, dass der Rückgang von Trisomie-21-Kindern eine Bereicherung ist, dem muss man differenziert widersprechen«, so der Arzt Peter Husslein. »Man muss auch ehrlich sein, eine Bereicherung durch diese Kinder kann nur dann stattfinden, wenn es ausreichend Unterstützung gibt. Wer Millionär ist, kann sein Kind gut fördern, nur sind nicht alle Millionäre. In Zeiten enger Budgets muss man sagen, dass der Staat zur Unterstützung von Behinderten nahezu kein Geld hat. So ist die Lage. Es ist besser zu fördern als Pränataldiagnostik zu forcieren. Ich bin durchaus dafür, aber es ist leider unrealistisch. Das sind alles Potemkinsche Dörfer, alles nur noch Fassade und Täuschung. Es ist verlogen, dass wir das beste Gesundheitssystem der Welt haben. In Wirklichkeit wird seit langem rationalisiert.«

... UND DIE KINDER?

> Um tolerant zu sein, muss
> man die Grenzen dessen, was
> nicht tolerierbar ist, festlegen.
> *Umberto Eco*

AUF DER SUCHE

Die 24-jährige Greta hat sich auf die Suche begeben. Sie und ihre jüngere Schwester wussten seit ihrem zwölften Lebensjahr Bescheid, dass sie durch eine Samenspende gezeugt wurden, weil ihr Vater unfruchtbar war. Die Mutter hatte es ihnen eines Tages gesagt. »Das war seltsam für mich. Sie hat es lange vor sich hergeschoben, weil sie Angst hatte, dass es die Beziehung zu unserem Vater beeinträchtigen könnte.« Doch für Greta änderte sich nichts an dieser Bindung. Aber neugierig war sie, und so kontaktierte sie Jahre später die private Klinik mit der Bitte um Auskunft. Allerdings verwehrte ihr der Arzt in einem kurzen Mail Einblick. Er begründete seine Haltung damit, dass das Recht erst für ab 1992 geborene Kinder gelte und nicht rückwirkend. »Das war niederschmetternd, so wie ›Rollladen runter‹.« Besonders sein abschließender Satz war für sie zynisch: »Ich wünsche Ihnen trotzdem viel Glück bei der Suche nach Ihren Wurzeln!« Doch ohne seine Hilfe kommt Greta nicht weit. Sie wollte nicht klagen, weil sie sich nicht so exponieren und ihre Familie belasten wollte. Ein Jahr später starb ihr Vater.

Nach einiger Zeit begann sie erneut intensiver über ihren Erzeuger nachzudenken. Sie meldete sich wieder bei der Klinik, dieses Mal geriet sie an einen hilfsbereiten Arzt. Sie und ihre Schwester boten an, persönlich vorbeizukommen, doch das sei nicht nötig, hieß es. Sie sollten einfach ein E-Mail schreiben, mit ihren Geburtsdaten und jenen ihrer Eltern. Er müsse die Daten erst heraussuchen, da die Akten der Spender in einem ausgelagerten Depot wären. Der Arzt bot sich

nur als eine Art Mediator an. Er wolle den Spender fragen, ob es in
Ordnung sei, wenn sie sich melden.

Bis zu diesem Zeitpunkt wussten die Geschwister auch nicht, ob
sie vom selben Samenspender abstammen oder nicht. Die Vermutung, dass es zwei verschiedene waren, lag wegen unterschiedlicher
Hauttypen nahe, so Greta. Auch ihre Mutter wurde darüber nicht
informiert, ob sie den Samen von einem Mann oder von zwei verschiedenen Männern erhalten hat. »Sie sagt immer, ich würde dir lie-
bend gerne mehr über ihn erzählen, aber ich weiß auch nichts, einfach
nichts.« Greta erklärt ihren Wunsch so: »Es geht nicht darum, dass er
eine Vaterrolle übernehmen soll, ich will ihn einfach kennenlernen
oder zumindest wissen, wie er aussieht.« Sie zeigt auf ihr Ohr und
sagt: »Solche Ohren hat keiner in meiner Familie. Ich will wissen, ob
ich sie von ihm habe. Das kann man nicht so einfach rational erklären«, sagt sie und denkt nach. »Mich interessieren auch die medizinischen Aspekte. Wenn ich beim Arzt bin, fragt er mich nach Krankheiten in der Familie, und ich kann über die Familie meines Erzeugers
nichts sagen. Mein Opa mütterlicherseits betreibt Ahnenforschung,
und ich kenne den ganzen Zweig meines Erzeugers nicht.«

Der Verein »Spenderkinder«, in dem Greta engagiert ist, ist immer
wieder mit Aussagen von Eltern konfrontiert wie »seid doch zufrieden, dass ihr da seid«, »freut euch, dass ihr so gewollt seid« oder »man
muss doch nicht alles wissen«. Das versteht Greta einerseits, andererseits aber auch nicht: »Ja schön, dass mich meine Eltern so gewollt
haben, aber das schaltet doch nicht mein Recht auf Wissen aus.« Sie
habe weiterhin ein sehr gutes Verhältnis zu ihrer Mutter, auch zu ihrem Vater bis zu seinem Tod. »Die Angst ist nicht berechtigt, stabile
Beziehungen werden damit nicht bedroht, und ich habe ja auch kein
begrenztes Kontingent an Menschen, die mir wichtig sind.«

In Österreich müssen die Daten 30 Jahre lang in der Klinik auf-
bewahrt werden, dann dem jeweiligen Landeshauptmann übergeben
werden, der sie »auf Dauer« lagern muss. Da Greta davon nichts
wusste, war für sie der Druck gegeben, nur noch einige Jahre Zeit zu
haben. »Das war wie ein Ablaufdatum. Außerdem ist es schwierig,

wenn Spenderkinder nichts ahnen und erst viel später von der Samenspende erfahren. Ich hätte es meinen Eltern sehr übelgenommen,
wenn sie mir nichts gesagt hätten. Das geheim zu halten ist schon eine
große Sache und ein Vertrauensbruch, der ganz leicht zu vermeiden
ist, wenn man es früh genug sagt.« Dass so viele die Anonymität aufrechterhalten wollen, sei engstirnig. »Es ist nicht damit getan, zu erfahren, dass mein Vater nicht mein leiblicher Vater ist, auch die Oma
ist nicht die leibliche Oma und der Onkel auch nicht.«

So wie es derzeit gehandhabt wird, ist überall ziemlich viel Nebel:
Greta weiß nicht, ob sie Halbgeschwister hat, die Klinik hat ihr darüber auch keine Auskunft gegeben. Der Samenspender weiß nicht, ob
aus seinen damaligen Spenden Kinder entstanden sind und wenn ja,
wie viele. Nachdem Gretas Samenspender dem Arzt mitgeteilt hatte,
dass er prinzipiell offen sei, wurden ihr nicht alle Daten ausgehändigt,
damit sie ihn kontaktieren konnte, obwohl im Gesetz ausdrücklich
festgehalten ist, dass dem Kind »Einsicht in die Aufzeichnungen zu
gewähren« ist, sondern sie sollte einen Brief schreiben, ihn an die Klinik schicken, die ihn weiterleiten würde. Transparenz und Offenheit
sieht anders aus. Nur einen Brief zu schreiben sei schon eine »ko-
mische Situation« gewesen. »Ich melde mich nach 25 Jahren bei einem wildfremden Mann, zu dem aber ein enger Bezug besteht. Ich
habe mich auch schwergetan, meine Gedanken und Gefühle zu formulieren. Man schreibt einen Brief an ein Phantom. Da bin ich an
meine verbale Grenze gestoßen, obwohl ich sprachlich versiert bin.
Aber was schreibt man nach 25 Jahren an ein Phantom, ohne Namen,
ohne Gesicht, ohne zu wissen, ob Antwort kommt?« Die Klinik hat
den Brief tatsächlich weitergeleitet, und der Mann hat sich bei ihr
gemeldet. »Ein paar meiner Fragen hat er beantwortet und generell
nett geschrieben. Seine Anonymität möchte er aber nicht aufgeben, er
hat mir deshalb nur seinen Vornamen genannt, und Foto hat er auch
keines mitgeschickt.« Sie könne ihn aber weiterhin über die Klinik
kontaktieren, falls sie noch weitere Fragen hat. »Jetzt weiß ich zumindest, dass es ihn gibt, ein paar Dinge über ihn und dass er weiß, dass
es mich gibt und wie er mich kontaktieren kann. Trotzdem fühlt sich

das Thema für mich noch nicht ganz ›erledigt‹ an. Ein Foto hätte ich
gerne gesehen. Aber ich bin sehr froh, diesen Schritt gemacht zu haben«, betont sie.

Im Grunde hat der Spender kein Recht auf seine Anonymität,
und dass ihn die Klinik dabei unterstützt, ist ebenfalls nicht rech-
tens. Durch die Kinderrechtskonvention gilt das Recht des Kindes auf
Kenntnis seiner Herkunft unabhängig von nationalen Gesetzen. Auch
Altersgrenzen sind in der Konvention nicht verankert. Das Recht besteht von Anfang an. Problematisch ist für den Kinderrechtsexper-
ten Helmut Sax, dass es »offenbar auch an klaren Vorgaben für die
Umsetzung der Standards fehlt«. Die betreffende Klinik, die ich aus
Rücksicht auf Greta nicht nennen kann, betont, dass sich in den letzten zwei Jahren nur sechs Spenderkinder gemeldet hätten, im Alter
zwischen 30 und 14. Jenen, die ab 1992 geboren sind, gewähre man
Einsicht in die Akten, den davor Geborenen nicht, bestätigt der Arzt
und behauptet: »Die meisten wollen nicht den Spender kennenlernen, sondern haben diverse Fragen zu genetischen Merkmalen oder
nach seinem Beruf.« Bei der Frage nach Geschwistern könne er keine
Auskunft erteilen, weil er keine Daten über andere Patienten weitergeben dürfe. Die Klinik muss aber laut Gesetz auch darüber Aufzeichnungen führen.

Greta stört, dass Unfruchtbarkeit und der Kinderwunsch ein so
großes mediales Thema seien, aber die Sicht und die Rechte der Kinder kaum beleuchtet würden. »Sie haben keine Lobby wie andere, die
sich lautstark beschweren.« Sie sei nun froh, wenn sie nichts mehr mit
dieser Klinik zu tun habe. »Ich finde, dass sich die Ärzte nicht mit
den Folgen ihres Tuns auseinandersetzen. Da ist noch einiges zu tun.
Pflege- und Adoptivkindern wird mehr zugestanden als uns. Sie können sich an die Behörde um Einsicht in ihre Akten wenden. Für uns
gibt es kein Amt, wir müssen uns an eine private Klinik halten, der wir
ausgeliefert sind. Dort kostet ein Erstgespräch 160 Euro, wahrscheinlich haben wir deshalb keinen Termin bekommen, weil wir der Klinik
nichts bringen.« Dass Spendern Anonymität zugesichert wird, ist für
Greta ein Widerspruch: »Die Spender sind nicht anonym, sondern

ganz konkret. Mit einer DNA-Probe kann man zweifelsfrei feststellen, dass sie Elternteile sind.«

Die Mediziner konnten sich bisher zurücklehnen, da ihnen die Zeit in die Hände spielte: Die Kinder waren noch zu klein, um bei ihnen anzuklopfen. Doch diese Zeiten sind vorbei.

KINDERRECHTE AUF VERLORENEM POSTEN

Die Kinderrechtskonvention (KRK) mit ihren 54 Artikeln ist die internationale Vereinbarung, die am wenigsten ernst genommen wird. In Sonntagsreden sind alle für die Rechte der Kinder, aber wenn es konkret wird, scheinen die Rechte der Erwachsenen wichtiger zu sein, wie sonst ist die wiederkehrende Forderung »Recht auf ein Kind« oder die Verteidigung von anonymen Spenden erklärbar? Das Recht des Kindes auf Kenntnis seiner Herkunft wird immer wieder ziemlich bedenkenlos in Frage gestellt. Die Autorin Gabriele Kuby sieht die Kinderrechtskonvention als Angriff auf die Autorität der Eltern, die lesbische Psychologin Lisa Green stellt ein angebliches »Recht auf anonyme Spenden« über das Kinderrecht. »Na ja, gegen Kinderrechte wird öfters verstoßen«, meint ein linker Politiker schulterzuckend zur Tatsache, dass Staaten anonyme Spenden zulassen.

Das Kindeswohl als erfüllt zu betrachten, wenn sich Paare Kinder wünschen und bereit sind, Verantwortung zu übernehmen, wie es der SPÖ-Abgeordnete Michael Ehrmann im Parlament vortrug, offenbart eine Unkenntnis der Kinderrechtskonvention. Der Stellenwert von Kinderrechten zeigt sich auch daran, dass kein Kinderarzt geladen war, als beim Gesundheitsausschuss im Parlament über das neue Gesetz beraten wurde, dass in der Bioethikkommission kein Kinderrechtsexperte sitzt, dass zu einer parlamentarischen Enquete über Kinderrechte kein einziger Journalist kam. Diejenigen, um die es vorgeblich geht, wurden beim neuen Gesetz weitgehend übergangen: Weder fand ein zentrales Spenderregister den Weg in das Gesetz noch eine Aufklärungspflicht der Eltern, auch wurde die Altersgrenze von 14 Jahren für das Recht auf Einsicht in die Daten nicht gestrichen. Nach wie vor gibt es keine qualitative Baby-Take-Home-Rate, also valide Aussagen darüber, wie es Mutter und Kind in der Zeit nach der Geburt geht. Es gibt keine verpflichtende, unabhängige, psychologische Beratung der Paare. Der Single-Embryo-Transfer, der die hohen Frühgeburten- und Mehrlingsraten senken soll, wird nur in den Erläuterungen empfohlen, nicht vorgeschrieben. Es ist bedenklich, dass sich der Staat insgesamt nicht mit mehr Verve für Kinder einsetzt.

Bei Sozialdemokraten, Liberalen und Grünen herrschte über das neue Gesetz viel Freude. Nur in einem zahnlosen Entschließungsantrag haben sich die Abgeordneten dazu bekannt, dass die Gesundheitsministerin Forderungen wie ein zentrales Spenderregister und die Aufklärungspflicht »prüfen« soll. In zwei Jahren sollen die »Prüfergebnisse« vorgelegt werden. Das ist zwar eine ehrenwerte Positionierung des Parlaments, doch deswegen wird das gerade beschlossene Gesetz nicht wieder geändert werden. Und was ist so lange daran zu prüfen, ob ein zentrales Spenderregister möglich ist oder nicht? Die SPÖ behauptet auf Nachfrage, dass es für Kinder jetzt schon kein Problem sei, ihre Daten einzusehen. Wie man auf diese Annahme kommt, wird mir nicht mitgeteilt. Auch ist für die Partei fraglich, ob eine Aufklärungspflicht vorgeschrieben werden kann. Wie soll das kontrolliert und exekutiert werden, heißt es. Es sei eine höchst private Entscheidung und deshalb kein Widerspruch zu den staatlichen Vorgaben bei einer Adoption. Es trifft zu, dass der Staat wegen des prinzipiellen Vorrangs des Elternrechts bei Eingriffen beschränkt ist. Doch da der Staat hier Methoden ermöglicht und teilweise auch finanziert, kann er sehr wohl verpflichtende, psychologische Beratung verlangen oder zumindest offensiv darauf hinweisen, dass das Kind Rechte hat und diese einzuhalten sind. Stattdessen wird bei der SPÖ betont, dass man das Recht des Kindes auf Adoption oder Pflege nicht mit dem Grundrecht auf Familiengründung in einen Topf werfen könne. Bei den Kinderrechten scheint diese Unterscheidung plötzlich wichtig zu

sein, doch nicht wenn es um die Rechte von Erwachsenen geht: Denn
unter »Recht auf Kind« werden alle Möglichkeiten, wie man dazu
kommen kann, in einen Topf geworfen: Adoption und IVF.

Unter Artikel 7 der Kinderrechtskonvention ist festgehalten: »Das
Kind hat soweit möglich das Recht, seine Eltern zu kennen und von
ihnen betreut zu werden.« Wobei der Zusatz »soweit möglich« später
eingefügt wurde, weil Staaten anonyme Adoptionen erlauben woll-
ten. Juristin Renate Winter, die als eine von 18 Mitgliedern im UN-
Kinderrechtsausschuss sitzt, erklärt: »Das Recht des Kindes auf beide
Eltern bezieht sich nach dem üblichen Verständnis auf Vater und
Mutter, weil das die übliche Familie war. In manchen Ländern ist sie
das nicht mehr in dem Ausmaß, in vielen Ländern ist sie nur das.
Wer die rechtlichen Eltern sind, richtet sich also nach dem Gesetz des
Staates.« Wenn ein Staat entscheidet, dass Eltern eines Kindes von
Rechts wegen auch gleichgeschlechtliche Paare sein können, gilt den-
noch das Recht des Kindes auf Kenntnis seiner Herkunft und das
relative Recht auf beide Elternteile als Maßstab. »Die homosexuellen
Aktivisten stellen natürlich stark ihren Rechtsanspruch in den Vordergrund. Das kann ich auch verstehen, aber es ist nur eine Seite der
Medaille«, so der Theologe Ulrich Körtner. Es bleibe trotzdem die
moralische Frage, ob wir die Kinderrechte auf beide Eltern und sie zu
kennen als ethisches Gut anerkennen – unabhängig von der Rechts-
ordnung, die getreu dem Motto »Im Zweifel für die Freiheit« liberal
sein kann.

Mutter und Vater sind keine ausschließlich wählbaren Rollen – es
sind auch biologische Tatsachen. Es ist müßig, darüber zu diskutieren,
ob ein Kind einen Vater oder eine Mutter braucht oder nicht. Diese
unerquicklichen Debatten lenken von einem zentralen Punkt ab: Wir
haben schlichtweg nicht darüber zu bestimmen, ob ein Kind seine
leiblichen Eltern kennenlernen darf oder nicht. Dass noch immer
in europäischen Staaten die Anonymität von Samen-, Eizellen- und
Embryonenspenden erlaubt ist, befremdet. Nötig wäre ein europa-
weites Verbot der Anonymität. Wenn Erwachsene auf Anonymität
Wert legen, müssen sie eben auf die Spende verzichten. Ihr Interesse

auf Geheimhaltung ist verständlich, aber nicht das höhere Gut. Es wäre durch ein zentrales Spenderregister und durch selbstverständliche Aufklärung völlig vermeidbar, dass Kinder nach ihren leiblichen Elternteilen suchen müssen. Jeder, der diese Suche bagatellisiert und als kulturellen Druck der »männlichen Abstammungslinie« abtut, agiert überheblich und selbstgerecht.

Damit sich Jugendliche nicht an private Kliniken wenden müssen, ist die Forderung nach einem zentralen Spenderregister mit jahrzehntelanger Aufbewahrung der Daten aktueller denn je. Schon gar, wenn man hört, wie manche Ärzte das Thema betrachten: »Es gibt Blumensamen, und es gibt menschlichen Samen, beides kann man kaufen. So ist das eben«, sagt einer. Auch bei offiziellen Vertretern des deutschen Lesben- und Schwulenverbandes (LSVD) wie der Psychologin Lisa Green scheint das nötige Bewusstsein zu fehlen. Sie sei gegenüber den verschiedenen Formen »neutral«, auch eine anonyme Spende sei eine legitime Option. Da es Kindern in Regenbogenfamilien so gut gehe, sei das Wissen um den leiblichen Vater nicht nötig, meint sie. Die Behauptung, dass keine Aufklärung erforderlich sei, ignoriert jedoch die vorherrschende psychologische Meinung, nach der die Auseinandersetzung mit dem Spender für die Familie eine lebenslange Aufgabe bleibt, weil er familiensystemisch gesehen eben auch eine Rolle innehat. Wird das missachtet, wird ein Teil im Kind negativ besetzt.

Die Aufklärung über die Herkunft sollte möglichst früh erfolgen. Auch wenn das Kind nicht fragt, sollten Eltern von vornherein für Klarheit sorgen, empfehlen Experten. Erfährt ein Kind es spät, wird die eigene Identität in Frage gestellt. Bisher Selbstverständliches steht zur Disposition: Die Großeltern sind gar nicht die »richtigen« Großeltern, wird der Vater verschwiegen, fehlt die gesamte leibliche Linie, fehlen Onkeln, Tanten, Cousins, Halbgeschwister. Hier wird stets argumentiert, dass das Kind doch eine zweite Mutter, andere männliche Bezugspersonen, einen sozialen Vater mit seinen Verwandten habe. Das ist alles richtig, doch ändert es nichts an der Tatsache, dass es noch einen Beteiligten gab, den man besser integriert als ignoriert. Tut man dies nicht, können auch Phantasien entstehen, warnt Helena

Planicka vom Verein »Eltern für Kinder«. »Wenn ein Bursch, der Streit
mit seiner Mutter hat, meint, es wäre mit dem leiblichen Vater alles
viel schöner gewesen, weil er ein dänischer Footballspieler ist oder ein
englischer Graf. Oder sie werfen ihr vor, was warst du für eine Frau,
wieso hattest du keinen Mann, wieso hast du dir Samen holen müssen?« Planicka findet es prinzipiell »schlecht, wenn Menschen ohne
Wurzeln aufwachsen«. Ein Mann, der mit seinem Partner zwei Pflege-
kinder erzieht, sieht die Geheimhaltung ebenso kritisch: »Unser Pfle-
gesohn will jetzt schon wissen, wer seine Mama ist. Hätte ich nicht
gedacht, ich dachte, das ist erst ein Thema in der Pubertät. Plötzlich
hat er massiv angefangen zu fragen, bereits mit dreieinhalb Jahren.
Für ihn ist auch der leibliche Vater ein Thema, obwohl er zwei Väter
zu Hause hat, zu einem Zeitpunkt, wo er auch nicht wissen konnte,
wie ein Kind entsteht.«

Beim Verein »Spenderkinder« sind 65 Betroffene organisiert –
eine äußerst geringe Anzahl, wenn man weiß, dass in Deutschland
geschätzte 100 000 Kinder aus Samenspenden stammen. Völlig im
Dunkeln tappen Kinder aus Eizellen- oder Embryonenspenden. Die
meisten sind ahnungslos: Adoptivkinder wissen zu 90 Prozent, woher
sie stammen, bei Kindern von Samenspendern schätzt man den Anteil
auf zehn Prozent. Es gibt massive Interessen der Erwachsenen, dass
das Kinderrecht nicht durchgesetzt wird. Paare wollen nicht durch
den dritten Beteiligten oder Beteiligte »gestört« werden, der Spender
oder die Spenderin will einfach nur Geld verdienen und nichts mit
dem Kind zu tun haben.

Die größte Samenbank Cyros liefert in 70 Länder, da seien unterschiedliche Gesetzeslagen, aber vor allem die Einhaltung des Kin-
derrechts hinderlich für sein Geschäft, sagt Cyros-Chef Ole Schou
ganz offen. Trotz Kinderrechtskonvention fordern Reproduktionsmediziner im Fachmagazin *Speculum* anonyme Spenden, denn das
helfe, »wie in den Nachbarländern Tschechien und Slowakei, Eng-
pässe bei der Rekrutierung von Spendern zu vermeiden«. Auf die
Frage, ob er bei der Embryonenspende Informationen an die österreichischen Behörden weitergebe, um das Recht des Kindes auf Kennt-

nis seiner Herkunft zu sichern, oder ob er die Eltern darauf hinweise, ist der Arzt Stephan Machac in Brno nur verwundert: »Natürlich nicht. Warum soll ich sie darauf hinweisen? Warum soll ich das melden? Oder das Paar? Das ist dann ihr Kind. Keiner der Patienten muss der Regierung sagen, dass der Embryo beziehungsweise das Kind aus einer Spende ist, wer wirklich der Vater und die Mutter ist. Es gibt keinen Grund dafür.«

Ein Grund wäre die Kinderrechtskonvention. Die Abteilung für Menschenhandel im Wiener Innenministerium hat schwerwiegendere Themen zu bearbeiten, wie Handel mit Kindern, Organen oder Zwangsprostitution. Das Kinderrecht scheint aber auch hier nicht hochgehalten zu werden: »Kinder können nur klagen, wenn ihnen die Entstehungsart mitgeteilt wird. Es taucht nirgends auf, woher das Kind stammt. Es hat keine strafrechtliche Relevanz, es liegt kein konkretes Delikt vor, es gibt keinen konkreten Verdachtsfall. Proaktiv kann ich nicht recherchieren, ich habe nicht das Personal dafür, noch habe ich Ansatzpunkte«, betont Leiter Gerald Tatzgern.

Es sei ein »menschenrechtliches Gebot« für alle Staaten, so Amnesty-Chef Heinz Patzelt, kommerziellen Samen- und Eizellenhandel nur unter gesicherter Identitätsverfolgung zuzulassen. Nötig ist für den Verein »Spenderkinder« auch mehr Kontrolle bei der Einhaltung der Grenzen, wie oft gespendet werden darf, sowie bei der Höhe der Geldbeträge. »Einige von uns haben vermutlich sehr viele Halbgeschwister. Für uns ist das ein sehr seltsames Gefühl. Wir würden sie gerne kennenlernen, aber gleichzeitig bekommt man so das Gefühl, aus einer Massenproduktion zu kommen«, sagt Anne vom Verein. Bisher gibt es nur »eine Handvoll von Vereinsmitgliedern«, die herausfinden konnten, wer ihr leiblicher Vater ist. Nicht zu wissen, ob es Halbgeschwister gibt, ist gekoppelt mit einer Angst vor Inzest, wobei die Wahrscheinlichkeit aufeinanderzutreffen sehr gering ist.

»Mich ergreift doch ein gewisses Grauen, wenn ich denke, dass allein in der Bundesrepublik Tausende Kinder schon herumgehen, und jedes Jahr kommt ein gutes Tausend dazu, die nicht wissen, wer ihr Vater und ihre Mutter ist, dass die ganze Genealogie, die ein kulturelles, großartiges Ereignis in der Menschwerdung war, verloren geht«, macht sich die Grande Dame der Grünen, Freda Meissner-Blau, im *Öi*-Gespräch Sorgen. »Das beschäftigt mich, weil ich jetzt durch mein hohes Alter zunehmend das Gefühl bekomme, dass das Geworden-Sein Teil von unserem Sein ist, und hier besteht diese totale Wurzellosigkeit für diese Kinder. Auch wenn sie gute Pflegeeltern haben, eines Tages werden sie fragen, wer bin ich eigentlich, woher komme ich? Das hat immer in der Geschichte der Menschheit eine Rolle gespielt. Jean-Paul Sartre hat gesagt, ich bin meine Vergangenheit. Genau das meine ich damit, eine nachverfolgbare Linie, die da plötzlich durchbrochen wird, durch unsere moderne, begrüßte Medizin.« Den propagierten Verlust der Genealogie erklärt sie sich damit, dass »Menschen, die keine Wurzel haben, manipulierbarer sind«.

Es ist eine Täuschung, davon zu reden, ein Kind sei »hundertprozentig mein Kind«, wie es eine Frau formuliert, die ihr Kind einer anonymen Eizellspende verdankt. Während Adoptivkinder und Spenderkinder zumindest genau wissen, wen sie suchen sollen, ist das bei Kindern, die aus Eizellspende, Leihmutterschaft und Samenspende hervorgegangen sind, viel schwieriger. Welche Geschichte kann man Kindern von einer Eizellspenderin aus St. Petersburg erzählen, von der man nicht viel mehr weiß, als dass sie blond ist, blaue Augen hat und Studentin ist? Wie begegnet später ein Kind einer ukrainischen Leihmutter am Land, in einer völlig anderen Lebenswelt, deren Sprache es nicht versteht? Möglicherweise sind für die nächsten, hochflexiblen Generationen Herkunft und Wurzeln nicht mehr so wichtig. Vielleicht. Doch dann stellt sich die Frage: Wie können wir noch über die alte philosophische Frage sinnieren, wohin wir gehen, wenn wir nicht mehr wissen, woher wir kommen?

KEIN RECHT AUF EIN KIND

Die Parole »Recht auf ein (gesundes) Kind« taucht immer dann auf,
wenn es darum geht, die Technologien für alle zu legitimieren. Doch
die ultimative Forderung lässt sich von den Menschenrechtsnormen
nicht ableiten, meinen zumindest Juristen wie Maria Berger, Rich-
terin am Europäischen Gerichtshof in Luxemburg, oder Heinz Patzelt, Chef von Amnesty International Österreich. »Es gibt kein Recht
auf ein Kind, das garantiert kein Gericht. Es gibt auch kein Recht
auf Glücklich-Sein. Aber der Phantasie sind natürlich keine Grenzen
gesetzt«, so Berger lakonisch. Als Erwachsene zu glauben, man habe
ein Recht auf Kinder, sei eine »grobe, patriarchale Besitzperspektive«,
sieht Patzelt die Argumentation auf einem Holzweg. »Kinder haben
natürlich ein Recht auf Eltern, und nicht Eltern auf ein Kind. Kinder
sind kein Besitzstand und können nicht eingefordert werden.«
  In den USA wird das »Recht auf ein Kind« gerne mit der Präambel
der US-Unabhängigkeitserklärung von 1776 begründet, wo betont
wird, dass jeder Mensch von seinem Schöpfer mit »gewissen unver-
äußerlichen Rechten« begabt sei, »darunter Leben, Freiheit und das
Streben nach Glückseligkeit«. Daraus folgern viele, dass dies auch das
Recht auf Kinder bedeute, weil Kinder Glück seien. Abgesehen davon, dass Kinder nicht nur Glück bedeuten, hat Thomas Jefferson
keinen Anspruch auf Glück formuliert, schon gar keine Forderung
des Bürgers an den Staat, die dieser einzulösen hätte. Der Anspruch
sollte sich nur darauf erstrecken, im Streben nach privatem Glück
vom Staat nicht oder so wenig wie möglich behindert zu werden. Ob
das Streben auch zum Erfolg führt, darum kümmert sich zumindest
der amerikanische Staat nicht.
  Das Missverständnis hat bei der Fortpflanzung einen atemberau-
benden Siegeszug hingelegt. Würde man vom Staat ein Recht auf einen Ehemann oder eine Ehefrau fordern, wäre klar, wie absurd das
ist. Das Recht, eine Ehe einzugehen, heißt auch nicht, dass der Staat
bei der Vermittlung und Suche behilflich sein oder sie finanziell unterstützen muss, obwohl man sich wohl einig darüber ist, dass der

Wunsch nach einer Beziehung ebenfalls »absolut« zu respektieren ist. De facto kann das Recht auf Fortpflanzungsmedizin aber eingeklagt werden, wie die Spruchpraxis der Obersten Gerichte zeigt. Hier wird deutlich, dass das Recht auf Familiengründung immer mehr als Einzelrecht gesehen wird, obwohl man zum Fortpflanzen wie zum Heiraten immer noch zwei benötigt. Doch ein »Recht auf einen Mann« oder »ein Recht auf eine Frau« zu fordern, auf die Idee käme niemand, beim Kind jedoch schon. Möglich ist das nur hier, denn ein Erwachsener würde sich wehren, wenn über ihn so verfügt und er zur Heirat verdonnert würde, weil ein Einzelner Rechtsanspruch darauf anmeldet.

»Der Staat hat eine Achtungspflicht, und er hat eine Gewährleistungspflicht. Der Staat hat mein Recht, wie ich es mache, zu achten, er hat sich nicht einzumischen, und er muss die Maßnahmen setzen, damit der Genuss dieser Rechte möglich wird. Doch dieses Gewährleistungsrecht ist beschränkt, nur vernünftige, zielführende Maßnahmen sind möglich. Die Grenzen liegen in anderen Menschenrechten, wenn es ethisch problematisch wird, aber auch in den Ressourcen eines Staates«, erklärt Jurist Walter Suntinger. Jeder Mensch hat ein Recht auf Fortpflanzung, doch »es gibt sicher kein Menschenrecht von kinderlosen Paaren, dass ihnen der Staat zu einem Kind verhilft. Weder muss der Staat eine Samenbank unterhalten, noch muss er künstliche Befruchtung für alle finanziell unterstützen, nichts von all dem«, betont Heinz Patzelt. »Der Staat kann Grenzen ziehen, zum Beispiel bei der Anzahl der Versuche aus ökonomischen Gründen oder bei 60-Jährigen, weil es weder eine ideale Elternschaft darstellt noch medizinisch gesehen vertretbar ist.« Grundsätzlich gibt es in der Europäischen Menschenrechtskonvention kein »Grundrecht auf Samenspende«, ebenso wenig ein »Grundrecht auf Erfüllung eines Kinderwunsches«. Auch wenn es gerne so dargestellt wird, dass ein Staat völlig hinterwäldlerisch sei, wenn er die Eizellspende oder Leihmutterschaft verbietet, kann er das aus guten Gründen tun, weil es ihm um höhere Werte geht. Die brasilianische Familienrechtsexpertin Debora Gozzo sieht das Grundrecht auf Familiengründung in erster

Linie als Grundrecht auf sexuelle Reproduktion, aber nicht auf künstliche Reproduktion. »Jeder hat ein Recht auf Sex, aber kein Recht auf ein Kind. Das Recht des Kindes ist sicher wichtiger«, hebt sie hervor.

Neben dem Grundrecht auf Familiengründung sind Gleichheitsrechte und das Diskriminierungsverbot einzuhalten. Wenn man sich für Gleichberechtigung einsetzt, dann muss man damit argumentieren und nicht mit einem »Recht auf ein Kind«. Denn wenn bestimmte Methoden der künstlichen Befruchtung angeboten werden, müssen alle gleichberechtigt Zugang haben. Diskriminierung kann aus bestimmten Gründen aber auch gerechtfertigt sein. Nur braucht man starke Argumente dafür, sachlich begründete, wissenschaftlich fundierte. Bisher hat man mit der medizinischen Indikation und dem Kindeswohl argumentiert, um bestimmte Gruppen auszuschließen. Das Kindeswohl gilt nicht mehr als gefährdet, wenn nun auch lesbische Paare Zugang haben. Dazu kommt, dass man sich mehr und mehr von der medizinischen Indikation verabschiedet und der Kinderwunsch an sich zentral wird. Was verstärkt oder beschränkt wird, sind gesellschaftspolitische Entscheidungen, die so oder so ausfallen können. Sie fallen nun eben immer mehr so aus, dass nicht Adoption finanziell unterstützt wird, sondern die Methoden der Medizin. So wird es zu einer massiven Menschenrechtsverletzung, wenn man nicht allen den Zugang zur Reproduktionsmedizin gewährt.

Kinder zu begleiten ist eine große Aufgabe, eine Verantwortung, ein Privileg. Es ist ein Herzenswunsch, ein elementarer Aspekt der Persönlichkeitsentfaltung, aber spricht man vom »Recht auf ein Kind«, dann will man über die Entstehung und über das Dasein von Kindern verfügen. Spricht man von Recht, muss auch klar sein, dass es sinnvoll ist, bei Nicht-Beachtung klagen zu können. Aber wer soll »ein Recht auf ein Kind« von Rechts wegen erfüllen können? Aufgrund der niedrigen Erfolgsraten erscheint die Forderung ohnehin absurd, weil es eben nicht immer machbar ist. Provokant gefragt: Wenn so intensiv dieser Anspruch auf ein Kind eingefordert wird, hat dann auch ein Kind ein Recht auf Selbstbestimmung? Wieso soll es nicht auch seine Eltern ablehnen und austauschen, zurückgeben können? Der

Kinderarzt Klaus Vavrik macht dieses Gedankenspiel: »Wir könnten auch sagen: Jedes Kind hat ein Recht auf nette und reiche Eltern. Oder etwa: Jeder Mensch hat ein Recht auf einen liebenden Partner. Aber wer stellt sich dafür zur Verfügung? Wenn man ein Kind grundsätzlich als ein eigenständiges Wesen sieht, kann es diesen Anspruch so nicht geben.«

Auffällig ist auch: Das Recht auf leibliche Fortpflanzung, auf ein genetisch eigenes Kind, auf ein genetisch gesundes Kind wird von Diskutanten vorgetragen, die nicht müde werden zu betonen, wie unwichtig die leibliche Elternschaft und die Gene seien. Das wundert selbst politische und juristische Vorkämpfer für die Gleichstellung wie Anwalt Helmut Graupner oder Grünenpolitikerin Ulrike Lunacek, die im Gespräch meinen, dass sie es auch nicht verstehen würden, warum es so wichtig sei, ein genetisch eigenes Kind zu haben, Pflege und Adoption von Kindern, die schon da sind, gehe auch für sie aus ethischen Gründen vor. Öffentlich trommeln sie aber genauso für medizinische Methoden.

»Das Recht auf ein Kind« ist kein Kampf um ein Menschenrecht, sondern ein Slogan des Konsumdenkens. Im Zentrum aller Überlegungen sollten nicht die Wünsche der Erwachsenen stehen, sondern das Kind. »Auf ein Kind hat man weder Anspruch, noch ist es eine Notwendigkeit, sondern es ist schlicht und ergreifend eine Möglichkeit«, schreibt die Autorin Corinne Maier prägnant.

KEIN SCHADEN FÜR DIE KINDER

Das Argument, dass alle Familienformen gleich förderlich und gut für ein Kind seien, verrät auch, dass alles optimal sein soll und muss. Tatsache ist, dass es da und dort natürlich Defizite gibt. Eine perfekte Kindheit gibt es in keiner Familie. Es ist kein Schaden, unter Umständen auch ein Vorteil, wenn ein Kind bei zwei Müttern oder zwei Vätern aufwächst oder nur bei einem Elternteil. Aber eines ist es sicher: ein Unterschied. Wird einerseits sorgenvoll auf das Los der Kinder geblickt, wird andererseits versichert, dass es ihnen hervorragend gehe, ja, sogar noch besser als in traditionellen Familien. Letztlich ist beides kontraproduktiv, denn es entsteht hier auch ein enormer Druck, dass alles perfekt sein muss. Aber auch gleichgeschlechtliche Paare sind keine perfekten Eltern und müssen es auch gar nicht sein. Weder ein verklärter Regenbogen dort noch ein Heiligenschein da ist angebracht.

Es wird nicht nur eingefordert, Homosexualität zu tolerieren, sondern sie gutzuheißen. Bei der sexuellen Orientierung hat das selbstverständlich zu gelten, aber die Familien-Arrangements mit einem Samenspender oder einer Leihmutter kann man zwar tolerieren, aber man muss sie nicht kritiklos gutheißen. Die Berliner Philosophin Rahel Jaggi schreibt, dass Lebensformen keine individuellen Optionen seien, sondern »überpersönlich geprägte Ausdrucksformen öffentlicher Relevanz«. Man solle Lebensformen sogar kritisieren, denn kritisieren ist nicht per se diskriminieren, sondern ernst nehmen. Echte Anerkennung verschließt auch nicht die Augen vor Schwierigkeiten. Doch derzeit wird jede kritische Auseinandersetzung unter »Homophobie« verbucht. »Es kann schon sein, dass wir besonders sensibel reagieren, aber wir sind vor allem eines: Eltern, die ihre Kinder schützen wollen. Hier geht es um unser Leben, unsere Lebensweise und um das gesellschaftliche Klima, in dem unsere Kinder aufwachsen«, meint eine Betroffene. Das ist verständlich, aber ein moralischer Appell gegen jede Art von Kritik. Wie sagte einst der Philosoph Karl Popper: »Selbstkritik ist die beste Kritik, aber die Kritik durch andere ist eine Notwendigkeit.«

Die Fähigkeit, mit Kindern gut umzugehen, ist nicht durch das Geschlecht oder sexuelle Orientierung oder Familienstand bestimmt. Doch alle Experten haben im Gespräch letztlich betont, dass Defizite entstehen können, wenn nicht darauf geachtet wird, dass das Kind im Alltag weibliche und männliche Bezugspersonen hat, und dass die Kinder über ihre leiblichen Eltern Bescheid wissen sollten und bei Wunsch auch Kontakt ermöglicht werden soll. Viele homosexuelle Paare achten darauf, wie Barbara Schlachter vom Verein »Famos«, die

mit ihrer Lebenspartnerin und einem Samenspender einen Sohn hat,
berichtet. Sie würden mit dem Kindsvater E-Mail-Kontakt halten, ihr
kleiner Sohn habe ihn auch kennengelernt. Doch »nun ist das mal
abgehakt. Der Weihnachtsmann war spannender«, meint das Paar.
Es gebe ohnehin zwei Opas, einen Patenonkel, männliche Freunde.
Die Frage ist, warum die Bezugsperson nicht einfach in erster Linie
der Vater sein kann, sondern viele andere Männer auftreten. Laut Experten hat das häufig damit zu tun, dass er als Konkurrenz zur zweiten Mutter empfunden wird. Doch der Psychoanalytiker Horst Petri
warnt davor, von männlichen Bezugspersonen, auch von Kindergärt-
nern oder Lehrern, einen vollen Vaterersatz zu erwarten: »Jede Euphorie geht letztlich zulasten der auserkorenen sozialen Väter, weil sie mit
unerfüllbaren Ansprüchen, Überforderungen und zwangsläufig mit
schweren Enttäuschungen und Rückschlägen verbunden ist.«

Geht es darum, was gut oder schlecht für Kinder ist, wird zunehmend nicht nach ethischen Normen gefragt, sondern mit Studien argumentiert. Der Glaube an die Objektivität der Zahlen ist fast unheimlich, vor allem, wenn in den Medien immer nur eine oder zwei
Studien zitiert werden. Selbst die besten Studien sind nur ein Aus-
schnitt, nie die ganze Wirklichkeit. Viele Erkenntnisse setzen sich
auch deshalb durch, weil sie von bestimmten Gruppen mit hoher Bedeutung aufgeladen werden. Anstatt zu einer Werthaltung zu stehen,
wird auf eine Studie verwiesen, um Objektivität zu belegen. In der
Wissenschaft meinen wir eine nüchterne Instanz zu haben, frei von
Interessen und Verzerrungen. Es geht in der Forschung aber leider
nicht immer nur um reine Erkenntnislust. »Die Idee der völlig freien
Forschung ist eine Illusion«, weiß Karen Kastenhofer vom österreichischen Institut für Technikfolgenabschätzung, man könne schließlich
nur an etwas forschen, was finanziert werde und an andere Arbeiten
anschließe.

Besonders die empirische Entwicklungspsychologie wird derzeit
herangezogen, um eigene Interessen durchzusetzen, während etwa die
Psychoanalyse nicht mehr im Trend zu liegen scheint. Die Erkenntnisse beider Fachrichtungen sind interessant und aufschlussreich, aber

sie sind keine absoluten Wahrheiten. Skepsis ist bei dem Thema generell ein guter Ratgeber, Glück und Zufriedenheit lassen sich auch schwer mithilfe von Befragungen messen. So kann die Psychologin Susan Golombok zu der Erkenntnis gelangen, dass Kinder aus künstlicher Befruchtung es sogar besser haben als natürlich gezeugte, weil sie absolute Wunschkinder seien. Genau das Gegenteil kann aber auch zutreffen, dass Wunschkinder eben auch mit Erwartungen überfrachtet werden, wie die Kinderärzte Klaus Vavrik und Katharina Kruppa beobachten.

Befürworter der gleichgeschlechtlichen Familie berufen sich mit Vorliebe auf eine Studie von Marina Rupp von der Universität Bamberg, die zeigt, dass Kinder vor allem lesbischer Paare gut aufwachsen. Konservative Vertreter pochen auf eine Studie von Marc Regernus von der Universität Texas, die das Gegenteil belegen soll. Von Anhängern wird auch gerne die »US National Longitudinal Lesbian Family Study« der US-amerikanischen Psychiaterin Nanette Gattrell zitiert. Gattrell ist nicht nur Medizinerin, sondern auch lesbische Aktivistin. Marc Regernus wurde der Vorwurf gemacht, ideologisch gesteuert zu sein, so könnte man auch Gattrell rügen. Doch Forschern sollte man vertrauen, dass sie zwischen Weltanschauung und Forschung unterscheiden können, auch wenn man ihre Arbeiten kritisch betrachtet.

Studienergebnisse sollten nicht als Triumph der einen Seite über die andere angesehen werden. Vielmehr sollte man sich mit den Ergebnissen sämtlicher vorliegender Studien auseinandersetzen und bestimmte Aussagen von Experten nicht einfach abtun, nur weil sie nicht dem eigenen Weltbild entsprechen. Auf der Website des Vereins »Famos« kritisiert Stephan Neuhäuser, Gegner der Gleichstellung würden immer von Experten sprechen, diese aber nie namentlich nennen. Er habe sich die Mühe gemacht und nach diesen Experten gesucht: Es seien ausschließlich »fundamentalistische, katholische Organisationen« oder der Papst. Diesen stellt er deutsche sowie US-amerikanische Psychologen gegenüber und schreibt, man solle auf die »wirklichen Experten« hören. So zu tun, als ob nur der Papst skeptisch wäre, beweist bloß, dass er andere Einschätzungen nicht zur Kenntnis nehmen will, denn natürlich gibt es auch skeptische Experten, die nicht alle im katholischen Milieu zu verorten sind. Und auch »die wirklichen Experten« sind nicht über jeden Zweifel erhaben.

WAS TUN WIR DEN KINDERN AN?

Die große Bedeutung des eigenen Kindes steht in einem seltsamen Widerspruch zur Nichtbeachtung von Kinderrechten. Der Kinderarzt Rudolf Püspök vom Verein »Politische Kindermedizin« kritisiert, dass es zu wenige Therapieplätze gebe, was letztlich auch zu früh geborene IVF-Kinder betrifft. Bezeichnend ist, dass es dazu nur Schätzungen gibt. Püspök schätzte bereits 2010 den Bedarf auf etwa 70 000 fehlende kostenfreie Plätze für Ergo-, Physio- und Psychotherapie. Eine Studie im Auftrag des Hauptverbandes geht im Jahr 2013 von einem noch höheren Bedarf aus. Einerseits wird mit viel Druck und auch mit dem Risiko, Kinder zu schädigen, die Reproduktionsmedizin vorangetrieben und finanziell unterstützt, andererseits gibt es für die Kinder, die ganz real da sind, viel zu wenig Ressourcen. Während die PID unterstützt wird, um schwerkranke Kinder zu vermeiden, bekommt die Kinderhospiz, die Betreuung von schwerkranken, sterbenskranken Kindern und ihren Angehörigen leistet, vom Staat keinen Cent, sondern lebt von Spendengeldern und viel Ehrenamt.

Kinder, die dank der Reproduktionsmedizin entstanden sind, seien »sehr gut nachuntersucht«, behauptet der Arzt Andreas Obruca im *ORF*. Es handle sich schließlich um keine neue Methode, und bisher seien Hunderttausende Kinder geboren worden. Die Daten der Kinderärzte zu hoher Mehrlings- und Frühgeburtenrate stellt er als veraltet dar, das seien Daten von »vor fünf bis zehn Jahren. Das ist nicht die aktuelle Lage.« Er sehe einen »enormen Wandel«. Als Beleg seiner Aussage schickt mir seine PR-Agentur Studien, die etwa Autismus und Geburtsgewicht untersucht haben, natürlich mit positiven Ergebnissen. Auf Nachfrage zu Studien über psychische Folgen wird mir der Fachartikel »Psychosoziale Entwicklung von IVF-Kindern und deren Eltern« des Psychotherapeuten Tewes Wischmann übermittelt, mit nicht so rosigen Aussagen. Deshalb versichert die PR-Frau sogleich: »Die Auseinandersetzung mit den Folgen von Mehrlingsschwangerschaften hat erfreulicherweise an Aktualität verloren, nachdem die Mehrlingsrate massiv abgenommen hat.« Ja, sie hat abgenommen, aber sie ist nach wie vor viel zu hoch. Die Aussage, dass man sich nicht mehr damit auseinandersetzen müsse, ist eine Unverfrorenheit, spiegelt aber genau die Haltung wider, die die Branche zu vielen Folgen ihrer Handlungen einnimmt. Tatsache ist: Das Risiko für Kinder ist bei Mehrlingsschwangerschaften hoch: »Bei Zwillingen liegt ein fünf- bis zehnfach erhöhtes Frühgeburtsrisiko vor. Die perinatale Mortalität bei Zwillingen ist gegenüber Einlingen siebenfach und bei höhergradigen Mehrlingen 20-fach erhöht«, so die Deutsche Gesellschaft für Psychosomatische Frauenheilkunde und Geburtshilfe. Ein höheres Risiko gilt auch bei ART-Einlingen.

Obrucas Aussage, »wir sehen das Risiko überhaupt nicht«, ist bemerkenswert angesichts der Skepsis von Ärzten und Forschern. Laut dem deutschen Institut für Technikfolgenabschätzung ist der Gesundheitszustand vor allem von Neugeborenen gut untersucht, doch weniger eindeutig seien die bisher vorliegenden Daten über die weitere Entwicklung der Kinder. Es fehlen Studien vor allem bezüglich psychischer Verfassung, nötigen Operationen, Krebserkrankungen. Ausreichende Evidenz gebe es bei neurologischen Problemen. Die Experten gehen davon aus, dass sich Folgen erst später herausstellen: Die ersten IVF-Kinder sind um die 35 Jahre alt, die ICSI-Methode wird erst seit 1992 angewandt. Im Moment gibt es keine große Differenz zwischen per ICSI-Methode gezeugten und natürlich gezeugten Menschen. Doch Experten sagen, man müsse abwarten, bis sie 50 oder 60 Jahre alt sind. Keiner will definitiv ausschließen, ob sie vielleicht doch eine höhere Neigung zu Krankheiten wie Krebs haben. Dessen ungeachtet wird immer öfter die ICSI-Methode eingesetzt. Dabei werden nicht wie bei der IVF Eizelle und Samenzelle in der Petrischale sich selbst überlassen, sondern ein ausgewähltes Spermium in die Eizelle gespritzt. Der Grund für Probleme könnte sein, dass man nicht weiß, nach welchen Kriterien die Eizelle entscheidet, welches eindringen darf und welches nicht, und man diese Auslese umgeht. Lisa Jardine, ehemalige Vorsitzende der britischen Behörde für Reproduktion und Embryologie (HFEA), kritisiert, dass ICSI viel zu großzügig eingesetzt werde, obwohl die Ärzte wüssten, dass damit auch die Unfruchtbarkeit des Mannes weitervererbt werde. »Ich mache Patienten immer auf diesen Aspekt aufmerksam, doch viele Patienten sagen dann, dass es ohnehin die Medizin gebe, deshalb werde das auch für meinen Sohn kein Problem sein«, so der Arzt Christoph Kindermann. Die Kundschaft für die Branche ist also gesichert.

Der Kinderarzt Vavrik appelliert: »Die Kinder haben ein Recht auf eine Evaluation der Methode in Österreich. Was haben wir gemacht, war das gut? Wie geht es später den Kindern und Jugendlichen der Reproduktionsmedizin? Wir wissen es nicht.« Er vermisst Langzeitstudien von Lebensverläufen und Befindlichkeiten der Kinder. Bisherige Studien etwa zu kognitiven Leistungen hätten kleine Samples und dienten vor allem der Industrie. Auch bei angeborenen Fehlbildungen scheint es erhöhte Raten zu geben. Es ist auch durch Studien ersichtlich, dass ein erhöhtes Risiko auf Frühgeburtlichkeit, geringes Geburtsgewicht und Neugeborenensterblichkeit auftritt. Das gilt für Einlinge und Mehrlinge. Grundsätzlich drängt sich öfters der Eindruck auf, dass viele Forschungsarbeiten – höflich gesagt – der Branche empathisch gegenüberstehen.

Das deutsche Institut für Technikfolgenabschätzung sieht jedenfalls viele offene Fragen, die »qualitativ hochwertige Langzeitstudien erforderlich« machen würden. Langzeitstudien über die psychologischen Folgen für Kinder aus Samen- und Eizellspenden wären dringend nötig. Ob Kinder mit ihren Patchworkidentitäten wirklich so gut zurechtkommen, wissen wir kaum. Wir wissen auch kaum etwas über Folgen für Kinder von Geschlechterselektion oder Mehrlingsreduktion. Warum wissen wir das alles nicht? Warum interessiert es uns nicht?

Die hohe Frühgeburtenrate geht mit Folgeproblemen wie Entwicklungsstörungen und Behinderungen für die Kinder einher. Laut

Studie für den Hauptverband überleben heute zwar 80 Prozent der Kinder, die mit weniger als 26 Wochen Austragungszeit auf die Welt kommen, aber nur 22 Prozent dieser Kinder haben keine Probleme, der Rest hat leichte bis schwere Behinderungen. Die Folgekosten der ART sind hoch, für alle: Eine Drillingsgeburt etwa kostet 110 000 Euro allein für die Geburt und die postpartale Betreuung. Aufgrund der Beeinträchtigungen durch die Frühgeburt benötigen Kinder häufig jahrelange Therapien und Fördermaßnahmen, so die Liga für Kinder- und Jugendgesundheit.

Der Schweizer Kardiologe Urs Scherrer hat bei einer Gruppe von zwölf Jahre alten Kindern nur bei den IVF-Kindern eine verdickte Herzschlagader entdeckt. Er findet das »beunruhigend« und in diesem Alter »schwerwiegend«. Da es nur bei IVF-Kindern vorkam, vermutet er eine Ursache auch in der Technologie. »Ein Medikament mit vergleichbaren Folgen für das Kind wäre längst weg vom Markt, bei der mit dem Nobelpreis geadelten und dem Machbarkeitswahn schmeichelnden Fortpflanzungsmedizin scheint ein anderer Maßstab zu gelten«, bekrittelt er in der *NZZ*. Er sieht »dringenden Bedarf« an nationalen Forschungsprogrammen, denn von der Industrie seien fundierte Studien nicht zu erwarten. Anstatt die Eltern über mögliche Folgen aufzuklären, wird ihnen gesagt, es sei alles gut. »Wenn ich Eltern hier in meiner Praxis sitzen habe, dann sagen mir viele davon, das hat mir vorher niemand erklärt, ob das für das Kind gut oder schlecht ist. Da hätte ich mich vielleicht doch anders entschieden«, erzählt der Kinderarzt Vavrik.

Die Folgen für Kinder aus einer Leihmutterschaft sind ebenso kaum erforscht. Eine Langzeitstudie der Universität Cambridge unter Leitung von Susan Golombok, die Kinder aus Samen-, Eizellspenden und Leihmutterschaft seit Jahren begleitet, zeigt, dass die Kinder im Alter bis zu zehn Jahren, die von einer Leihmutter ausgetragen wurden, eher zu Depressionen und Ängsten tendieren. In Indien und in den USA wird bei Leihmüttern standardmäßig ein Kaiserschnitt durchgeführt, auch wenn er medizinisch nicht notwendig ist. Die Verbindung wird so rasch gekappt wie der Frau nahegelegt wird,

keine Bindung während der Schwangerschaft aufzubauen. Das alles
bei einem Vorgang, der normalerweise nicht verbindender sein kann.
Schaut man sich auf englischsprachigen Blogs von Kindern um, die
von einer Leihmutter ausgetragen wurden, ist es mit der Romantik
schnell vorbei. Sie finden das alles nicht so großartig und schreiben
von dem Gefühl, als eine Ware verkauft worden zu sein. Sie hegen
Groll gegen die Leihmutter, die sie nur wegen Geld ausgetragen hat,
und gegen ihre Eltern, die nur ihren Wunsch im Kopf hatten. Eine
schreibt: »Ich bin ein Produkt.«

Damit nur ja keine Zweifel aufkommen, wird die Mutterschaft aufgeteilt in eine genetische Mutter und eine Tragemutter. Zu glauben,
die Distanzierung falle somit leichter als früher, weil die Mutter-Kind-
Verbindung genetisch aufgebrochen wird, ist eine auf Gene reduzierte
Sicht. Damit sollen lediglich Rechte der Leihmutter auf das Kind aufgehoben werden. Aus dem Blick gerät bei derartigen Rationalisierungen völlig, dass eine Distanzierung nicht dem Wohl des Kindes dient.
Hebammen sehen genau diesen Aspekt bei der Leihmutterschaft als
problematisch an. Einerseits herrscht ein unglaubliches Getue rund
um die Schwangerschaft, rigorose Kontrollen und Vorschriften, nur
eines dürfen sie nicht: eine Beziehung zum Ungeborenen aufbauen.
Sonst ist das Bindungshormon wichtig, Bonding wird großgeschrie-
ben, hier nicht. Das Kind, das einer Leihmutter gleich nach dem
Kaiserschnitt weggenommen wird, wird nicht nur durch den Kaiserschnitt in eine unbekannte Welt katapultiert, von der Wärme in die
Kälte, es wird auch der bisher vertrauten Mutter entrissen. »Bei der
Leihmutterschaft wird das Kind nur auf den Zweck der Weitergabe
hin gezeugt, und bei allem guten Willen aller Beteiligten kann die
Leihmutter diesen Missbrauch dem Kind gegenüber nicht überspie-
len. Das intrauterine Kind entwickelt aber eine sichere Identität, das
›Urvertrauen‹, nur aus einer exklusiven und möglichst klaren Zuwen-
dung«, erklärt der Psychologe Klaus Evertz.

Die Frau ist nicht nur ein Gefäß, in dem neun Monate lang ein
Kind heranwächst, sondern es wird entscheidend von ihr geprägt.
Es entspricht einem mechanistischen-materialistischen Weltbild, zu

glauben, dass dies irrelevant sei. Die »Natalität«, wie die Philosophin Hannah Arendt es bezeichnet, kann der Mensch nicht einfach so abstreifen. Gemeint ist damit, dass seine Geburt und das, was seiner Geburt vorausgeht, den Menschen in gleicher Weise prägen und bedingen wie sein Bewusstsein um den unausweichlichen Tod. Bei einer Schwangerschaft entsteht eine enge Beziehung, die sich nicht in Luft auflöst, nur weil wir vertraglich alles genau regeln. Doch weil die Fortpflanzungsmedizin die Herstellungslogik fördere, so Ethiker Maio, entstehe auch eine Ignoranz der Beziehungshaftigkeit von Fortpflanzung gegenüber. Durch das Kind, das einen Anteil von seinen Spendern und von der Leihmutter in sich trägt, ist die Beziehung immer gegeben. Dass man die Beziehung von vornherein ausschließt, sie sogar ausdrücklich nicht wünscht und verheimlicht, stuft die Beteiligten zu Produzenten und Lieferanten herab. Man instrumentalisiert sie, und sie lassen sich instrumentalisieren. Das Kind, das ihre Anteile in sich trägt, erfährt indirekt ebenso eine Abwertung.

Würden wir uns mit den Folgen für die Kinder ernsthaft beschäftigen, wären wir vielleicht etwas nachdenklicher und zurückhaltender. Doch die Mehrheit der Bioethikkommission ist trotz aller Zweifel der Meinung, großteils würden keine Nachteile für ART-Kinder bestehen. Auch Gesundheitsministerin Sabine Oberhauser, die Kinderärztin (!) ist, tat Einwände über Risiken für Kinder als »völlig unbegründet« ab. Die Familienministerin ist bei dem Thema überhaupt auf Tauchstation gegangen. Dass hier vieles ausgeblendet und vor allem verharmlost wird, muss man nüchtern feststellen, auch ohne grundsätzlich gegen die Fortpflanzungsmedizin zu sein.

DIE BEDEUTUNG VON GRENZEN

> Protect me from what I want
> *Jenny Holzer*

VERPÖNT: DIE GRENZE

Menschen wollen seit jeher an Grenzen gehen, über die Grenzen des Bekannten hinaus forschen und entdecken, sie wollen wissen, was hinter dem Horizont liegt. Die ganze Menschheitsgeschichte ist ein stetiges Verschieben von Grenzen. Das Leben erinnert uns aber auch immer wieder daran, dass wir Menschen endliche Wesen bleiben. Doch diese Begrenztheit wird, so scheint es, zunehmend weniger akzeptiert. In bioethischen Debatten ist die Grenze, die durch moralische, ethische, rechtliche Normen gezogen wird, besonders verpönt. Stattdessen werden individuelle Freiheit und Selbstbestimmung absolut gesetzt. Wir berauschen uns an den vielen Methoden, die uns der medizinische Fortschritt bringt, an der stetigen Grenzüberschreitung.

Um Grenzen überhaupt ziehen zu können, braucht es ein Bewusstsein von Grenzen an sich, von ihrer Sinnhaftigkeit. Doch »Unterscheidungen zu treffen, wird einer Zeit schwer, die sich prinzipiell davor scheut, überhaupt noch Unterscheidungen im Denken zuzulassen – denn unterscheiden bedeutet ausschließen, und das behagt der aktuellen Inklusionsrhetorik wenig«, schreibt der Philosoph Konrad Paul Liessmann. Anstatt anzuerkennen, dass Grenzen auch eine Botschaft für uns haben, bekämpfen wir sie mit ganzer Kraft. So macht sich eine Leibfeindlichkeit breit: Der Körper scheint uns nur noch im Weg zu sein, wir werden müde, wir altern, und er lässt uns im Stich beim Kinderkriegen. »Wenn Grenzen des Biologischen und Unterschiede zwischen Geschlechtern und Generationen aufgehoben werden, sind die Konflikte und Schwierigkeiten wegen dieser Unterschiede, so meint man, leichter zu umgehen oder erübrigen sich gar. Der technologische Machbarkeitswahn ist aber keine Antwort darauf, er ist reaktionär

und gefährlich. Wir können Grenzen und Unterschiede nicht einfach weg-begradigen«, ist der Psychoanalytiker Josef Christian Aigner
überzeugt.

Der Glaube, alles sei möglich, ist inspirierend und ermutigend.
Er ermöglicht, hochgesteckte Ziele zu erreichen und Grenzen zu verschieben. Wenn einem Grenzen aufgezeigt werden, ist das aber auch
nicht das Ende der Welt. Grenzen sind Orte der Erkenntnis und ber-
gen eine Chance für Wandel und Neuorientierung. Hier sammeln
wir Erfahrungen, die uns helfen, unverrückbare Grenzen wie den Tod
besser zu akzeptieren. Einen Menschen zeichnet aus, wie er mit Be-
schränkungen umgeht, mit einer Freiheit, die nicht grenzenlos ist.
Wenn eine Gesellschaft Grenzen festlegt, dann vor allem deshalb,
um ein gutes Zusammenleben zu gewährleisten. Orientieren wir uns
nur an Wünschen, sind wir nie zufrieden, denn unsere Wünsche sind
grenzenlos. Deshalb werden Grenzen so bekämpft, weil sie gefährliche
Gegner des Konsumsystems sind, schreibt der polnische Philosoph
und Soziologe Zygmunt Bauman.

Wer Grenzen befürwortet, kommt schnell in den Geruch, Menschen dumm und fremdbestimmt halten zu wollen. Sie sollen nicht
selbst entscheiden dürfen, man sei paternalistisch. Doch alles freizugeben, alles dem Markt und der Selbstregulierung der Technologie zu
überantworten, führt auch zu keinen guten Ergebnissen. Notwendig
ist ein Abwägen zwischen Freiheit oder Grenzziehung. Die errungene
Freiheit muss mit einem Bewusstsein für Verantwortung und mit der
Einsicht, dass Grenzen wichtig sind, verbunden werden.

MORAL UND ETHIK

Nicht nur Gesetze ziehen Grenzen, auch moralische Normen und
ethische Haltungen. Ethische Grundsätze zu formulieren bedeutet,
sich auf Maßstäbe und auf Grenzen zu verständigen. Wenn es um
unsere eigenen Wünsche geht, sind wir utilitaristisch, haben eine
Putzfrau, die wir schwarz bezahlen, gehen auf Schnäppchenjagd und

denken nicht mehr an den Hungerlohn der Näherin, der Billigflug ist schnell gebucht – und so engagieren viele eben auch eine Eizellspenderin oder eine Leihmutter und reden sich ein, dass sie es aus selbstlosen Gründen tun, um ein reines Gewissen zu haben. Die Ökonomen Armin Falk und Nora Szech haben sich die Frage gestellt, warum Menschen ihre eigenen moralischen Werte manchmal mit Füßen treten. Ihre Erklärung: Der Markt verführt uns zu unmoralischem Handeln, weil er einen Abstand schafft zwischen uns und den Folgen unserer Entscheidungen. Als Bürger sprechen sich viele noch gegen Ausbeutung aus, als Konsumenten vergessen sie ihre Prinzipien. »Wir haben einen Kinderwunsch. Da ist uns das Drumherum nicht ganz egal, aber ziemlich egal«, sagt ein Mann, der mit seiner Frau mehrmalige Fehlversuche hinter sich hat, viermal Eizellspenden in Spanien versucht hat und nun nach Tschechien reist, weil es billiger ist.

Moral, das sind vertraute Normen, an denen man sich orientiert, abhängig von der jeweiligen Kultur oder Religion. Ethik ist eine Philosophie der Moral, sie kann das Vertraute hinterfragen. Sie reflektiert diese Normen auf ihre Gültigkeit und beurteilt Handlungen, die einen moralischen Anspruch implizieren. Wie soll man in schwieriger Lage handeln, was soll erlaubt, geboten oder verboten sein? In einer Welt, in der alles möglich sein soll, sind Standpunkte, die einschränken, natürlich lästig. Fortschritt soll von Ethik und Tradition entkoppelt werden. Je schneller die Traditionen neutralisiert werden, desto schneller der Fortschritt, so der Philosoph Odo Marquart. Deshalb hängen viele Fortschrittsgläubige einer Ethik an, die den Eigennutz als oberstes Prinzip erklärt, den Utilitarismus und den liberalen Individualismus. Der Utilitarismus erachtet eine Handlung dann für gut, wenn sie den größtmöglichen Nutzen für alle Beteiligten bewirkt. Diese Ethik ist das Fundament unserer Konsumgesellschaft. Ganz nach dem Slogan einer Handelskette: »Get what you want.« Wir haben das verinnerlicht und auf sämtliche Lebensbereiche ausgeweitet. Doch wie definiert man Glück, Nutzen und Schaden? Nur nach materiellen Kriterien?

Es ist nicht opportun offen zuzugeben, dass man dieser ethischen

Philosophie den Vorzug gibt. Da beruft man sich lieber auf »ethische Argumente«, ohne zu erklären, welche Ethik welcher Philosophie, Ideologie oder Religion man meint. Bei einem Bischof ist das klar, aber auf welche Ethik bezieht sich jemand, der eine PID bei jeder IVF für ethisch vertretbar erachtet? Oder wenn der Journalist Michael Hesse in einer TV-Debatte meint, es sei »ethisch klug«, wenn Frauen ihre Eizellen einfrieren lassen. Aufgrund welcher ethischen Überzeugung ist es klug? Christliche Ethik oder die antike Ethik vom guten Leben sind für viele keine Orientierung mehr, aber dann sollte offengelegt werden, welcher Philosophie man nun anhängt. Doch viele Diskutanten erwecken den Anschein, gar keine konkrete Vorstellung zu haben, auf welchem philosophischen Untergrund sich ihre Argumentation bewegt.

Es gibt ein universelles ethisches Wertegerüst, und zwar die Allgemeine Erklärung der Menschenrechte. In den Hintergrund gerät, dass die Menschenrechte bei den politischen Grundrechten den Geist der Aufklärung atmen, bei den sozialen Grundrechten aber die christliche Soziallehre und den Sozialismus widerspiegeln. »Das Problem ist, dass Juristen den Menschenrechtsdiskurs gekapert haben, es sollten sich mehr Philosophen und Ethiker dazu äußern. Für mich gehören die Dinge zusammen. Menschenrechte sind kein juristischer Diskurs, sondern eine ethische Grundidee, wie wir unser Leben gestalten. Die Schwierigkeit ist, dass man Menschenrechte auf Einklagbarkeit reduziert und sie damit ihrer ethischen Dimension beraubt. Es geht um ein ethisches Bewusstsein, über die Rechte hinaus. Wenn wir nicht auf die ethische Ebene kommen, auf die Moralität, dann wird sich wenig verändern«, unterstreicht der Jurist Walter Suntinger.

Angesichts von Schubladisierung der Kritik an der Reproduktionsmedizin ist die Frage zu stellen: Können wir über ethische Fragen, ohne den christlichen Untergrund zu kennen und anzuerkennen, überhaupt reden? Wir befinden uns in Europa mit einem christlich-jüdischen Erbe und Wurzeln im antiken Griechenland. Wir blicken auf mehr als 2000 Jahre Christentum zurück, die Aufklärung ist ebenfalls sehr prägend, aber erst seit dem 18. Jahrhundert. Wer glaubt, von diesem Referenzrahmen nicht geprägt zu sein, muss schon viel verdrängen. Hierzulande ist man sehr bemüht, das katholische Erbe abzustreifen, und schüttet dabei das Kind mit dem Bade aus, indem Grundlagen der christlichen Ethik keine Rolle mehr spielen dürfen, weil das nicht mehr mehrheitsfähig ist. Was ist stattdessen mehrheitsfähig? Der angelsächsische Liberalismus, der Neoliberalismus? In den USA und in Großbritannien herrscht seit jeher eine größere Gelassenheit gegenüber Machbarkeit und Freiheiten vor. Die Freiheit der Cowboys, frei von Moral und Gesetz. Klang immer schon verlockend, auch heute noch.

PRAGMATISMUS IST DAS NEUE IDEAL

Im Aufstieg der Reproduktionsmedizin lediglich den Kampf um Grundrechte des politischen Liberalismus wie Freiheit und Gleichheit zu sehen, ist blauäugig. Dieser Kampf sollte sich klar von überschießenden ökonomischen Interessen abgrenzen – doch das passiert in dem Bereich unzureichend. Die hehren Ideale der Liberalen werden missbraucht für eine große Entgrenzung. Der große Buhmann ist der Staat: Er pfusche dem Markt und dem Einzelnen unnötig drein und solle sich zurückziehen. Dabei wird so getan, als wäre die Medizin nach wie vor nur eine helfende Branche, ausschließlich einer humanen, menschenwürdigen Ethik verpflichtet. Wo ethische Grenzen gewahrt bleiben, mag das schon stimmen, doch es gibt auch Ärzte, die jeden Wunsch am Markt als fundamentales Grundrecht definieren.

Es scheint einen breiten Konsens zu geben, die Gesetze zu liberalisieren und nicht etwa einzuschränken. Liberal ist gut, konservativ ist schlecht. Der Liberalismus hat viel bewirkt, vor allem viele Fesseln gelöst. Doch nicht alles, was jahrhundertelang galt, ist reif fürs Museum. Auch der Liberalismus braucht Begrenzungen, sonst mündet er in zügellose, rücksichtslose Freiheit. Um einen Ausgleich zu schaffen, sind verschiedene Werthaltungen nötig, die ein bestimmtes Verhalten unterschiedlich ethisch bewerten. Setzt sich nur eine Werthaltung durch, hat das entweder zu viele Verbote oder zu viel Freiheit zur Folge. »So befreiend die bürgerlichen Freiheiten sind, so beklemmend ist die Idee der freien Verbraucherwahl und die Ideologie des Selfmademan, jeder kann alles, jeder muss alles können, jeder kann alles haben, jeder muss alles haben. Sonst hat man sein kümmerliches, kurzes Dasein auf Mutter Erde nicht zu 100 Prozent ausgenutzt«, schreibt die slowenische Philosophin Renata Salecl.

Nicht alles, was legal ist, ist ethisch legitim. Es scheint aber so zu sein, dass die Debatte dann zu beenden sei. Anwalt Helmut Graupner meint etwa, über die Samenspende für lesbische Paare müsse man nun nicht mehr diskutierten, weil sie legalisiert wurde. Doch es ist ethisch anspruchslos, wenn man meint, existenzielle Fragen allein durch Recht beantworten zu können. So viel Philosophie im Alltag und in der Politik ist wohl jedem zuzumuten, sich über Gesetze hinaus Gedanken zu machen.

Ideale seien zu entsorgen, weil sie nicht mehr der Realität entsprechen, heißt es auch oft. Doch bestimmte Ideale und Werte zu haben ist unerlässlich, um einen Standpunkt klar vertreten zu können. Nur weil die Realität nicht so ist, wie es das Ideal vorsieht, muss keine Wertegemeinschaft ihre Ideale über Bord werfen. Es kann ein Anlass sein, sie zu überdenken, doch ein Ideal bleibt immer ein Stück Utopie. In der Realität kann man sich danach ausrichten. Familienministerin Sophie Karmasin will kein Ideal der Familie formulieren, weil dann alle anderen Formen »etwas Minderes« seien. »Mütter haben ohnehin schon einen perfektionistischen Wahn. Alles muss optimal sein. Ich halte Idealbilder für gefährlich, denn wir scheitern daran.« Was ist so schlimm am Nicht-Erreichen von Idealen? Was ist denn schon perfekt in einer endlichen Welt? Wenn Politiker bei dem Thema kein Ideal mehr formulieren können, aus lauter Angst vor dem Mainstream, dann sind sie von Grundsätzen losgelöste Pragmatiker und Opportunisten.

Es heißt auch, das Gesetz sei nur »an die gesellschaftlichen Entwicklungen« angepasst worden. Diese Trends dürfen nicht mehr hinterfragt werden, sondern sind zu akzeptieren. »Das ist die Realität, in der wir heute leben«, sagt Gesundheitsministerin Sabine Oberhauser. So ist das eben. Verschleiert wird durch die Beschwörung der Realität, der man sich zu fügen habe, dass Gesetze auch ethische Haltung widerspiegeln und nicht nur reale Phänomene regeln. Es ist eben nicht nur die Kenntnisnahme, sondern auch die Billigung von Realität. Zudem: Gesetze kommen nicht nur Realitäten nach, sondern sie schaffen auch Realitäten. Auch wenn vielfach bemängelt wird, es werde so ideologisch diskutiert, man selbst sei aber verantwortungsvoll, pragmatisch und nur der Lebensrealität der Menschen verpflichtet, ist es letztendlich so, dass die angeblich Ideologiefreien natürlich auch eine Weltanschauung als Basis haben. Was schlimmer ist, dass dies vielen offenbar nicht bewusst ist, oder dass sie ihre ideologischen Grundsätze verschleiern, sei dahingestellt.

Der Pragmatismus zeigt sich – bei allem Respekt für die Mitglieder – auch in der aktuellen Stellungnahme der Bioethikkommission. Ethische Haltungen werden dort auf nur acht Seiten abgehandelt. Am Schluss des Kapitels wird sogar noch betont, »dass einer paternalistischen Bevormundung derjenigen, die fortpflanzungsmedizinische Maßnahmen in Anspruch nehmen wollen, durch rigorose Gesetze, welche die reproduktive Autonomie mit Rücksicht auf eine weltanschaulich partikulare Auffassung oder ein bestimmtes Familienbild einschränkt, eine klare Absage zu erteilen ist. In Anbetracht des gesellschaftlichen Wandels von Familien- und Lebensformen, der teilweise in einem Wechselverhältnis mit der Entwicklung der modernen Reproduktionsmedizin steht, kann der Staat nicht ein bestimmtes Familienbild vorschreiben und seine Befolgung gesetzlich erzwingen wollen.« Das ist eine liberale Ethik, die zwar allen zugesteht, so handeln zu können, wie sie es für richtig halten, aber den Einfluss einer anderen Ethik auf Gesetze nicht mehr zulassen will. Was ist zudem eine weltanschaulich nicht-partikulare Auffassung? Selbst ihre liberale Empfehlung zieht Grenzen, etwa bei der Leihmutterschaft. Das könnte man ebenfalls als rigoros oder paternalistisch auslegen.

Die Aussage, dass man der Realität folgen müsse, als Schlusspunkt eines Kapitels über Ethik zu setzen, ist ein besonderes Armutszeugnis. So wird jede ethische Auseinandersetzung von vornherein ad absurdum geführt, da nur noch Liberalismus und Pragmatismus gelten sollen. So ist auch keine gegenseitige Wertschätzung möglich, wenn eine andere Ethik als »paternalistisch« gilt und ihr »eine klare Absage zu erteilen« ist.

Das Statement im Bericht ist ein Beispiel für den beschämend bescheidenen Anspruch der Debatte in Österreich. Einzelne Gremienmitglieder wie Ulrich Körtner oder Matthias Beck haben eine Ethikdebatte selbst in der *Ethik*kommission vermisst. Körtner, der zwölf Jahre Mitglied war, nimmt eine zunehmende politische Marginalisierung des Gremiums wahr: »Von Wolfgang Schüssel (*ehem. Bundeskanzler, Anm.*) kann man halten, was man will, aber unter ihm war Biopolitik noch Chefsache.« Weil ihm ethische Aspekte zu kurz gekommen seien, hat sich Körtner bei der Stellungnahme zum Fortpflanzungsmedizingesetz weder der Mehrheits- noch der Minderheitsfraktion angeschlossen. Diese Haltung ist medial so untergegangen, wie der ethische Diskurs stets zu kurz kommt.

Das liberale Credo, dass politische Entscheidungen wertneutral ausfallen müssen, ist zweifelhaft. Gesetze, die möglichst wenig verbieten, schreibt der Publizist Andreas Kuhlmann, seien zwar den liberalen Grundwerten westlicher Gesellschaften eher angemessen, weil sie den Bürgern freie Wahl lassen. »Doch unparteiisch sind solche Regelungen deshalb keineswegs. Denn auch sie basieren auf ganz bestimmten Wertüberzeugungen.« Die Forderung nach einer wertfreien, ideologiefreien Diskussion mag tolerant und politisch korrekt wirken, so der Psychologe Georg Fraberger, sei aber mit menschlichen Wesenszügen nicht erfüllbar. Denn wie soll man über existenzielle Fragen ohne Werte und Emotion reden? Nur nüchtern und sachlich? Wie soll das möglich sein?

ETHIK HINTER
VERSCHLOSSENEN TÜREN

In Österreich ist eine eigentümliche Haltung in der Bioethik zu beobachten: Man sucht die Legitimation durch eine Instanz. Sie soll
über Grenzen und Freigaben entscheiden, sei es der Verfassungsgerichtshof oder die Bioethikkommission. Das juristische Urteil oder
die Mehrheitsentscheidung wird dafür benutzt, nicht selber gründ-
licher nachdenken zu müssen, und es wird benutzt, um seine politischen Interessen durchzusetzen. Zu beobachten war dieses Vorgehen
in TV-Debatten: Der Juristin Stephanie Merckens wurde von Anwalt
Helmut Graupner vorgeworfen, dass sie schließlich nur die Minderheitsfraktion der Ethikkommission vertrete. Ihre Meinung sei nicht
im Sinne der Kommission. Die Grünenpolitikerin Ulrike Lunacek
ergänzte: »Die Kommission hat mit Mehrheit entschieden, dass es
möglich ist, dass Kinder bei gleichgeschlechtlichen Paaren aufwachsen.« Graupner zeigte, in einer Klagsbegründung beim VfGH, auch
mangelndes Verständnis vom Sinn eines Ethikgremiums: »Obwohl
die abweichende Minderheit der Bioethikkommission weniger als ein
Viertel seiner Mitglieder ausmacht und diese Minderheit aus Theologen, Internisten, Krebsforschern und Juristen besteht (kein Psychiater, Psychologe etc.), sei an dieser Stelle der Vollständigkeit halber auf
ihre abweichende Stellungnahme eingegangen.« Unabhängig davon,
welche Ansicht man hat, sind ethische Standpunkte nicht nach Mehr-
heitsentscheidungen bewertbar. Er hinterfragt hier auch die Kompe-
tenz der Experten, offenbar dürfen nur Psychiater und Psychologen
ethische Werturteile abgeben.

Ein Ethikgremium ist nicht dafür da, Mehrheitsmeinungen zu finden und eine bestimmte politische Entscheidung abzusegnen. Mehr-
heiten müssen im Parlament gesucht werden. Es ist nicht Aufgabe
dieser Kommission, den Politikern das Nachdenken und die eigene
Gewissensentscheidung zu ersparen. Wenn man sich in der Debatte
schon stets auf den »internationalen Standard« beruft, dann sei an-
gemerkt, dass es auch nicht internationaler Standard ist, eine Mehr-

heitshaltung in einem Ethikgremium für wichtiger zu halten als ein Minderheitsvotum. »Zumindest mit Blick auf westlich-pluralistische Gesellschaften ist doch völlig klar, dass sich bei ethisch-normativen Fragen niemals Einstimmigkeit und Konsens herstellen lässt. Es wird in den großen strittigen Fragen immer Dissens geben. Ob das Mehrheitsverhältnis in den beratenden Ethikkommissionen dann 12 zu 9 oder 15 zu 4 lautet, ist völlig egal, das ist nur abhängig davon, wie man ein Gremium zusammensetzt, und so lässt sich das Ausmaß eines Mehrheitsvotums politisch steuern. In diesen Gremien sollte der real existierende Dissens zum Ausdruck kommen. In Österreich hat man anfangs versucht, die Bioethikkommission zu einem Absegnungsgremium zu machen. Der politische Wille bestand klar darin, eine einhellige Expertenempfehlung für vorgefasste politische Entscheidungen zu bekommen«, kommentiert der Soziologe Alexander Bogner vom österreichischen Institut für Technikfolgenabschätzung die Lage.

»Letztlich hängt die Qualität biopolitischer Entscheidungen von der Qualität der öffentlichen und politischen Willensbildung ab. Doch diese Debatte hat nicht einmal angefangen. Mittlerweile haben sich in der Gendiagnostik viele Methoden etabliert, freilich ohne flankierende Debatten, ohne öffentliche Problematisierung. Das wäre erst einmal nachzuholen. Wenn man nach parlamentarischen Enqueten, nach öffentlichen Debatten zu dem Ergebnis kommt, wir wollen das, dann ist das eine demokratische Entscheidung«, erklärt Bogner. So läuft es leider nicht. Es mangelt an Informationen, die tatsächlich breit und verständlich zugänglich gemacht werden, wie es die Aufgabe von Massenmedien, Politikern und Ethikgremien wäre. Weder Propagandapapiere der Parteien zum Thema noch die Stellungnahme der Bioethikkommission werden diesem Anspruch gerecht. Tauchen in Medien stets dieselben Experten auf, die Deutungshoheit haben, kommt hinzu, dass andere Informationen und Sichtweisen kaum eine Chance haben.

Die Debatten über bioethische Fragen zum Anfang des Lebens initiiert in letzter Zeit nicht die Kommission, sondern Facebook und der

Verfassungsgerichtshof. Die Vorsitzende der Kommission, Christiane Druml, gratulierte im *ORF* sogar Facebook und Co. dazu, dass sie eine wichtige Debatte über das Social Egg Freezing losgetreten hätten. Sie nutzte die fragwürdige Tatsache, dass Konzerne gesellschaftspolitische Debatten steuern, leider nicht, um auf das mangelnde Budget und damit fehlende Möglichkeiten des Gremiums hinzuweisen. Dass Bürger bei den Sitzungen zuhören oder einsehen können, worüber diskutiert wurde, ist in Österreich nicht möglich und wird auch von Oppositionspolitikern nicht eingefordert. Zudem: Wieso sitzen in solchen Gremien nur Experten, warum nicht auch einfache Bürger? Werturteile müssen nicht nur auf Fachwissen beruhen, entscheidend wäre auch menschliches Urteilsvermögen. Es stellt sich auch die Frage der demokratischen Legitimation von so weitreichenden Entscheidungen, wenn darüber nur Experten befinden, in Österreich sogar nur jene, die von den Regierungsparteien, aber nicht vom Parlament gestellt werden. Vielen Bürgern, aber ebenso Journalisten erscheint die Materie zu kompliziert, was sie ja auch ist, und man merkt auch bei Äußerungen von Politikern, dass sie die Materie nur oberflächlich kennen. Es ist auch zu beobachten in Interviews mit Experten, die kühn Halbwahrheiten verkünden, die man schnell widerlegen könnte, wüsste man Bescheid. Man liest es in Kommentaren und erkennt rasch, von welcher Lobby die Argumente kommen. Insofern wäre eine öffentliche, breite Debatte nicht nur unter Experten und Politikern dringend nötig.

Dass in Deutschland ethische Fragen präsenter sind, liegt auch am Deutschen Ethikrat, der seit 2007 gesetzlich verankert ist und jeweils zur Hälfte vom Bundestag und von der Regierung besetzt wird. Bemerkenswert ist auch die Zusammensetzung der Mitglieder: Vor allem Ethiker versammeln sich dort, mit Christiane Fischer sitzt eine Ärztin im Gremium, von der Initiative unbestechlicher Ärzte »MEZIS – Mein Essen zahl ich selbst«, die unabhängig von der Pharmaindustrie zum Wohl der Patienten agieren wollen. Es findet sich kein Reproduktionsmediziner oder Genetiker im Gremium wie in Österreich, wo sogar der Vizechef, der Genetiker Markus Hengstschläger, Leiter eines genetischen Labors einer privaten Kinderwunschklinik sein kann. Konsequenterweise bezeichnete Hengstschläger die Gesetzesnovelle im *Kurier* als gar nicht so liberal, wie von Kritikern behauptet werde, für ihn ist es »ein in Ruhe bedachter, ausgewogener und mit viel Gefühl gemachter Entwurf mit hohen ethischen Normen. Er ist strenger als die meisten Gesetze anderer Staaten.« In seiner Aussage, »ich sehe in dem Gesetz auch ein Lebenswerk von mir vollendet. Zehn Jahre habe ich beratend auf alle zuständigen Minister und Parteichefs eingewirkt«, ist eventuell eine Erklärung dafür zu sehen, dass das Gesetz so ist, wie es ist.

Der Deutsche Ethikrat ist finanziell besser ausgestattet und veranstaltet immer wieder öffentliche Tagungen. Auch die Beratungen des Gremiums können öffentlich sein. Die Anhörungen von Experten werden protokolliert, und jeder kann sie auf der Website nachlesen. Als der Deutsche Ethikrat über die PID entscheiden musste, gab es drei verschiedene Positionen und eine Enthaltung. Die Debatte im Bundestag und auch die mediale Berichterstattung wirkten breiter gefächert als in Österreich. Beispielsweise sprach sich die Sozialdemokratin Andrea Nahles gegen die PID aus, so wie Katrin Göring-Eckardt von den Grünen. Es gab parteiübergreifende Allianzen und mehrere Gesetzesanträge, und nicht nur einen wie in Österreich. Mit dieser »Sternstunde des Parlamentarismus« war die Debatte im österreichischen Parlament leider nicht zu vergleichen. Es ist plausibel, dass man sich bei solchen Entscheidungen nicht auf die Parteimoral berufen kann, sondern selbst nachdenken muss – hier noch viel mehr als bei anderen politischen Fragen. Die Expertisen des Deutschen Ethikrats sind für die Abgeordneten ein wichtiger Bezugspunkt. So werden auch verantwortungsvollere Entscheidungen getroffen. Kein Wunder: Liest man die Berichte des Deutschen Ethikrats, zum Beispiel jenen über die PID, beeindruckt, wie fundiert, sachlich und aufschlussreich sie sind. In Deutschland wurde nur über die PID zwei Jahre lang intensiv diskutiert, in Österreich gab die Regierung lediglich Zeit für zwei Wochen zur Begutachtung des gesamten Fortpflanzungsmedizingesetzes samt PID, Eizellspende, Zugang zur IVF und Insemina-

tion auch für lesbische Paare. Der Ethikrat gab eine 171 Seiten starke
Stellungnahme ausschließlich zur PID ab, die Bioethikkommission
packte Samenspende für lesbische Paare und Alleinstehende, Eizellspende und die PID in einen einzigen Bericht, der mit 157 Seiten
einen ähnlichen Umfang hat, wovon aber die Hälfte die englische
Übersetzung ist.

Für die Bioethikkommission wäre ein besseres Budget ein Gebot
der Stunde, ebenso die Auswahl der Mitglieder durch Regierung *und*
Parlament. Doch da die Kommission Mehrheitsmeinungen produziert, die SPÖ, Grüne und Neos gut finden, hört man keine Forderung in diese Richtung. Sonst wird stets mehr Demokratie eingefordert, hier ist man sich einig und zufrieden. Die bioethische Debatte
ist nicht in der Mitte der Gesellschaft angekommen, auch nicht in
der Politik, sondern in Expertenkreisen. Man muss sich den Fragen
jedoch verstärkt stellen, aufgrund der medizinischen Entwicklung haben sie eine Dimension, die komplett unterschätzt wird.

»SPEED KILLS«

Der rasante Fortschritt lässt kaum noch Zeit zum Innehalten, ob und
wie wir überhaupt so weit fortschreiten wollen. Insofern war es äußerst kontraproduktiv, dass zuerst jahrelang überhaupt nicht debattiert
wurde, weil man umstrittene Fragen lieber ruhen ließ, als sie anzu-
packen, und dann zauberte die Regierung plötzlich einen liberalen
Gesetzesentwurf aus dem Hut. Die Vorlage wurde im engsten Kreis
von den zuständigen Ministern in Absprache mit den Parteichefs ver-
handelt, unterstützt von wenigen handverlesenen Experten, ohne
Wissen der Parlamentsabgeordneten. Diese wurden überrumpelt und
erfuhren vom Gesetzesentwurf aus den Medien, gut platziert vor den
Weihnachtsferien, wenn alle auf Urlaub sind und wenig diskutiert
oder Widerstand mobilisiert werden kann. Für die Begutachtung sind
normalerweise sechs Wochen anberaumt, dass der Entwurf in zwei
Wochen durchgepeitscht wurde, fand sogar der Verfassungsdienst im

Bundeskanzleramt kritikwürdig. Das Motto der schwarz-blauen Regierung »speed kills« scheint auch hier ausgegeben worden zu sein. Nichtsdestotrotz meinte der Genetiker Markus Hengstschläger, es sei ohnehin jahrelang genug diskutiert worden. Die SPÖ betonte, dass eine breite Debatte stattgefunden habe, weil bezüglich der PID seit 2004 eine Stellungnahme der Bioethikkommission vorlag, weil eine öffentliche Tagung der Bioethikkommission im Jahr 2011 und ein Projekt an drei (!) Schulen durchgeführt wurde. Da kann man nur den Kopf schütteln. Das als »breiten und langen Diskussionsprozess« zu bezeichnen ist schlichtweg lächerlich. Es zeigt einmal mehr, wie bescheiden die Auseinandersetzung in Österreich war und mit wie wenig man sich zufriedengibt, nur weil man meint, sich mit seinen »jahrelangen, frauenpolitischen Forderungen« endlich durchgesetzt zu haben.

Natürlich war es an der Zeit, sich mit den Entwicklungen auseinanderzusetzen und gesetzliche Regelungen zu finden, bevor Höchstgerichte wieder dazu zwingen. Doch von einer breiten Debatte kann definitiv nicht die Rede sein. Die Experten haben sich ausgetauscht, die Ethikkommission hat getagt, aber es wurde nicht mit den Bürgern diskutiert. Eine parlamentarische Enquete zur Biomedizin wurde lange versprochen, doch sie scheint auf den St. Nimmerleinstag verschoben worden zu sein. Es ist eindeutig: Man wollte nicht nur keine breite Diskussion, sondern gar keine Diskussion. Die Psychoanalytikerin Marianne Springer-Kremser hat sogar den Eindruck, dass auch die Experten zu wenig miteinander reden: »Es gibt in Österreich keine wirklich breite Diskussion zwischen Fachleuten aus verschiedenen Richtungen, bevor Gesetze, welche die Gesellschaftspolitik beeinflussen sollen, beschlossen werden.«

Abgesehen von der einhelligen Ablehnung der FPÖ und des Team Stronach hielten sich trotz freien Mandats nahezu alle Abgeordneten der ÖVP, SPÖ, Grünen und Neos an den gesetzlich nicht vorgesehenen »Klubzwang«. Nur die ÖVP und die Neos ließen es zu, dass vier beziehungsweise ein Abgeordneter dagegen stimmten. Insgesamt waren 22 Abgeordnete nicht anwesend: Um die Parteilinie nicht zu durchbrechen, blieben sie lieber der Abstimmung fern. Der Druck auf die Mandatare war gegeben: Man müsse den Sack zumachen, nicht mehr lange diskutieren und geschlossen auftreten, weil Lobbygruppen gegen die Liberalisierung mobilisieren würden. Es langten 110 Stellungnahmen und Tausende Mails beim Parlament ein. Sonst heftet man sich Bürgerbeteiligung auf die Fahnen, aber nun wollte man keine Bürger, die einem noch einen Strich durch die Rechnung machen könnten. Bei näherem Hinsehen muss man anerkennen, dass um Kompromisse zumindest gerungen wurde, doch es bleibt abzuwarten, wie Grenzen eingehalten beziehungsweise Missachtung auch geahndet wird.

Das Vorgehen der österreichischen Politik kann man derzeit bestenfalls als »Stammtischmoral« bezeichnen, wie sie der Ethiker Dietmar Mieth beschreibt: »Sie enthält vier Gebote. Erstens: das ist jetzt der Standard; zweitens: die anderen tun es auch; drittens: wenn ich es nicht tue, dann tut es ein anderer, und am Ende muss ich ihm das Ergebnis abkaufen; viertens: wenn es schon getan werden muss, dann soll es wenigstens technisch einwandfrei geschehen. Dies ist eine Form der Anpassung, in der die Moral keine Chance hat. Aber die Anpassung müsste umgekehrt vollzogen werden: als Anpassung an die ethischen Grundsätze.«

Die Menschen sind so, wie sie sind, das müsse man eben akzeptieren, habe ich im Zuge meiner Recherchen öfter gehört. Offenbar müssen alle Möglichkeiten und Unmöglichkeiten ausgetestet werden, scheinbar müssen wir mit dem Kopf durch die Wand. Bei allem Realismus: Ethische und moralische Grenzen sind eine Mahnung, zu versuchen, edler zu sein, als wir im Grunde sind. Denn wir sind alles andere als allmächtig und unfehlbar.

LITERATUR

Für dieses Buch habe ich zahlreiche Bücher, unzählige Artikel und Studien gelesen, mir Filme und Radiosendungen zu Gemüte geführt. Hier eine Auswahl der wichtigsten Werke:

Elisabeth Badinter: Der Konflikt. Die Frau und Mutter. C. H. Beck 2010

Elisabeth Beck-Gernsheim: Die Kinderfrage. Frauen zwischen Kinderwunsch und Unabhängigkeit. C. H. Beck 1997

Sven Bergmann: Ausweichrouten der Reproduktion. Biomedizinische Mobilität und die Praxis der Eizellspende. Springer VS 2014

Andreas Bernard: Kinder machen. Fischer-Verlag 2014

Peter Bieri: Wie wollen wir leben? Residenz Verlag 2011

Christina von Braun: Der Preis des Geldes. Eine Kulturgeschichte. Aufbau-Verlag 2012

Melanie Cooper: Life Surplus. University of Washington Press 2008

Sarah Diehl: Die Uhr, die nicht tickt. Kinderlos glücklich. Arche Literatur Verlag 2014

Tarek El-Toukhy, Peter Braude (Hrsg.): Preimplantation Genetic Diagnosis in Clinical Practice. Springer-Verlag 2014

Susanne Fischer: Ansichten einer späten Mutter. Hoffmann und Campe 2013

Sarah Franklin: Biological Relatives: IVF, Stem Cells, and the Future of Kinship. Duke University Press 2013

Erich Fromm: Haben oder Sein. DVA 1976

Dorett Funke, Petra Thorn (Hrsg.): Die gleichgeschlechtliche Familie mit Kindern. Interdisziplinäre Beiträge zu einer neuen Lebensform. Transcript-Verlag 2010

Christoph Geyer (Hrsg.): Biopolitik. Die Positionen. Suhrkamp 2001

Livia Görner: Die Wahrheit übers Kinderkriegen. Eine Hebamme klärt auf. Knaus Verlag 2014

Jürgen Habermas: Die Zukunft der menschlichen Natur. Auf dem
     Weg zu einer liberalen Eugenik? Suhrkamp 2002
Byung-Chul Han: Die Müdigkeitsgesellschaft. Matthes & Seitz 2010
Byung-Chul Han: Psychopolitik. Suhrkamp 2014
Karl Otto Hondrich: Weniger sind mehr. Warum der Geburten-
     rückgang ein Glücksfall für unsere Gesellschaft ist. Campus 2007
Aldous Huxley: Schöne neue Welt. Ein Roman der Zukunft. Fischer-
     Verlag 2007
Mara Hvistendahl: Unnatural Selection. Choosing Boys Over
     Girls, and the Consequences of a World Full of Men. Public
     Affairs 2011
Millay Hyatt: Ungestillte Sehnsucht. Wenn der Kinderwunsch uns
     umtreibt. Ch. Links-Verlag 2012
Eva Illouz: Warum Liebe wehtut. Suhrkamp 2011
Andreas Kuhlmann: Politik des Lebens. Politik des Sterbens. Bio-
     medizin in der liberalen Demokratie. Alexander Fest-Verlag 2001
Konrad Paul Liessmann: Lob der Grenze. Kritik der politischen
     Unterscheidungskraft. Zsolnay 2012
Giovanni Maio: Abschied von der freudigen Erwartung. Werdende
     Eltern unter dem wachsenden Druck der vorgeburtlichen
     Diagnostik. Edition Sonderwege 2013
Odo Marquard: Abschied vom Prinzipiellen. Reclam 1981
Odo Marquard: Zukunft braucht Herkunft. Philosophische Essays.
     Reclam 2003
Dietmar Mieth: Was wollen wir können? Ethik im Zeitalter der
     Biotechnik. Herder 2002
Manfred Prisching: Das Selbst. Die Maske. Der Bluff. Über die
     Inszenierung der eigenen Person. Molden 2009
Renata Salecl: Die Tyrannei der Freiheit. Warum es eine Zumutung
     ist, sich anhaltend entscheiden zu müssen. Blessing 2014
Wilhelm Schmid: Glück. Alles, was Sie darüber wissen müssen, und
     warum es nicht das Wichtigste im Leben ist. Insel-Verlag 2007
Wolf Schneider: Glück! Eine etwas andere Gebrauchsanweisung.
     Rowohlt 2007

Volkmar Sigusch: Sexualitäten. Eine kritische Theorie in 99 Fragmenten. Campus 2013

Debora Spar: The Baby Business: How Money, Science and Politics Drive the Commerce of Conception. Harvard Business Review Press 2006

Martin Spiewak: Wie weit gehen wir für ein Kind? Im Labyrinth der Fortpflanzungsmedizin. Eichborn 2002

Elly Teman: Birthing a Mother. The Surrogate Body and the Pregnant Self. University of California Press 2010

Dieter Thomä: Väter. Eine moderne Heldengeschichte. Hanser 2008

Charis Thompson: Making Parents: The Ontological Choreography of Reproductive Technologies. The MIT Press 2007

Angelika Walser: Ein Kind um jeden Preis? Unerfüllter Kinderwunsch und künstliche Befruchtung. Eine Orientierung. Tyrolia-Verlag 2014

Aurelia Weikert, Johanna Riegler, Lisbeth N. Trallori (Hrsg.): Schöne neue Männerwelt. Beiträge zu Gen- und Reproduktionstechnologien. Verlag für Gesellschaftskritik 1987

Gisela Zeller-Steinbrich: Wenn Paare ohne Kinder bleiben. Brandes & Apsel 2006

DANK

Ich danke allen, die mir in den vergangenen zwei Jahren bei der zeit-intensiven Recherche geholfen haben, allen Gesprächspartnern für ihre wertvolle Zeit, für ihr Vertrauen und ihre Offenheit. Besonders bedanken möchte ich mich bei jenen Paaren, die mir von ihren unter-schiedlichen Wegen zum Kind erzählt haben, vor allem jenem Paar, das mir von seiner bitteren Entscheidung zum Spätabbruch berichtet hat. Großer Dank gebührt Viktoria, die Eizellen spendet, Olga, Nata-lia und Elena, die ihre Gebärmutter verleihen, und den Spenderkin-dern Anne und Greta.

Ich möchte mich beim Deuticke-Team, vor allem bei meiner Lek-torin Bettina Wörgötter für ihre professionelle und wertschätzende Unterstützung bedanken. Für ihre zuversichtliche Ruhe, wenn ich unter Druck stand. Großen Dank auch an Joe Rabl für die Hilfe beim Lektorat.

Für stetigen großzügigen Rückhalt, für Zuhören, Mitdenken, Kritik danke ich ganz besonders meinem Lebensgefährten Nikolaus Hauser.

Ein großes Dankeschön für ebenfalls äußerst geduldiges Zuhören, für Unterstützung und Rückhalt an meine Eltern, Richard Bachinger, Karin Keim, Ernestine Kriechbaumer, Gerrit Staudinger, Sr. Beatrix Stiegler, Noemi Fischer, Dieter Weber, Margarethe Mensdorff-Pouilly, Doris Corradini und Günter Weber.

Ein herzlicher Dank für wichtige Rückmeldungen zum Text ge-bührt auch Susanne Kummer und Beate Mumelter.

Vielen, vielen Dank für Übersetzungen und Recherche an Karin Wells (Toronto), Lidyia Utkina (Kharkov), Andrei Ciurcanu und Laura Stefanut (Bukarest), S. B. (Wien), Veronika Siegl (Moskau), Bigil Serban (Wien), Enikö Venczel (Cluj), Martin Leidenfrost und Lydia Kokavcová (Bratislava) sowie Isabel Vialta (Barcelona).